Gabriele Kuhn/Michael Hufnagl

Du machst mich wahnsinnig

Gabriele Kuhn/Michael Hufnagl

DU MACHST MICH WAHNSINNIG

PAARADOXE SZENEN EINER EHE

AMALTHEA

Besuchen Sie uns im Internet unter: www.amalthea.at

Umschlaggestaltung: Elisabeth Pirker, OFFBEAT
Umschlagabbildungen: © Roland Unger/Woman (Coverfoto),
© Elisabeth Pirker (Illustrationen)
Herstellung und Satz:
VerlagsService Dietmar Schmitz GmbH, Heimstetten
Gesetzt aus der 10,75/13,4 Punkt Minion Pro
Printed in the EU
ISBN 978-3-85002-912-4

INHALT

VORWORT
von Gabriele Kuhn *10*

I. WILLKOMMEN IN DER ALLTAGSFALLE *14*

Wegräumen, aber dalli! *16*
Wer suchet, der findet … nicht *18*
Herr Dann, Frau Wann *20*
Schlummerrollen *22*
Der Deal mit dem Stoff *24*
Gebäckträger & Ignorantin *26*
Der Pokal muss weg – oder: das große Loslassen *28*
Die Fifty-fifty-Falle *30*
Rasche Erledigungen *32*

II. BALLGEFÜHLE *34*

Valentinstag mit Messi *36*
Noch mehr Ball-Last *38*
Ein Sommermärchen? *40*
Das Leben in Parallelwelten *42*

III. KÜCHENGEHEIMNISSE *44*

Alltag der Tellerwäscher *46*
Ziemlich viele Kaffeehäferl *48*

Zeig mir deinen Eiskasten … *50*
Da hängt etwas! *52*
Der Mann am Herd *54*
Die Last der Liste *56*

IV. IM SHOPPING-GLÜCK *58*

Ausflug in die Gartenabteilung *60*
Unser Elchtest *62*
Alle sind erleuchtet – unser Elch-Test Nr. 2 *64*
Der Zauberkasten *66*

V. DUMM GELAUFEN *68*

Ein Mann sieht Rot *70*
Es ist immer das Gleiche mit dir! *72*
Die neue Unschärfe *74*
Denksport für zwei *76*
Der Hund muss raus! *78*

VI. NA, MAHLZEIT! *80*

Eine Art Bauchgefühl *82*
Das große Anbraten *84*
Baby, light my fire! *86*
Gurkerln & Mad Men *88*
Aszendent Gemüse *90*

VII. WAS HAST DU GESAGT? *92*

Halbe Wahrheiten *94*
Alles nur Taktik *96*
Das Leben ist ein Kino *98*
Reden und reden lassen *100*
Eine Frage der Strategie *102*
Alltag am Telefon *104*
Sätze, die nerven *106*
Von wegen Landlust *108*

VIII. ARM … UND ÄRMER *110*

Lungenstrudel & Lieblingssupperl *112*
Viel Spaß in der Schnupfburg *114*
Der böse Fehltritt *116*
Ausflug ins Jammertal *118*
Zweierlei Lichtblicke *120*
Win-Spinn-Situationen *122*
Immer ist was *124*
Und schon wieder ist was! *126*
So ein Jammer! *128*
Sein Au, ihr Weh *130*
Im falschen Theater *132*

IX. OH DU FRÖHLICHE *134*

Der Kampf ums Kipferl *136*
Die Kipferldose macht das Gift *138*
Vorsätze. Ja, eh *140*
Leidensweg und Lichterglanz *142*
Unsere Markttücke *144*

Oh Tannenbaum! *146*
Jö, ein paar Glücksfischerl! *148*

X. TYPISCH DU! *150*

Die Seifeprüfung *152*
Der einfache Mann *154*
Taktgefühl *156*
Zum Vergessen *158*
Partnerschaft mit Pfiff *160*
Die Kontrollorin *162*
Allerlei Sportsgeister *164*
Ein Fall von Lautmalerei *166*
Ätsch, Erste! *168*
Stille Stunden *170*
Der will nur spielen *172*
Eine Frage des Stils *174*
Action im Wohnzimmer *176*
Über Socken und Kabel *178*
Tatort Terrasse *180*
Trio Infernale *182*

XI. GRUSS AUS DEM URLAUB *184*

Dos Sushi, por favor! *186*
Unsere Gradwanderung *188*
Rendezvous auf der Insel *190*
Pärchen unterwegs *192*
Bitte anschnallen! *194*
Seltsame Auto-Biografie *196*
Die wohltemperierte Ehe *198*
Zeit der Koffer *200*

Von wegen Freiräume *202*
Machma? Schauma? *204*

XII. GROSSE GEFÜHLE. UND KLEINE *206*

So romantisch – oder? *208*
Sentimentaler Spaziergang *210*
Monica & Daniel *212*
Die Mühen mit dem Damals *214*
Einst. Und jetzt. *216*
Die Tage der Trennung *218*
Der Ring-Kampf *220*
Fremde in der Nacht *222*
Schnucki, ach Schnucki! *224*
Wird er, wird er nicht? *226*
Himmel, Hölle, Herzattacken *228*
Was geschah im Wald? *230*
Was ich an dir mag *232*

NACHWORT
von Michael Hufnagl *234*

VORWORT

von Gabriele Kuhn

Eines meiner vielen Lieblingszitate stammt von dem italienischen Regisseur Federico Fellini: »Die Ehe ist ein Spielplan mit gleichbleibendem Repertoire. Folglich sollte man wenigstens die Inszenierung ändern.« Es passt perfekt zu unserer Paar-Kolumne.

Jedenfalls hatte ich die Idee dazu an einem trüben Jännermorgen, als ich Eis und Schnee von meiner Windschutzscheibe kratzen wollte – aber leider feststellen musste: Hui, das Kratzerl ist nicht da! Eh klar, der Mann nebenan hatte sich einen Tag zuvor *mein* Kratzerl ausgeborgt, mit *seinem* Versprechen, »mir es eh sofort wieder ins Auto zu legen«. Er kam, kratzte – und vergaß. Für mich besonders blöd: Ich hatte es nämlich sehr, sehr eilig. Und so wähnte ich mich an diesem klirrend kalten Jännermorgen wieder einmal in diesem bestimmten Film, dessen Szenen vor allem aus Déjà-vus und Wiederholungen bestehen. Immer und immer wieder. Das sind jene Momente, wo wir gerne Worte wie diese in den Himmel böllern: »Das darf jetzt bitte net wahr sein. Himmel. Arsch. Und Zwirn. Der nervt!« Das sind weiters jene Momente, wo alles, was irgendwann einmal romantisch, leidenschaftlich und aufregend war, für wenige Sekunden (ja, es können auch Minuten werden, mitunter Stunden) in einem Mix aus Wut und Resignation verschwindet. Und je öfter solche Momente den Beziehungsalltag durchwirken, desto müder schimmert dieser Zauber namens »Liebe«. Motto: »Früher machte er mir den Hof, heute mache ich ihm das Bett.«

Ein Trick

Was mir in dieser »Eine-frierende-Frau-sucht-Eiskratzer«-Situation half, war ein kleiner Trick. Ich betrachtete mich Zornbinkel mit der Bommelmütze von außen – als wär's ein Film und ich darin der älteste Witz der Welt. Lächerlich in meiner Ehefrauen-Erregung, komisch in meinem »Typisch, er«-Zorn. Siehe da: Plötzlich musste ich lachen. Über mich, die sich an solchen Petitessen erzürnen kann, als wäre wirklich etwas ganz Großes passiert. Über ihn, der den goldenen Regeln des »Michi-Seins« gemäß eh wie immer handelte: vergesslich, schusselig, hoppla und – wurscht. Über dieses »typisch«, das einem dann durch den Kopf jagt und so typisch für das Konstrukt »Ehe« ist. Über die subtile Komik, die in solchen Augenblicken steckt. Denn natürlich sind der Alltag und genau solche Situationen der größte Feind jeder Liebe – auch wenn sie irgendwann noch so atemberaubend begann. Und man sich seinerzeit zu tausend Prozent sicher war: Das ist der Mann fürs Leben! Mit ihm wird alles gut und alles anders. Irgendwann entdeckt man: Ja – stimmt, es ist der Mann fürs Leben. Und ja stimmt, mit ihm ist tatsächlich alles gut und anders – aber eben nicht immer und rund um die Uhr, 365 Tage im Jahr. Dazwischen gibt's großen und kleinen Ärger, großes und kleines Wundern – und oft einmal den Wunsch nach einer Insel. Ohne Mann. Vor allem ohne seine Eigenarten. Was dabei vergessen wird: Auch wir, die davon Genervten, ticken nicht immer richtig.

Das zu schildern, darüber zu schreiben, darauf hatte ich plötzlich sehr große Lust. Es schien mir nicht nur sinnvoll, sondern auch als eine Art Katharsis, um all die großen und kleinen Ehedramen rund um Eiskratzer, Rasenmäher, Einkaufslisten und Ausflüge ins Gartenland zu verarbeiten und einen Hauch distanzierter betrachten zu können. Urschreib- statt Urschreitherapie. Buchstabensuppe statt Tränenmeer.

Zeitungspapier statt Scheidungsurkunde. Vor allem aber: lachen statt davonrennen! Also begannen wir das, was wir miteinander und gegeneinander erlebten, unters Mikroskop zu legen – zu sezieren, heranzuzoomen, zu vergrößern, zu konzentrieren, zu sezieren. Daraus entstanden und entstehen wöchentlich Texte, die fragmentarisch das Kabarett namens »Beziehung« beschreiben. Paaradoxe Szenen einer Ehe.

Und das passiert(e)

Was dann geschah, war schon recht spannend. Erstens: Die Beziehung lief wie immer. Auf, ab, mal so, mal so – in der Gesamtbetrachtung natürlich: for!mi!da!bel! Aber zweitens: Wir hatten plötzlich mehr Spaß an dem, was als »Beziehungsalltag« meistens für Langeweile und Ermattung sorgt. Statt zu resignieren, sagen wir heute: Hey, lustig – das muss ich mir merken, für die nächste Kolumne. Dann erfinden wir natürlich noch ein bissl was dazu, weil – ehrlich: Nix fader als das, was wir erleben, wenn wir am Samstag beispielsweise gemeinsam durch die Gänge eines Supermarkts schlurfen, um zu diskutieren, ob der Ankauf von Koriander und Pak Choi tatsächlich den Ernährungsvorstellungen des gnädigen Herrn entspricht. Das Schöne ist allerdings Punkt drei: die anderen! All die anderen Paare – verlobt, noch nicht verheiratet, bald verheiratet, kurz verheiratet, lange verheiratet, schon wieder geschieden –, die sich an uns wandten und wenden. Die sagen: »Hallo, wart ihr bei uns daheim? Seid ihr Mäuschen, habt ihr Wanzen bei uns angebracht?« Die erzählen – aus ihrem »Typisch du«-Erleben. Die sich wiederfinden – in unserer Welt. Und wir in ihrer. Die uns auf diese Weise mit frischer Inspiration für unsere paaradoxe Gedankenwelt versorgen. Das ist schön –, weil klar wird: Woanders ist das Gras nicht grüner (aber auch nicht hässlicher). Womit

Punkt vier folgt: die Sache mit der viel zitierten »Liebe«. Um die geht es nämlich auch. Nur so, weil wir ja sehr häufig gefragt werden: Klar lieben wir einander – immer noch und immer wieder. Vielleicht sogar mehr denn je. Die Liebe und damit der Respekt für das Sein des anderen sind die Hintergrundmelodien unseres Paaradoxons. Konkret: Ohne diese Liebe wäre die Kolumne gar nicht möglich. Aber das, was wir der Liebe zugefügt haben, ist der Humor, ist das Lachen. Beides schafft Distanz, die wiederum schafft Gelassenheit, und wenn gar nix mehr geht, dann vermag wenigstens die Erinnerung daran ein wenig Licht ins akute Liebesdunkel zu bringen. Im besten Fall ist das dann die Brücke, die uns beide wieder verbindet. Weil: Ein bissl was geht immer, auch wenn es im Moment gar nicht so ausschaut. In diesem Sinne wollen wir weitertun – indem wir den Alltag des Liebens mit einem Lächeln durchbrechen und das, was wir tun, so betrachten, als wären wir eine Art Karikatur unserer selbst.

Und sonst? Ach ja – vielleicht noch ein Zitat, zum guten Ende: »Heute ist eine Ehe schon glücklich, wenn man dreimal die Scheidung verschiebt.« So betrachtet: danke, Danny Kaye. Und danke, du Mann nebenan. Es ist ziemlich gut, was wir aneinander haben.

Nun aber: Viel Vergnügen bei der Lektüre dieser Kolumnensammlung, beim Wiedererkennen und hoffentlich: Lachen.

P.S.: Weil es die Tradition so will, finden Sie seine Worte und Gedanken am Ende des Buches. Der Mann nebenan hat sich um das Nachwort gekümmert – vermutlich nach dem Motto: »Das Beste zuletzt.« Dazu fällt mir gleich noch ein Zitat ein – nämlich aus Loriots Film *Ödipussi*: »Bitte übernehmen Sie diesen Herrn, ich habe einen Termin.«

I. WILLKOMMEN IN DER ALLTAGSFALLE

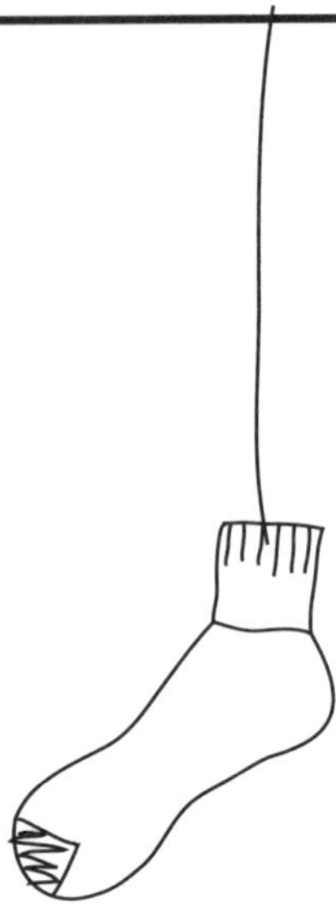

Knapp vier Millionen Treffer – so viele kriegt, wer bei Google die Worte »Alltag. In. Beziehungen.« eingibt. Unser absoluter Suchergebnis-Favorit: »Zehn Tipps für ewige frische Verliebtheit.« Ha! Als ob es mit ein paar simplen Tricks möglich wäre, die Zeit zu überlisten. Als ob es erstrebenswert wäre, »ewig verliebt« zu sein. Eine grauenhafte Vorstellung. Ein bissl so, als würden wir zu ewigem Zuckerwatteschlecken verdammt werden, nur weil wir uns irgendwann nach einer rosafarbenen Zuckerwattewolke gesehnt haben.

Die große Kunst des Paarseins ist es, an der Zeit zu wachsen – abseits idealisierter Vorstellungen. Erst wenn zwei Menschen es schaffen, trotz immergleicher Kleinigkeiten,

Rituale, Pflichten und damit verbundener immergleicher Diskussionen, eine gemeinsame Abbiegespur zu entdecken, die irgendwo hinführt, wo es anders, lustiger, schräger, ruhiger oder aber aufregender ist, wird's spannend.

Besonders lustig fanden wir folgenden Ratschlag: »Sprechen Sie abends vorm Einschlafen miteinander über das, was Sie am Tag erlebt haben. Rufen Sie sich schöne, gemeinsame Erfahrungen ins Gedächtnis. Diese positiven Gedanken versüßen Ihnen nicht nur die Träume der kommenden Nacht, sondern auch die gemeinsame Zukunft.« Sehr lustig. Es muss in der Tat extrem beziehungsfördernd sein, wenn er ihr im Halbschlaf die sehr lange Geschichte von der sehr langen Schlange beim Supermarkt erzählt und … gähn. Oder sie ihm die ausufernde Anekdote zum Thema »Als ich auszog, um tanken zu gehen, aber den Tankdeckel auf dem Auto liegen ließ« schildert. Dass das der Stoff ist, aus dem die »gemeinsame Zukunft« gebastelt werden kann – na ja.

Unser Zugang zum Thema »Alltagsfalle« ist um einiges schlichter. Immer wenn einer von uns beiden Fluchttendenzen verspürt, halten wir uns an folgendem Klospruch fest: »Derselbe Zirkus – andere Clowns.« Und umgekehrt: »Dieselben Clowns, anderer Zirkus.« Woanders und mit jemandem »Neuen« mag's zwar kurzfristig aufregender sein – aber spätestens nach einem Jahr sind sie wieder da, die bekannten und nicht bewältigten Themen. Deshalb bleiben wir, versuchen uns lieber an neuen Zirkusnummern und lachen über so manch misslungenen Trapezakt.

Wegräumen, aber dalli!

SIE Zu den Mysterien meines Alltags gehören seine Socken. Manchmal träume ich, sie leben, haben eine Seele und stecken mit meinem Mann unter einer Decke. Im Auftrag seiner Majestät machen sie sich auf perfide Weise unsichtbar oder trennen sich. Speziell in der Waschmaschine: Ich gebe acht Stück hinein – um am Ende des Waschgangs festzustellen: Es sind nur mehr vier. Vier, die nicht zusammenpassen. Die andere Hälfte feiert irgendwo ein Weichspüler-Gelage.

Oder aber sie liegen herum. Im Bad. Im Wohnzimmer. In der Küche. Dann raunen sie dreckig: Räum! Mich! Weg! Ich raune zurück: Ich! Sicher! Nicht! Die Harmonie kippt, die Socken kichern. Und mein Mann kann wieder einmal sagen: »Worüber du dich aufregst. Lä-cher-lich. Socken! Jetzt fehlt nur noch, dass du mit ihnen sprichst.« Doch wehe, er sucht »dieses bestimmte Paar« für »diesen bestimmten Anlass« und findet es nicht innerhalb von Hundertstelsekunden. Ein Amoklauf beginnt. Das, was er da von sich gibt, hätte ich ja verraten, wurde aber von der Schlussredaktion zensuriert. Ein Kollege meint, dass das gemeinsame Zusammenleben in einer Wohnung der Tod jeder Beziehung sei. Falsch. Ich glaube, es sind die Socken. Sie stehen im Kleingedruckten meines Eheversprechens, kaum lesbar. Ergänzt durch die Gugelhupfbröseln auf meinem – Betonung auf meinem – Lieblingssofa. Den zum Zeitungsarchiv (Halt, das *profil* aus dem Jahr 1999 brauch ich noch!) degradierten Esstisch. All die auf dem Parkett verwaisten Hemden, die immer noch nicht gelernt haben, sich alleine zu waschen. Und was tut er? Er sagt: »Baby, wir sind schon ein tolles Team.« Team, jo eh. Sein Codewort für »Lass doch die Mutti hackeln«. Im nächsten Leben werde ich seine Socke. Dann lass ich mich verschwinden.

ER Meine Frau hat ein stetes Problem damit, wenn etwas herumliegt. Einmal abgesehen von den eigenen Taschentüchern, die aber offenbar eine Botschaft haben: Wohin auch immer du schaust, wirst du bemerken, dass es mir wegen eines Schnupfens nicht gut geht. Ansonsten kann ein Sockenpaar auf dem Boden oder eine Zeitung auf dem Esstisch für erstaunlichen Furor sorgen. Der nur noch übertroffen wird, wenn es gilt, den wahren Skandal lautstark zu beklagen. Denn manchmal, ich gebe es zu, passiert mir ein Hausordnungslapsus, der seinesgleichen sucht: Ich! Lasse! Zwei! Paar! Schuhe! Herumstehen!

Warum diese unfassbare Schlamperei das ästhetische Auge meiner Frau so beleidigt, hat sich mir nie erschlossen, ich weiß nur: Ich muss ein Traummann sein, wenn nur ein nicht weggeräumter Schuh drückt. Gerne habe ich diesbezüglich die fast rituellen, präzise formulierten Vorwürfe. 1. Der leichte Hang zur Übertreibung: »Muss es sein, dass alle deine Schuhe (Anm.: zwei Paar) überall in der Gegend (Anm.: im Vorzimmer) herumstehen?« 2. Der Hinweis auf die akute Gefährdung von Leib und Seele: »Wenn man da nicht aufpasst, fliegt man über deine Schuhe und bricht sich das G'nack.« In Folge gibt es zwei Arten, mit der prekären Situation umzugehen. 1. Eine Diskussion eröffnen. Die endet aber meistens mit einer leicht kalkulierbaren, von beiden verursachten Immer-Inflation – immer machst du, immer sagst du, immer glaubst du … Ist also kaum zielführend. 2. Die Erfahrung einer langjährigen Ehe nützen und in der Sekunde ein Paar Schuhe wegräumen. Bestenfalls begleitet von einem Null- oder einem süffisanten Kurzkommentar. Ist sinnvoll, wirkt beruhigend. Und die Revanche glückt ohnehin: Warte nur auf meinen nächsten Schnupfen.

Wer suchet, der findet … nicht

SIE An einem sonnigen Sonntag war ich gut aufgelegt – nach Vergleich aller Wochenhoroskope in allen Zeitungen des In- und Auslands. Ich las, dass die vor mir liegenden Tage formidabel sein würden. Vor allem die Liebe (ich bin Sternzeichen Schütze, der Mann da drüben ist es auch) betreffend. Demnach würde mich der wohltuende Einfluss einer milden Venus einlullen. Noch dienstags versicherte mir die *Kurier*-Astrologin: »Der Liebeshimmel ist blau, keine Störung in Sicht.« Das schien allerdings nicht für den Schützen nebenan zu gelten. Bei dem stand der Saturn gerade im Quadrat zu seiner Intelligenz. Das wiederum führte dazu, dass die Woche bei mir doch nicht so eine gute Woche geworden ist. Und zwar ab Dienstagabend. Da fragte mich Herzkönig, wo denn seine Bankomatkarte sei. Nun, ich bin schon erwachsen und habe eine eigene Karte, folglich: keine Ahnung. Eine fieberhafte Suche begann, untermalt von seinem »Verdammt, was mache ich jetzt?«. Die ganze Familie war auf den Beinen, sogar der Hund wurde mit einem »Suchs Karti, such doch das Karti!« animiert. Wir überlegten die Anmietung eines Fahndungshubschraubers.

Nach zwei Stunden hatte ich die Idee, noch einmal in seinem Börserl nachzusehen – und oha: Das Karti steckte gut eingewickelt in der Rechnung einer Pizzeria, neben Visitenkarten von Menschen, die vor drei, vier Jahren zur letzten Ruhe gebettet worden sind. Da wurde ich laut: »Das ist die vierte sinnlose Suche in zwei Wochen – erst deine Sportjacke (fand sich bei den Sportjacken), dann der Pass (fand sich bei den Pässen), dann die Haube (fand sich bei – ja, genau …) und jetzt die depperte Karte. Wie wär's mit Denken? Oder einer Brille?« Ab diesem Zeitpunkt verlief die Woche durchwachsen – vermutlich hatte ich einen überraschenden Marstransit und er was mit Neptun. Der lässt immer alles verschwinden und keiner ist daran schuld.

ER Ja, es kommt vor, dass ich gelegentlich etwas nicht finde. Zum Beispiel die Butter, die sich im Kühlschrank hinter ca. zwölf Bechern selbst gemachten Dinkelpops-Joghurts versteckt. Oder die Zeitung, die im Papiermist liegt, wo sie ga!ran!tiert! niemand hinbefördert hat. Aber dass ich mich als sporadisch Suchender just vor meiner Frau rechtfertigen muss, fällt wohl in die Kategorie »Ganz schlechter Witz«. Erst unlängst ereignete sich Folgendes: Wir bummelten an einem sonnigen Tag durch die Stadt, als die Liebste meinte, telefonieren zu müssen. Sofort begann das obligatorische Vier-Phasen-Ritual. Phase 1: Sie kramt während des Gehens in ihrer Handtasche und findet das Handy nicht. Phase 2: Sie bleibt abrupt stehen, kramt und findet das Handy nicht. Phase 3: Sie stellt die Handtasche auf eine Fläche (diesfalls ein Mauervorsprung), kramt und findet das Handy nicht. Phase 4: Sie leert die Handtasche Stück für Stück aus (sagenhaft, was da zum Vorschein kommt) und findet das Handy nicht. Stattdessen hat sie eine Idee. Sie muss es im Kaffeehaus, wo wir zuvor waren, liegen gelassen haben.

Was tut der Kavalier (nachdem er das auf, eh klar, stumm geschaltete Gerät angerufen hat)? Richtig: Er läuft. Aber leider war der Sprint in der Mittagssonne vergeblich. Auch der Ober bestätigt: Kein Handy da. Ich jogge zurück, um meiner Frau die Hiobsbotschaft zu übermitteln und … werde mit den Worten empfangen: »Sorry, aber ich hab's eh schon gefunden. Es war in einem Seitenfach.« Oh ja, das Leben ist ein Seitenfach. Und die (stets übergroße) weibliche Handtasche, in der sich alles befindet, das nie gefunden werden will, zählt sicher zu den größten Rätseln seit dem Bau der Pyramiden. Das Gute an dem Schaufensterbummel war: Ich weiß jetzt, was ich meiner Frau zu Weihnachten schenke. Und vor allem: Wo ich es verstecke.

Herr Dann, Frau Wann

SIE Weihnachten ist das Fest der Liebe. Dazu eine kleine Geschichte: Es war einmal eine Frau, die hieß Madame Wann. Eines Tages schmiss sie sich in einen kurzen Rock und trug Lidschatten auf. So besuchte sie die Weihnachtsfeier ihres Arbeitgebers. Nach zwei Gläsern Rotwein saß plötzlich Monsieur Dann an ihrer Seite. Ein junger Mann, penetrant fröhlich. Auf magische Weise verliebten sich die beiden ineinander. Sie zogen zusammen, bekamen ein Kind und nahmen einen Kredit auf. Anfangs musste Frau Wann nur mit den Augen klimpern, schon gingen all ihre Wünsche in Erfüllung. Niemals war der Mist voll, stets war der Eiskasten gefüllt, alles wurde erledigt.

Doch mit den Jahren kamen die Sorgen. Frau Wann lag nachts wach, Fragen spukten ihr durch den Kopf: Wann wird er den Mist ausleeren? Wann wird er den Keller ausmisten? Wann wird er sich um den Garten kümmern? Daneben schlummerte Herr Dann und träumte seinen Lieblingstraum: Dass er alle mit seinem Lieblingswort »Dann!« verzaubern würde. Dass jeder dazu nicken würde, während er vor sich hin prokrastinierte. Schließlich läutete der Wecker und holte ihn an die Seite seiner Frau zurück, die den Wann-Motor anwarf: »Wann wirst du Frühstück holen, wann kaufst du den Christbaum, wann gehst du zum Bankomaten?« Herr Dann hob an und posaunte in den Morgen: »Dann …!« Für Frau Wann war dies das gewisse Dann zu viel. Sie packte ihren Koffer und sagte: »Ciao, ich bin jetzt weg. Vielleicht komme ich ja wieder.« Er fragte: »Wann?« Sie sagte: »Dann!« Jetzt packte Herrn Dann die nackte Panik. Er sprang auf und schrie: »Sofort!« Holte Christbaum, Geld, Frühstück und nahm sich für das nächste Jahr vor, sein Leben weniger aufzuschieben. Sieh an: Sie blieb. Und wenn sie nicht gestorben sind, dann wurschteln sie so weiter. (Ähnlichkeiten mit lebenden Personen sind nicht zufällig und durchaus erwünscht.)

ER Im Unterschied zu dem herzigen G'schichterl auf der linken Seite hier ein Ereignis, das tatsächlich stattfand und schon sehr typisch ist. In aller Kürze: Man versprach mir vor einem halben Jahr für den November eine Überweisung. Pünktlich am 1.11. war zwar kein Geld da, dafür meine Frau mit der unmissverständlichen Forderung: Ruf dort an! Mein Verweis auf die Tatsache, dass es sich beim November um einen 30-Tage-Zeitraum handelt, löste bei ihr nur dieses gut bekannte und seit Jahrzehnten eingekühlte Geh-Pepperl-plausch'-net-Lächeln aus. Ich rief dennoch nicht an und entschied mich stattdessen für ein wenig Geduld. Das hasst sie. Dabei ist die von ihr stets zur Schau getragene Qualität des sofortigen Handelns und Erledigens, des Ruckzuckens, in Wahrheit nichts anderes als die Reaktion auf rasende Ungeduld und quälende Neugier. Weshalb ich mitunter nur aus Boshaftigkeit gerne provokante Wartelisten anfertige.

Es verging von nun kein Novembertag ohne die zunehmend schärfer werdenden Verhörmethoden. Sag, hast du schon? Warum nicht? Was soll das? Das gibt's doch nicht! Geh, bitte! Wann? Mach! Tu! Mannsbilder! Mah! Oh! Pffff! Und mit jedem süffisanten »Gut, dass du mich erinnerst«, wuchs ihr Zorn. Sie, die ein Baguette noch nie heimgebracht hat, ohne schon auf dem Weg mehrmals davon abzubeißen. Die sich Taschen und Klumpert unter die Achseln klemmt, nur damit sie die Hände frei hat, um die Post schon während des Gehens zur Wohnungstür öffnen zu können. Die am liebsten heute schon 2016er-Rotwein trinken würde. Das (gut abgelegene) Geld kam übrigens in den Morgenstunden des 19. November. Einfach so. Ganz ohne lästiges Insistieren. Na, bitte. Wenn das nicht eine wunderschöne Weihnachtsgeschichte ist.

Schlummerrollen

SIE Wo man hinsieht, Menschen, die den Herbst eher nicht so toll finden. Ich bin froh darüber – vor allem wegen der Zeitumstellung. Endlich bekam ich wieder zurück, was man mir im Frühling gestohlen hat: meinen natürlichen Biorhythmus und 60 Minuten mehr Schlaf am Morgen. Der Mann nebenan kann das nicht verstehen: Alles Einbildung – ein bisserl hysterisch bist aber schon, Schatzi. Der hat's leicht. Was sein Schlafbedürfnis und -verhalten angeht, firmiert er in der Kategorie grober Klotz. Er schläft – e basta. Wurscht wo, wurscht wie, wurscht wann. Man setze den Mann in ein Flugzeug – bumm, patsch: Fünf Minuten nach Abflug und dem ersten Lächeln der Flugbegleiterin sind seine Augen zu, der Atem tief, das Schnarchen dezent. Ich hingegen quäle mich: mit der trockenen Luft, dem kalten Gebläse, dem Trottel hinter und der Depperten vor mir.

Überhaupt: Wäre Schlafverhalten beziehungsstiftend, gäbe es diese Ehe nicht. Sein Schlummerbedürfnis verhält sich antizyklisch zu meinem. Wenn ich an einem schönen Sonntagmorgen ein Liedchen auf den Lippen verspüre und den Mann nebenan zu einem Ausflug bewegen möchte, lässt er aus der REM-Phase ausrichten: Bitte nicht stören. Wünsche und Beschwerden ab 11 Uhr. Alles anders abends: Was zappt er da nicht von Nachrichten-Show zu Nachrichten-Show, während ich von Minute zu Minute mehr das Gefühl habe, auf Dormium-Trip zu sein. Wenn ich gegen Geisterstunde endlich gen Schlafgemach taumle, gibt er mir ein »Was, jetzt schon? Du bist ein fader Zipf!« mit. Ginge es nach ihm, wäre jetzt der ideale Zeitpunkt, den Existenzialismus neu zu interpretieren, eine Runde zu pokern oder die Welt zu verändern. Wenn's drauf ankommt, reichen ihm nämlich sechs Stunden im Bett. Wie Napoleon, pflegt er da gerne anzumerken. Worauf ich mit Tucholsky kontere: »Gebt den Leuten mehr Schlaf – und sie werden wacher sein, wenn sie wach sind.«

ER Die einen sitzen stundenlang vor einem Schachbrett, um die richtige Matt-Strategie im Geist zu zimmern. Andere brüten ein ganzes Wochenende über einer Anleitung von IKEA, um beim Bau der Waschkommode Strömsviken ja keinen Fehler zu machen. Konzentration ist in jedem Fall erforderlich. Auch bei meiner Frau. Die nämlich entwickelt auch Akribie – wenn sie ihren Schlaf plant. Dabei geht sie generalstabsmäßig vor. Die wichtigsten Sofortmaßnahmen sind: kurzes Lüften, zwänglerische Kastentürschließung, nervöser Spinnen-Check, systematischer Polsterbergbau. Erst dann ist unabhängig vom Grad der Müdigkeit grundsätzliche Schlafbereitschaft hergestellt. Sollte ich in dieser Phase die absurde Idee gebären, neben ihr noch ein Magazin lesen zu wollen, begegnet mir Verzweiflung, Entsetzen, Flehen. Bitte nicht! Weil: Licht. Weil: Rascheln. Weil: Ich.

Nur gelegentlich verweise ich dezent auf einen Hang zur Hysterie, bin aber dann doch immer wieder erstaunt, dass jemand mitten in der Nacht aus dem Schlaf schrecken kann, weil in einem Nachbarbezirk ein Hund bellt. Daher ist ein Schleichen auf Zehenspitzen immer ein Hochrisiko-Unterfangen, weil so ein Knocherl knackst ja schnell einmal. Und dann … böses Erwachen. In meinem Bewusstsein hat es den Anschein, als hätte die Liebste überhaupt noch nie richtig tief geschlafen. Als wäre sie steinzeitmäßig in permanenter Alarmbereitschaft. Für den Fall, dass unser Dorf von Kriegern oder wilden Tieren angegriffen wird – »Michael, hol' Speer und Streitaxt, da draußen regt sich etwas!« Das alles ist natürlich schwer nachzuvollziehen. Für einen wie mich, der auch schon nach Konsum eines doppelten Espressos am Rande einer Formel-1-Strecke bei Vollbetrieb ins Traumland abgetaucht ist. Dort jedoch könnte mir jederzeit eine Strömsviken-Bastelei erscheinen. Und dann wünschte ich mir den leichten Schlaf meiner Frau.

Der Deal mit dem Stoff

SIE Unsere Beziehung begann mit einem knallharten Deal. Andere lesen schwere Bücher über Feminismus und das Bild vom neuen Mann. Ich habe nach den ersten Zungenküssen Folgendes statuiert: »Wenn du mit mir zusammenbleiben, mit mir Verkehr haben und dich fortpflanzen willst, dann nur unter der Prämisse der Pflichtenteilung.« Dass gnä' Herr abends vom Tagwerk ermattet in die Pölster plumpst und wartet, bis man ihm das Kind frisch gewickelt zum Lustigen-Papa-Posing reiche: nix da. Die fünf Gebote lauteten fortan so: 1. Du lernst, wie man Presswehen verhechelt. 2. Du darfst beim Windelwechseln keine Gackiphobie simulieren. 3. Du musst Hirse-Karotten-Brei pürieren können. 4. Du gehst zum Elternabend. *Und:* 5. Du gehst zum Komolka. Das ist das Stoffkaufhaus, bei dem das Kind alle Zutaten fürs Textile Werken erstehen sollte. An einem Samstag war es so weit. Während ich für den Mann Bier und Bauchfleisch sammelte, ging er auf Stoffjagd. An seiner Seite: das Kind. Weiters auf der Handarbeits-Einkaufsliste: Polyesternähseide. Schneiderkreide. Stecknadeln. Als er das vernahm, gab es den heftigsten Disput seit erfolgreicher Vermehrung: »Ich zum Komolka? Bist du verrückt! Jetzt ist aber Schluss mit deiner Halbe-halbe-Paranoia. Da kann ich ja gleich ein Dirndl tragen und mich schminken. Absolut entwürdigend.«

Ich blieb hart und suggerierte ihm, dass ein echter Mann, der seine Mitte gefunden hat, sich durch ein paar banale Ballen Seide, Tüll und Taft nicht aus dem Konzept bringen lassen sollte. Daraufhin er: »Okay, dann räumst du unseren Dreckskeller um und lässt dich als richtige Frau, die ihre Mitte gefunden hat, nicht durch ein paar banale Spinnen aus dem Konzept bringen.« Dann trat er ab. Zwei Stunden später las ich seine Live-vom-Komolka-Postings auf Facebook: »Achtung, eine Durchsage: Der kleine Michi sucht den Ausgang.« Da tat mir der kleine Michi fast ein bissi leid.

ER Pflichtenteilung, eh klar. Ich habe einst, als die Kindfrage im Raum stand, diesbezüglich keine Sekunde gezögert und eingewilligt. Natürlich nicht ahnend, dass im imaginären Kleingedruckten auch allerlei heimtückische Formulierungen standen. Wie: »Muss in seiner Rolle als Mann & Papa auch Demütigung ertragen.« Und dabei meine ich nicht die üblichen Tätigkeiten, die etwa ein Karenzvater zu erledigen hat, wie das Wechseln der Windeln, das Zubereiten von Püree-Potpourris oder das Pflegen eines sprachlichen Minimalismus.

Nein, die wahren Hürden taten sich im Laufe der Jahre immer dann auf, wenn ich mich öffentlich quasi entmannen musste. Ich wollte doch immer der sein, der im Supermarkt die Frage stellt, wo er die besten Klingen für die Nassrasur findet. Und was das T-Bone-Steak denn kostet. Und nicht der, der sich im Biomarkt nach dem Weg zum Dinkelreis erkundigt. Und im Park Fachgespräche über Babywinde führt. Aber ich habe mich auch daran gewöhnt. Und dass es mich nervt, wenn auf dem Einkaufszettel Dinge wie Abschminktücher oder Hartweizengrieß stehen, liegt lediglich daran, dass ich immer so lange brauche, bis ich das Zeug endlich finde. Aber alles hat Grenzen. Und ein Besuch beim angeblich legendären Komolka war ein Anschlag auf meine Würde. Meine Frau täuschte Gastgeber-Notwendigkeiten vor und erwiderte auf meine Proteste nur ein lapidares »Jetzt stell dich nicht so an!«. Ich musste mich aber dann anstellen. Nämlich um im Stoffgeschäft, das sich über geschätzte 13 Haupt- und 21 Zubehör-Etagen erstreckt, an eine rettende Verkäuferin zu gelangen. Nie habe ich mich so verloren gefühlt. Denn bis dato wusste ich gar nicht, dass es Polyesternähseide gibt. In mir tobte nur eine Frage: Warum? In der folgenden Nacht habe ich dann von Stoffballen geträumt. Und dass ich als Quilt wiedergeboren werde. Selbstverständlich in Rosa gehalten.

Gebäckträger & Ignorantin

SIE Länger und vor allem glücklich verheiratet zu sein, fällt für mich in die Rubrik »Kunst-Fehler«. Es ist eine Kunst, die Fehler des Partners ertragen zu lernen und die eigenen elegant zu vertuschen. Ehefrauenpsychologie, ich weiß. Aber die hilft. Weiters hilft es auch, manches zu übersehen. Übersehen ist überleben. Speziell am Wochenende. Wochenende ist die Auszeit vom 6.30-Uhr-Terror, von diesem »Ich bin spät dran«-Wahnsinn. Das Blöde: Irgendwer muss Frühstück holen. Ich verkauf' mich für frische Kipferln und knusprige Semmerln. Aber ich stehe sicher nicht dafür auf.

Das fällt in seine Agenda, befand ich eines Tages. Seitdem habe ich es mir angeeignet, seine Heute-gehst-du-aber-Frühstück-holen-Signale zu übersehen. Das ist harte Arbeit. Stellen Sie sich vor, wir liegen im Bett – er sagt: »Ein Kornspitz wäre jetzt super, aber es ist draußen so kalt.« Das garniert er mit diesem Ich-bin-so-arm-Blick nach Art des Kettenhundes. Die Übersehen-Strategie ist hier äußerst hilfreich, heißt: Ja nicht auf die Mitleidstour eingehen, sondern Belangloses parlieren: »Ich muss unbedingt zum Osteopathen.« Dazu passend ein gestresster Unterton, der signalisiert: »Die Frau ist genervt und streitlustig.« Mein Mann ist ein Streitvermeider – also: kluger Schachzug.

Nach weiteren halbherzigen Versuchen, die Semmelholerei zu umschiffen, steht er auf. Ab sofort ist großes, geradezu sehr großes Übersehen angesagt: Ich ignoriere seine Alles-muss-immer-ich-machen-Körpersprache, sein gerötetes Haupt, das auf unterdrückte Wut schließen lässt. Ich ignoriere sein Gemurmle im Stile von »Jeden-Sonntag-dasselbe«. Ich übersehe auch, dass er mir – vom Ausflug zurückgekehrt – die Backware auf den Esstisch knallt. Was soll's? Ein guter Tag beginnt mit der richtigen Strategie. Man muss ja nicht immer reden. Endlich Wochenende!

ER Zugegeben: Der rituelle Semmerlbesorgungsterror am Wochenende nervt. Und es nervt, dass mein Genervtsein übergangen wird. Aber ich habe mich mit meiner Rolle als Gebäckträger der Familie abgefunden. Und ich bin zur Rache bereit. Ich ignoriere nämlich beharrlich jenen Unruhegeist, der meine Frau (nach dem Aufstehen!!!) beherrscht. Wenn ich auf dem Sofa liege, um Zeitungen zu lesen oder das knifflige Rätsel aus dem *Zeit*-Magazin zu lösen, dann entgeht mir natürlich nicht ihr Erledigungsfuror – ein Treiben, das meinen Augenwinkel irritiert. Soll so sein, mag man denken. Jede, wie sie mag. Aber gleichzeitig kommentiert sie auch jeden Handgriff. Ächzend. Anklagend. Sie kehrt beispielsweise die Wohnung und würzt diese Tätigkeit mit ausufernden Erklärungen, dass es ein Wahnsinn sei, wie viel Dreck »da so« entsteht. Da ich aber eh schon beim Bäcker war, ruht mein Gewissen sanft. Ich weiß: Sie will jetzt nicht, dass ich kehre. Sie will, dass ich irgendetwas »Nützliches« tue. Aus Solidarität. Tue ich aber justament nicht. Daher lässt sie subtil die nächsten Versuche folgen. Phase 1, die grundsätzlich neutrale Bemerkung: »Unglaublich, so viele Algen im Biotop.« Phase 2, die Annäherung mit der »man«-Taktik: »Im Badezimmer sollte man zwei Lamperln austauschen.« Phase 3, die sanfte »du«-Erinnerung: »Wolltest du nicht heute Holz kaufen?«

Die Gemeinsamkeit der Anläufe ist das Ansinnen, mich zu einem Tun zu bewegen, ohne es direkt zu sagen. Ein schlichtes »Mach ich« würde die Situation augenblicklich befrieden. Mach ich aber nicht. Das ist zwar gemein, aber notwendig. Ihr letzter Ausweg ist … Phase 4, die konkrete Anrede: »Könntest du bitte den Mist rausbringen, der stinkt.« Darauf antworte ich dann gerne mit »gleich«. Man gönnt sich ja sonst nix.

Der Pokal muss weg – oder: das große Loslassen

SIE Eines Tages zog unsere Kolumne um, wir wechselten Ort und Zeit. Und erschienen von da an immer wieder sonntags. Dabei erzeugt nur der Gedanke an Umzug Panik in mir. Lieber fünf Wimmerln, als einmal mit dem Mann nebenan von da nach dort gehen. Der ist ein Bewahrer. Den muss man sogar zum Loslassen von 1980er-Slips überreden. Dann landen sie erst im Umzugskarton. Beim letzten Ausmist-Prozedere dieser Art stieß ich auf einen Koffer. Schwarz und schwer. Ich dachte: Aha, der Mann führt ein Doppelleben und da drin sind die Beweismittel. Pornos, russischer Pass, Damenstrümpfe.

Zittrig und darauf vorbereitet, dass sich mein Leben gerade ändern könnte, öffnete ich ihn. Was sah ich? Nix Pornos, nix Pässe. Stattdessen offerierten sich mir Pokale, Medaillen und Urkunden. »Michi Hufnagl, geboren 1970, 3. Platz beim Sackhüpfen, 1975. Weiter so!« Ich finde das Sammeln solcher Siegesbeweise total blöd – wir sind ja nicht Steffi Graf und Andre Agassi. Noch blöder finde ich es, wenn Menschen ihre lächerlichen Trophäen für irgendwelche Pimperlturniere in Glaskästen oder auf ihren Klos ausstellen. Wen interessiert's, ob der Herr Huber oder die Frau Mayer irgendwann Bezirksmeister im Weitspucken waren? Aber: Herzkönig hätte gerne so eine Vitrine gehabt – Motto: Das ist die Chronik meiner großen Momente – das gehört gesehen. Hallo? Du bist ja nicht der Karli Schranz. Umziehen bedeutet loslassen, sagte ich mir also damals in der Koffer-Causa und boykottierte entschlossen seine Sammelwut. Die Zeugnisse seines Tollseins landeten im Schlund eines Plastiksacks, um auf der Deponie für Egomanien entsorgt zu werden. Das war vor zehn Jahren. Das Schöne daran: Er hat's bis heute nicht bemerkt. Geht doch, Schatzi.

ER Veränderung ist immer eine Herausforderung. Und wenn es nur eine Kolumne ist, die in die Sonntagszeitung, die ja besonders gern gestohl… also … gelesen wird, übersiedelt. Aber Melancholie befällt uns doch alle, wenn wir an Vergangenes denken. Nun ist es zwar so, dass der Montag auf der Hitliste der Bevölkerung eher nicht unter den Top-6 der Wochentage rangiert, aber: Abschied ist Abschied. Und ein solcher fällt manchen eben leichter als anderen. Ich bin grundsätzlich kein manischer Sammler, aber ich erliege beim Aufbewahren von Dingen dennoch zwei wesentlichen Gedanken. 1. Wer weiß, wofür ich das noch einmal brauche? Das mag beim gebrauchten Pinselset aus der Volksschulzeit ein fragwürdiger Ansatz sein. Aber wenn ich dann eines Tages aus 68 Angeboten am Kabelsalat-Buffet das einzig richtige finde, darf ich mir familiärer Hoch-Rufe sicher sein. 2. Ich habe das Recht, selbst zu entscheiden, welche Puzzlesteine meines Lebens ihren Fixplatz im Keller behalten. Denn in Wahrheit ist es ja bei Ausmist-Diskussionen so: Wir trennen uns sehr leicht von Dingen, die anderen gehören. Ich hätte die 127 kg schwere Briefesammlung meiner Frau längst schon entsorgt. Oder deren Ordner mit Abrechnungen aus der Zeit des Vierteltelefons. Aber dann heißt es natürlich: »Bist du verrückt!?«

Sie hingegen befindet, dass der Pokal vom Jugendskirennen 1985 hässlich und unnötig ist. Hässlich stimmt, weil Pokale per se hässlich sind, aber unnötig? Sie weiß ja gar nicht, welche spezielle Sentimentalität ich weit über den Sport hinaus damit verbinde. Ich weiß es zwar auch nicht mehr, aber das muss egal sein. Ich orte bei ihr lediglich ausgeprägten Trophäenneid. Daher habe ich zum Hochzeitstag einen Pokal bestellt, auf dem steht: »Für die beste Ehefrau der Welt.« Aus Boshaftigkeit.

Die Fifty-fifty-Falle

SIE 50 Prozent also. So hoch liegt die Scheidungsrate in Ehen, in denen die Hausarbeit gerecht aufgeteilt ist. Zumindest in Norwegen ist das so, dort wurde gerade die Untersuchung »Equality in the Home« veröffentlicht. Ich kenne ja die Norweger leider nur von den Pullovern. Norwegerpullis fand ich immer schon schön, so ich mir sie nicht selbst stricken musste. Ob ich die Studie schön finden soll, weiß ich nicht. Ich vermute ja, Gott hat aus Frau Evas Strudelteig nur deshalb einen Herrn Adam geformt, damit sie sagen kann: »So, ich sauge Staub. Und du putzt die Fenster.« Oder »Ich check' den Mist, kümmere du dich um das Kloputzen«. Dass Herr Adam und Frau Eva – zumindest in Norwegen – daraus gleich einen Trennungsgrund basteln: a bissl komisch. Bei genauerer Betrachtung aber auch wieder nicht. Im Falle meines Herrn Adam ist es nämlich so, dass die 50:50-Teilung nur theoretisch gut funktioniert.

In der Praxis nimmt der Mann nebenan einen Besen in die Hand und schon kriege ich so ein Bauchgefühl. Ich sage dann: Du siehst eh auch den Lurch in der Ecke, gell? Er antwortet: Jo Schatzi, eh. Um sich wie ein in Trance tanzender Sufi-Derwisch im Zentrum des Raumes zu drehen. Dabei pfeift er. Erstens: Pfeifen kann ich nicht leiden. Zweitens: Der Fleiß geht, der Lurch bleibt. Also kehre ich hinter ihm nach. Ähnlich verhält es sich beim Kochen. Wenn sich der Meisterkoch aufmacht, ein Reisfleisch zu brauen, kann er sich zwar brüsten, seiner 50:50-Pflicht nachzukommen. Aber: Der Hunger geht, das Fett bleibt. Auf dem Herd. Auf dem Küchenboden. Fein vermischt mit Paprika- und Reisspuren. Beschwere ich mich, bemüht mein Adam die Chaostheorie: Naturvorgänge sind stets irreversibel. In abgeschlossenen Systemen, Puppilein, geht Chaos in Ordnung über. Unsere Küche ist aber leider offen. Und weil Momente dieser Art recht häufig sind, verstehe ich die Norweger mehr und mehr.

ER Es gibt Dinge, die funktionieren eher nicht. Einem Hund das Schmatzen abzugewöhnen beispielsweise. Oder im Fernsehen Rosamunde Pilcher statt Champions League anschauen. Es gibt aber des Weiteren auch Dinge, die den Naturgesetzen folgend völlig unmöglich sind. Die Quadratur des Kreises beispielsweise. Oder Richard Lugner Chancen auf einen Nobelpreis einräumen. Und es gibt etwas, was all dem in unserem bis dato erforschten Kosmos noch übergeordnet ist. Es einer Frau recht machen. Eher wird der Stronach-Dollar als Währung dieses Landes eingeführt, als dass ich die Sätze zu hören bekomme: »Perfekt. Passt. Gut gemacht. Danke.« Als Kind habe ich nach der Beichte statt der aufgetragenen zehn »Vater unser« zur Sicherheit immer zwölf oder 13 Gebete bußmäßig abgeliefert, um es nicht versehentlich bei acht oder neun zu belassen und dann erst nicht frei von Sünde zu sein. Als Ehemann habe ich aus 50:50 längst mindestens 60:40 gemacht, um ihrem Lamento »Immer bleibt alles an mir hängen« keine Angriffsfläche zu bieten. Nur: Das zählt nicht. Weil Quantität gegen Qualität chancenlos ist. Ihre Ansicht von Qualität, wohlgemerkt.

Mache ich Betten, fehlt am Ende die Überwurfdecke (welchen Sinn auch immer die haben mag). Koche ich, ist zu viel Salz im Essen. Putze ich, wäre garantiert ein anderes der 23 zur Verfügung stehenden Reinigungsmittel das viel bessere gewesen. Sauge ich, kann ich mir der Zurechtweisung sicher sein: »Gell, du tät'st nicht von selbst drauf kommen, auch unter dem Sofa zu saugen?« Das Prinzip ist seit jeher unverändert. Mach' ich nix, sagt sie »Mach was!«. Mach' ich was, sagt sie: »Na bravo, da kann ich's ja gleich selbst machen.« Gute Idee. Vom Ratschlag-Segen verschont bleibe ich nur bei ganz niederen Diensten wie etwa der Entsorgung von Glasflaschen. Da spaziere ich dann frei und unbehelligt von dannen und murmle stolz: Denn dein ist das Reich …

Rasche Erledigungen

SIE Unlängst hatte ich einen Albtraum: In dem war ich eine To-do-Liste in Gestalt einer Blondine mit Körbchengröße D. Als diese sprach ich Männer an und bat sie, mich rasch zu erledigen. Aber keiner wollte mich. Da schrak ich schweißgebadet hoch, hörte den Mann nebenan atmen und war erleichtert, doch nur Ehefrau und Angestellte zu sein. Obwohl. Manchmal komme ich mir vor wie so eine Liste. Oft wache ich auf und denke: »Scheiße, das gehört auch noch erledigt.« Ich trage das dann ein – auf dem iPhone, im Kalender, ich schicke mir Mails und SMS. Eines mir selbst, das andere dem Mann nebenan. Dann notiere ich mir auf ein Post-it, dass ich mir was aufs iPhone geschickt habe und nicht vergessen darf, die SMS zu lesen. Das Ganze erzähle ich auch ihm – atemlos. Weil ich finde, dass eine gute Beziehung meinen Stress aushalten muss.

Außerdem finde ich, dass das Gros der To-dos Männersache ist. Im Herbst etwa: Die Gartendusche muss weggeräumt, der Rasen noch ein letztes Mal gemäht werden, der Sonnenschirm gehört in den Keller. Ich weiß, dass ich ihn damit nerve, weil nichts davon auf der Hitliste der präferierten Freizeitbeschäftigungen steht, aber immerhin sagt er: »Ja, mach' ich.« Da heißt es, auf der Hut zu sein. Denn so toll das auch klingen mag – es heißt exakt nix. »Ja mach' ich« ist ein verbaler Mutti-Ruhigsteller im Kampf gegen den To-do-Drachen. Also holt er den Rasenmäher, um zu signalisieren: Gleich passiert's! Stunden später steht er noch immer dort, wo Herzkönig ihn geparkt hat. Ich lästere, er kontert: »Das Gras wächst nicht schneller, wenn man daran zieht.« Allerweil, es wäre schon geschnitten. Dafür ist die Gartendusche weg. Bis in den Keller hat sie es aber nicht geschafft, sie macht Zwischenstation auf der Gartenbank. Mit etwas Pech liegt sie dort, bis das Christkind kommt. Aber wer weiß: Vielleicht mag es vor der Bescherung ja kurz duschen …?

ER Eine der unverzichtbaren Ingredienzien einer Partnerschaft ist ein Verbalverhalten, das unter dem Fachbegriff Mansollteismus bekannt ist. Dieses wird vor allem vom weiblichen Part der Beziehung angewandt und ist eine geschickt als Überlegung getarnte Aufforderung, allerlei zu erledigen. Der Mansollteismus (»Man sollte … den Bankberater anrufen, Hundefutter kaufen, den Rasen mähen« usw.) ist in unserer Ehe klar definiert: Man bin ich. Ausnahmslos. Deshalb antworte ich auf ihre Feststellung, man müsse etwa dringend neue Ordnung im Keller schaffen, auch nur spaßhalber mit der Frage: »Stimmt, wer macht's?« Nur um mich zu vergewissern, dass sie ihr Sprüchlein von den vielen Angelegenheiten, die sie ohne großes Aufsehen quasi im Vorbeigehen schupfe, eh noch fehlerfrei aufsagen kann. Aber natürlich ist klar, dass ich es sein werde, der sich zur unbedankten Entrümpelungsmission aufmacht.

Die einzige Tücke des wohltemperierten Mansollteismus ist die fehlende Zeitangabe. Quasi ein Hintertürl im Erledigungsprozess. Denn die Formulierung sieht nicht vor, wann zu geschehen hat, was angeblich geschehen muss. Spätestens an diesem Punkt liegt der Zwist in der Luft. Denn während die Großmeisterin des Abhakens dem »Man sollte …« gedanklich ein »… und zwar rasch« anhängt (auch als Sofortismus berüchtigt), sehe ich das entspannter. Ich betrachte den Satz »Was erledigt ist, ist erledigt« als ein neurotisches Konstrukt von Erledigern. Denn ob die seit sieben Jahren im Keller gelagerte irreparable Stehlampe im September 2012 oder erst im November 2019 entsorgt wird, fällt für mich eher nicht in die Kategorie Überlebensfrage. Also lese ich noch mindestens ein Buch, ehe ich in den Keller gehe. Denn im Sinne des Mansollteismus gilt: Man sollte nix überstürzen.

II. BALLGEFÜHLE

Das ist ein heikles Kapitel. Weil das Thema »Fußball« die Tücken der Verliebtheit und der damit verbundenen Komplett-Verblödung kaum besser beschreiben könnte. Komplett-Verblödung? Mag sein, dass Sie die Stirn runzeln und sagen: Hallo? Verlieben ist doch etwas Herrliches! Stimmt. Aber sogar Wissenschaftler beschreiben den Status heftigen Verliebtseins als »Zustand zeitweiligen Wahnsinns«. Er dauert exakt so lange, bis er das erste Mal seine Socken nicht findet und sie dafür verantwortlich macht. Und sie ihn anplärrt, weil er beim Frühstück im Bett mehr Bröseln gemacht hat als sonst, oder eben »schon wieder Fußball schaut«. Während er fieberhaft überlegt, wann er endlich mit seiner Herrenrunde zur Mörderpartie »FC Bauchstich gegen AS Pimperlwiese« gehen könnte. Hallo Realität, bye-bye Romantik!

So war das auch bei uns – die allergrößte »Verblendung« erlebten wir rund um das Thema Fußball. Es war einmal … tatsächlich so, dass sie überglücklich ins Stadion pilgerte, nur um dem Mann nebenan nahe zu sein. In diesen Momenten schien alles vergessen, was sie je über diesen Sport gedacht oder besser: *nicht* gedacht hatte. Sie schrie mit, sie jubelte mit, sie freute sich, wenn er sich freute. Umgekehrt war's kaum anders. Regelmäßig verzichtete er auf so manch spannende Partie, um sich ihr mit ganzem Herzen zu widmen – Motto: »Was, Barcelona spielt? Egal, du Schönste, lass uns lieber Hand in Hand ins Abendrot bummeln.« Kurz: Beide taten instinktiv etwas, das die Natur als »Mimikry« erfunden hat: Ein Lebenwesen agiert so wie das andere – mit dem Ziel, möglichst angepasst zu erscheinen. Eine hormonell gesteuerte Strategie der Täuschung, die dazu führt, dass jenes Lebewesen, das »nachgeahmt« wurde, das andere Lebewesen mehr mag. Ein ganzes Jahr lang umschifften wir das grüne Minenfeld perfekt.

Das war natürlich nicht böse gemeint. Führte aber in der Folge dazu, dass die »Gewöhnung« an die realen Ballverhältnisse (er ist Fußball-Fanatiker, sie ist Fußball-Hasserin) umso schwerer fiel. Heute, nach vielen, vielen Jahren gemeinsamen Dribbelns und Foulens, gelten folgende Devisen: »Ab der 90. Minute wird ein Match erst so richtig schön« (von ihr für sie). Sowie: »Das sind Gefühle, wo man schwer beschreiben kann« (von Jürgen Klinsmann, quasi für ihn).

Valentinstag mit Messi

SIE Ich muss gestehen, ich lebe in einer Dreierbeziehung. Allerdings nicht freiwillig. Mein Mann zwingt mich quasi dazu – er kann ohne Barça-Gott Lionel Messi nicht leben. Also ist »Leo« immer und überall. Etwas präzisiert, handelt es sich um den Geist des Dribbelkönigs und um das, was er symbolisiert: »Fußball zum Niederknien«, wie Sweetheart nie müde wird zu frohlocken.

Nachts, wenn der biedere Rest der Welt zu zweit entschlummert, liegen wir drei im Bett und streiten, wer in der Mitte sein darf. Leo siegt fast immer und macht sich's zwischen uns gemütlich. Nur wenn es unanständig wird, hüpft »La Pulga« (der Floh) beleidigt aus dem Schlafzimmer ins Abseits. Dort wartet er auf die Bananenflanke seines Fans. Kaum geschehen, ist er auch schon wieder unter uns und übernimmt die Regie im Mittelfeld unserer Schlafstatt. Da thront er und flüstert meinem Mann allerlei böse Sachen zu: »Nicht kuscheln, nimm' nochmals den Blackberry und studiere meine Gol-Gol-Gol-Statistik.« Oder: »Amigo, deine Frau will mit dir über die Beziehung sprechen? No, Blödmann, du tust jetzt so, als hättest du sie nicht gehört und liest die Sportseiten oder schaust laola1.tv! Vamos, cariño, dann wirst du von mir wieder mit göttlichen Toren belohnt.« Flugs tut mein Mann, was Messi meint. Er liest und schaut. Ich halte den Mund.

Und so kommt's, dass das Gros der Freundinnen am Valentinstag auf Rosen gebettet und mit Schampus beglückt wird. Während ich Trottel zusehen muss, wie mein Herzass sich für Lionel ins Trikot wirft, die Wohnung mit Fan-Accessoires zum Barça-Schrein umfunktioniert und nach katalanischen Snacks verlangt. Wissen Sie was? Eine Ménage-à-trois habe ich mir prickelnder vorgestellt. Nur so: Mich finden Sie ab sofort jeden 14. Februar online. In der Singlebörse.

ER Gäbe es den Verein »Fußball ist böse, garantiert Ausschläge und verhindert den Weltfrieden«, dann müsste meine Frau dessen Präsidentin sein. Für sie ist die Live-TV-Darbietung des globalen Sports das mit Abstand Unnötigste im gemeinsamen Domizil. Während ich eher die Investition in den Dampfgarer an der Spitze eines solchen Rankings sähe. Diese Aversion wäre kein Problem, würde nicht just ich an ihrer Seite glänzen. Ich, der Fußball für endlos faszinierend erachtet. Ich, der Fußball erst stundenlang sehen und dann stundenlang besprechen will. Ich, der nach einem Studienjahr in Barcelona (Magisteranwärter im Fach Wein, Weib, Gesang) von noch größerer Kick-Leidenschaft beseelt zurückkehrte.

Das ist bei uns also ungefähr so, als würden der Papst und Silvio Berlusconi eine WG gründen. Da muss es Kompromisse geben. Folglich habe ich im Laufe der Jahre meinen Fußballkonsum drastisch reduziert. Erst habe ich die zweite deutsche Liga geopfert, dann die englische Premier League, am Ende auch die österreichische Liga – was mir am leichtesten fiel. Soccer made in Austria gibt es nur bei Spitzenspielen, also selten. Aber das ist noch nicht alles, was ich für den Ehefrieden zu tun bereit bin. Zahlreiche Partien schaue ich mittlerweile ohne Ton an. O-h-n-e Ton! Damit der Fan-Roar nicht womöglich den Klang von Frühbarock-CDs oder die Coelho-Lektüre beeinträchtigt. Und wie sieht ihr Dank aus? »Na, net schon wieder die Wappler.« Sakrosankt ist nur der FC Barcelona und die Champions League. Und die startet morgen in die heiße Phase. Am Valentinstag spielen wir in Leverkusen. Tolle Gelegenheit für meine Frau, am Tag der Liebe ein Zeichen zu setzen. Heißt: Match & Messi nicht nur zu dulden, sondern mir von Herzen zu gönnen. Bier inklusive. Schatz, das wäre so romantisch.

Noch mehr Ball-Last

SIE Na gut, jetzt ist es bald so weit. Die kommt jetzt, die EURO 2012. Fußball. Männerschmerzen. Hopfen-&-Malz-high. Chips-Ekstase. Das liegt wie der Duft ukrainischer Tschebureki (eine Art Golatsche mit Faschiertem drin) in der Luft. Madame EURO 2012 hat sich also fesch gemacht und klopft an unserer Schlafzimmertür. »Privit (Hallo; ukrainisch)«, flötet sie malerisch, »es ist an der Zeit, ich mach' mich schon einmal ein bissl breit. Dann hocke ich drei Wochen auf deinem Herzblatt und steige genauso lange nimmer runter.« Dabei klimpert sie mit ihren Wimpern und schaut provokant. Na und? Auch wurscht. Als ob mich noch irgend ein Ball-Last düpieren könnte! Ich vermute, der Mann nebenan hat nur zwei Mal in seinem Leben nicht an Fußball gedacht. Als er geboren wurde und als er mich das erste Mal küsste – obwohl? So sicher bin ich mir da bei genauerer Reflexion auch wieder nicht.

Also, Madame, schnapp ihn dir und mach mit ihm, was du willst. Ich bin dann mal eh weg. Und hab' dann eh anderes zu tun. Bevor ich mir nämlich Trauerspiele wie Polen gegen Griechenland gebe, geh' ich lieber und studiere das 432-Seiten-Œuvre *Algebra und die Kunst der arithmetischen Abstraktion*. Und weil ich sowieso nicht fad bin, habe ich mir schon vor Wochen eine alternative To-do-Liste zusammengestellt. 1. Absolut oberste Priorität: Heimlich die Karte des SAT-Receivers entfernen und so tun, als wär's ein technisches Gebrechen. 2. Nix kochen und sagen: Schatzi, ich habe eine Einladung ins Steirereck. Women only. 3. Wieder nix kochen. 4. Den Hochzeitstag unbedingt feiern wollen. 5. Streiken. 6. Die Möbel in der Wohnung umstellen (Fernseher inkl.). 7. Noch mehr nix kochen. 8. Seinen besten Rotwein mit Cola trinken. 9. So lange, bis mir während eines wichtigen Matchs übel ist und ich mich 10. sehr und vor allem laut übergebe. 11. Doch kochen.

ER Für einen Augenblick überlegte ich, mir als Beweis meiner Liebe kein einziges Match der EURO anzusehen – der totale Verzicht als Überraschungseffekt in einer Ehe. Darüber musste ich dann herzlich lachen, ehe ich die Tage bis zum Eröffnungsspiel zu zählen begann. Denn für einen fußballgläubigen Menschen ist eine EM die Adventzeit bis zum großen Feiertag, der als Finale rot im Kalender steht. Für meine Frau indes wird der 1. Juli ein Sonntag wie jeder andere sein, mit Spaziergang, Gartenarbeit und Ball-Ignoranz. 4-5-1 Daher wird sie auch in den kommenden Wochen lapidare Fragen stellen – was ist mit dem Termin beim Steuerberater? Was unternehmen wir mit dem Kind zur Zeugnisverteilung? Was schenken wir dem Gustl zum 50er? Während ich die wesentlichen Fragen des Seins bedenke – wer übernimmt die Position des verletzten Lampard? Wird Irland gegen die Kroaten vom 4-5-1-System abweichen? Wie sind die Wettquoten auf ein Vorrunden-Out der Deutschen? Da wir aber bereits die vierte gemeinsame EURO begehen, sind kraft der Erfahrung die Regeln des dreiwöchigen Nebeneinanders klar definiert.

Für mich gilt: 1. Nie den kleinen Finger des Verzichts geben (»ja, Polen – Russland ist auch wichtig«). 2. Mehr denn je selber kochen, als Rezept gegen Märtyrerstimmung. 3. Keine Resozialisierungsprogramme starten (»Schau doch mit, England – Frankreich, der Schlager«). 4. Kind ins Euphorie-Boot holen (»Unsere Spanier, das sind die Guten«). 5. Weißwein statt Bier trinken, um nicht als Klischeedepp verunglimpft zu werden. 6. Als Friedenstaktik Grillabende organisieren (an spielfreien Tagen). 7. Ihre Frauenrunden gut finden. 8. Ins Gastgarten-Exil gehen. 9. Die »Muss-das-sein«-Frage immer mit Ja beantworten. 10. Viererkette zum Hochzeitstag schenken. 11. Ab 2. Juli auf die WM 2014 freuen.

Ein Sommermärchen?

SIE Im Laufe der vergangenen WM-Wochen habe ich mir oft vorgestellt, es gäbe ein Wesen von einem anderen Stern, das sich in unseren Garten verirrt hat. Von da blickt es in unser Wohnzimmer. Es sieht den Mann nebenan, wie er auf ein Bild an einer weißen Wand starrt und alle zwei, drei Minuten aufspringt, um zu rufen: »Des derf net woa sein! Trottel! Sind die deppert?« Das Wesen staunt. Ein Planetenbewohner, der mit sich schimpft, und mit einem Bild an der Wand! Und dann die Kleidung des Erdenbewohners. Er ist genauso gekleidet wie die elf anderen, die im Bild auf der Wand von links nach rechts laufen. Doch im Unterschied zu den laufenden Erdenbewohnern im Bild hat dieser Mann einen Schal um. Ist ihm kalt?

Und während die anderen elf Erdenbewohner rennen, isst der Mensch ein Sackerl. Der Außerirdische stellt seinen Blick schärfer. Nein, der Mann isst kein Sackerl, sondern etwas aus dem Sackerl, auf dem Erdnusslocken steht. Dann sieht das Wesen, wie ein anderes Exemplar der Spezies Mensch den Raum betritt. Es hat Haare am Kopf und eine Vorwölbung am Oberkörper. »Das muss eine Frau sein«, denkt sich das Wesen. Doch komisch! Es scheint, als wäre die Frau für andere Menschen unsichtbar. Nur so kann sich das Wesen erklären, dass der Mann nicht auf sie reagiert. Sondern auf das Bild an der Wand starrt, flucht und aus einem komisch geformten Gefäß mit der Aufschrift »Hirter« trinkt. Das Wesen hat gelesen, dass es auf der Erde zwei Geschlechter gibt, die zusammen sind, um sich zu vermehren und für das Überleben der Spezies zu sorgen. Das Wesen hätte sich für diese Art der Fortpflanzung interessiert und sie gerne beobachtet. Pech, dass es just zur Fußball-WM auf der Erde vorbeigeschaut hat. Es wird auf seinen Stern zurückkehren und dort vermelden: »Komisch war's. Ich glaube ja, diese Welt steht nimmer lang.« – Finaaaale!

ER An Tagen wie diesen: Ein letztes Mal noch darauf hoffen, dass Lionel Messi Weltmeister wird. Ein letztes Sackerl Sportgummi. Ein letztes Mal die Frage meiner Frau: »Und, wer spielt heute?« Dann beginnt die Zeit, in der mir lange nach Mitternacht niemand mehr erzählt, dass im Quartier der deutschen Mannschaft eine »positive Nervosität« herrscht, dass die Einblutung in Mats Hummels' Oberschenkel kaum noch Probleme macht und dass für den Jogi klar ist und bleibt: »Der Philipp isch'n ganz wichtiger Spieler für uns.« Morgen ist zum elften Mal in meinem Leben die Fußball-Weltmeisterschaft Vergangenheit. Und zum zehnten Mal werde ich mich in eine gepflegte Sinnkrise verabschieden (nur 1974 konnten meine Eltern den postfinalen Schmerz noch locker mit einem Brickerl beenden). Aber auch dieser seltsam melancholische Zustand gehört nun einmal zu einer WM-Endrunde – wie Schneckerl Prohaskas Erklärungen zu Glanzbaraden und Gegenbressing.

Dabei werde ich mich mit dem Lächeln des Fußballnarren nicht nur an die schönsten Szenen des Turniers erinnern. Sondern auch an die schönsten Sätze meiner allerliebsten Ignorantin. Wie: »Ich habe echt keine Lust darauf, jede Einladung abzusagen, nur weil du dich zu einem Soziophobiker entwickelst, der Angst davor hat, während eines unnötigen Eckballs für Costa Rica angesprochen zu werden.« Oder: »Wenn du dir jetzt ernsthaft den Wecker auf drei Uhr stellst, um Elfenbeinküste gegen Japan live zu sehen, darf ich aber bitte schon sofort einen Antrag auf Entmündigung stellen?« Und: »Mich tät' interessieren, was ein Außerirdischer sagen würde, wenn er dich Erdnusslockenkopf so sehen könnte.« Ein spannender Gedanke. Aber ganz ehrlich: Ich glaube, er würde nur fragen, wie's steht.

Das Leben in Parallelwelten

SIE Ganz ehrlich: Ich habe mit dieser Fußball-Weltmeisterschaft null Problem. Ich finde es rasend interessant, Menschen stundenlang zuzuhören, wie sie über Dinge sprechen, die ich nicht gesehen habe. Oder darüber streiten, ob Sándor Kocsis im Jahre Schnee elf oder zwölf WM-Tore geschossen hat. Ich freue mich unbändig, wenn irgendjemand aus den diversen Ball-Aficionado-Runden meine zurückhaltende Frage »Aber dass Klose insgesamt 15 WM-Goals geschossen hat, stimmt?« mit einem oberlehrerhaften »Sehr gut, Gaby!« quittiert. Ich schramme knapp am geistigen Orgasmus vorbei, wenn der Mann nebenan mir pro WM-Abend 20 Minuten Aufmerksamkeit schenkt, um sein tägliches Bulletin zum Thema »Warum es heute doch unbedingt nötigt ist, dass ich alle Spiele anschaue, und ich leider auch heute nicht viel Zeit habe« abzugeben. Dass ich die vergangene Nacht davon träumte, aus seinem »WM-Planer« ein Origami-Kunstwerk gebastelt und unser Schlafzimmer mit Freistoß-Spray verunziert zu haben, muss ich mit meiner Therapeutin besprechen. Sonst – finde ich – habe ich mich für die nächste Runde qualifiziert.

Bis auf die Sache mit der Hymne – da zuck' ich aus. Hufnagl ist hymnisch, Hymnen betreffend. Er kennt jede, er kommentiert jede, er kann stundenlang zu diesem Thema referieren: »Weißt du, dass die algerische Nationalhymne von einem gewissen Mufdi Zakariah im Jahr 1956 im Gefängnis getextet wurde? Faszinierend, gell?« Pfuh, total. Das viel größere Problem: Er redet über die Werke nicht nur, er pfeift sie auch noch. Ich wache auf – und als Begrüßung perlt eine »Marcha Real« über seine Lippen. Wobei er mir zum 8. Mal erklären muss, dass diese, die spanische Hymne nämlich, ohne Text auskommt. Dass diese WM fortan nun ohne Lieblingsspanier auskommen muss, fällt von meiner Seite daher in das Kapitel »Ätsch«.

ER

Es gibt ja (erstaunlich viele) Menschen, die sich zumindest vom Teilzeitvirus infizieren lassen. Also jene, die im WM-EM-Zwei-Jahres-Rhythmus auf der Fußballwelle surfen, um dann eh wieder verlässlich den Alltag, sprich die TV-Analyse von RZ Pellets WAC gegen SV Scholz Grödig, sich selbst zu überlassen. Naserümpfen inklusive. Jetzt aber wird wie wild geschaut und diskutiert, getippt und proklamiert. Außer: Man ist meine Frau. Die bewahrt sich ihre Immunität derart konsequent, dass ich mich mitunter frage, ob das nicht wehtut.

Nur hin und wieder schwebt sie durch den Raum, um mich en passant aus der Isolation zu reißen. Dann sagt sie gerne Ironisches (»Oh, da schau' her, heute is' schon wieder ein Match?«), Verblüffendes (»Und, wie taugt dir das Umschaltspiel der Kolumbianer?«) oder Provokantes (»Stimmt es, dass Müller der neue Messi ist?«). In Wahrheit sind diese Bonmots aber nur kleine liebevolle Aufmerksamkeiten, stellvertretend für die Gewissheit, dass es Schlimmeres gibt als ein gelegentliches Leben in Parallelwelten. Und das Gute ist außerdem: Ich muss keine dieser Fragen beantworten (den schlechten Müller-Witz habe ich dennoch augenblicklich korrigiert, damit sie nicht in Gefahr gerät, sich anderswo mit derlei erdfernen Vergleichen lächerlich zu machen). Nur die Sache mit den Hymnen ist schwierig. Die sind mir nämlich immer blunz'n, außer es ist Fußball. Da gehören sie zum Gesamtkunstwerk, speziell die südamerikanischen. Also dreh' ich den Ton immer ganz laut auf und pfeife leidenschaftlich mit. Daher höre ich auch nie, wenn meine Frau sagt: »Egal. Der 14. Juli ist noch jedes Jahr gekommen.«

III. KÜCHEN-GEHEIMNISSE

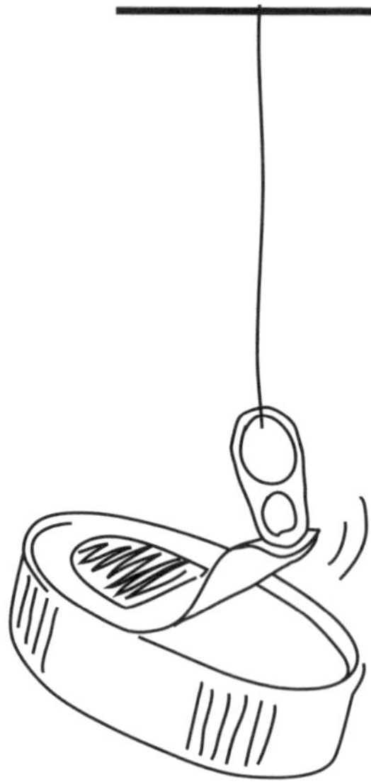

Es ist nicht das Schlafzimmer, woran sich die Liebesgeister scheiden. Nein, bei uns ist es eindeutig die Küche. Rund um Herd und Eiskasten offenbaren sich die großen und kleinen Unterschiede zu Themen wie »Wie viele Kochlöffel braucht ein Haushalt?« über »Was bitte machst du mit einem Mörser?« bis hin zu allumfassenden Fragen wie »Der Mist stinkt schon wieder, wer trägt ihn raus?« Auf Platz eins des Konfliktherde-Rankings: der Geschirrspüler. An diesem hat er sein persönliches Imponier-Revier gefunden – auf dem Bauchknecht-Terrain kann er zeigen, was männliche Logistik, Hufnagl'sche Detailliebe und Mann-nebenan'sche Kunst des Verschachtelns heißt. Sie schüttelt zu diesem Neuröslein nur den Kopf und fragt sich täglich leise: »Wie fad muss jemandem sein, dass ihm die exakte Anordnung von dreckigem Geschirr so wichtig ist?« Dreht sich um, und erledigt die wirklich wichtigen Dinge des Lebens: seine Kontoauszüge ordnen, seine Zeitungen vom Esstisch räumen, seine Steaks braten.

Derweil sie das tut, wundert er sich über den Irrsinn, den er in den Körben seines Lieblingsmöbelstücks vorfindet. Achtlos platzierte Häferl, schlampig eingeordnete Gläser, Reindln, wo keine Reindln hingehören und überhaupt: das totale Chaos!!! Eine Art Blick in die Tiefen ihrer Seele, wie er vermeint. Sie hingegen antwortet auf seine Frage: »Sag einmal, wieso versuchst du gar nicht, den Geschirrspüler g'scheiter einzuräumen?« nur lapidar: »Weil's wurscht ist. Ultimativ wurscht.« Das sagt sie nicht nur so, das meint sie auch – aus tiefster Überzeugung. Weil ihr das Gelingen einer raffinierten Portweinsauce zum Rehfilet einen Hauch wichtiger ist als sein Einräumungsbefehl. Daher garniert sie ihre »Mirwurscht-Aussage« gerne noch mit einem »Und aus!« sowie einer Anekdote von jenem Tag, an dem er den Staubsauger aufgrund ultimativer Männer-Ignoranz und Technik-Trottelei endgültig ruinierte.

Es war der Schriftsteller Ambrose Bierce, der die Ehe so definierte: »Eine Gemeinschaft, bestehend aus einem Herrn, einer Herrin und zwei Sklaven, insgesamt zwei Personen.« Hätte der gute Mann uns gekannt – er hätte seinen Gedanken garantiert mit dem hübschen Satz »Und einem Geschirrspüler« ergänzt.

Alltag der Tellerwäscher

SIE So feinsinnig der Mann nebenan sein kann, manchmal mag er es schlicht. Beispiel? Einer seiner Lieblingsdialoge aus dem Film *Rambo*. Hamid: »Wozu ist das?« Rambo: »Das ist blaues Licht.« Hamid: »Und was macht es?« Rambo: »Es leuchtet blau.« Ja, eh. Mir persönlich bleibt auch nach vielen Jahren heftigen Nachdenkens das Faszinierende an diesen Worten verborgen, was nix heißen muss. Weshalb ich mich ihrer gerade jetzt entsinne, hat einen Grund: Es ist eine Studie aus einem Biologie-Fachmagazin. Und in der berichten Forscher, dass das männliche Sehzentrum anders (re-)agiert als das weibliche. Männer nehmen bläuliche Farbtöne stärker als Frauen wahr – womit der Bogen zu Rambo gespannt wäre. Nicht nur: Sie haben auch einen geschärfteren Blick für Details und Kontraste. Von Rambo zu unserem Geschirrspüler scheint es also nicht weit.

Auch wenn wir uns sonst ganz fein vertragen, gebe ich zu, dass der tägliche Disput um den Inhalt unseres vollautomatischen Tellerwäschers szenisch durchaus in das Genre Kriegsfilm passen würde. Es ist der tägliche Kleinkrieg um eine Ordnung, die er meint, bestimmen zu können. Die ich aber aus seiner Sicht boykottiere. Das stimmt so nicht. Ich bin in der Küche flink. Folglich habe ich auch keinen komplizierten Geschirrspüler-Einräumplan, sondern werfe Teller & Co. spontan in die Tiefen des Geräts – schnell weg. Der – aus seiner Sicht – »Sauhaufen« macht ihn rasend: »Wie deppert muss man sein, so die Schüsseln zu schlichten?« Ich schaue hin, ich schaue her, ich sehe nichts. Also sage ich: »Wo ist da was deppert? Schüsseln halt, nebeneinander. Das muss ja nicht ausschauen wie die Parade zum Geburtstag des Bundespräsidenten.« An seinem Blick erkenne ich, dass dieser Mann da nicht lachen kann. Und ich ende erneut bei Rambo: »Um den Krieg zu überleben, muss man selbst zum Krieg werden.« Oder zum Geschirrspüler.

ER Zitat: »Nur wer den Kampf gegen die Wut annimmt, kann am Ende wahrhaftig lieben.« Das könnte von John Rambo sein. Ist aber von mir. Alle Strategien habe ich beim Geschirrspüler-Drama eingesetzt – von böser Maßregelung über mantra-artige Sachlichkeit bis zu flehender Verzweiflung. Es bleibt vergeblich. Meine Frau, im Grunde ein kluger Kopf, will nicht, kann nicht, tut nicht. Nämlich dem Geschirrspüler wohlverdiente Ordnung schenken.

Und das bitte schön vor folgendem Hintergrund: Sie ist Energie-Sheriff bei uns zu Hause. Sie schimpft mit dem Kind, wenn es hinter sich das Licht nicht abdreht, und sei es nur, um kurz auf die Toilette zu gehen. Sie schimpft mit dem Ehemann, wenn der einen Akkustecker nach Beendigung des Ladevorgangs nicht sofort herauszieht (»Ja, das kostet auch Strom«). Sie schimpft mit Kind und Ehemann, wenn sie Wasser, Stand-by-Modus oder Motor zu lange laufen lassen. Nur der Hinweis, dass ein vollkommen hirnrissig eingeräumter Geschirrspüler auf lange Sicht gesehen ökonomisch und ökologisch ein Super-GAU ist, lässt sie partout nicht innehalten. Nicht einmal dann, wenn ich vorrechne, dass ich im Gegenzug zu der von ihr gepflegten Platz- und Energieverschwendung alle Lichter der Wohnung bis ins Jahr 2371 brennen lassen könnte. Vielleicht sogar noch länger. Ganz egal. Es ergibt sich der immer gleiche Dialog. Ich: »Das ist idiotisch.« Sie: »Na und? Dann bin ich halt idiotisch.« In diesem Sinne ignoriert sie die zahlreichen Halterungen und mein akribisches Schlichttalent beharrlich. Vielleicht platziert sie Schüsseln, Teller und Gläser auch nur deshalb quer, um nie sagen zu müssen: »Schatz, du hast recht.« Stattdessen würde sie drei Mal spülen, wo ich es mit gleicher Geschirrmenge nach erfolgreicher Umstrukturierung auf einen Durchlauf bringe. Und das seit Jahren. Ich glaube daher, es gibt tatsächlich nur eine Lösung: getrennte Geschirrspüler.

Ziemlich viele Kaffeehäferl

SIE Unlängst beklagte der Mann nebenan auf seiner Facebook-Seite unsere umfassende Kaffeehäferl-Sammlung, mit deren Verursacherin der Arme Bett und Frühstückstisch teilen muss. Originalzitat: »Es ist möglicherweise nicht von existenzieller Bedeutung, aber gerade deshalb muss es einmal geschrieben werden. Ich bin so unfassbar froh, dass sich bei uns daheim mittlerweile geschätzte 83 Häferln und Tassen im Küchenkastl stapeln. Das kostet natürlich enorm viel Platz, aber: Nicht auszudenken, welche fatalen Folgen es haben könnte, würden wir uns von etwa 73 dieser Häferln und Tassen trennen. Zumal garantiert auf jedes Häferl der Satz ›Spinnst du, das ist mein Lieblingshäferl‹ zutrifft.«

An dieser Stelle bitte eine Gedenkminute ob des Schicksals, das dem Herrn auf seinen Schultern lastet. Denn hinter dem launigen Eintrag versteckt sich eine unmissverständliche Anklage und Aufforderung, ich solle mich von dem Krempel endlich trennen. Von mir aus. Zuvor aber würde ich mich gerne ins Sammelreich von Messie Hufnagl begeben, um ihm die Augen zu öffnen. Etwa für 15 bis 20 T-Shirts, die in seinem Besitz sind, seit er vier war. Mit großen und kleinen Bären drauf. Mit Autos, Hubschraubern und ganz vielen Bällen. Oder mit Sprüchen wie »Coitus ergo sum«. Noch schlimmer sind allerdings die Vereinsleiberln, vom FC Bauchstich bis zum Wuzelteam Transdanubien. Abgesehen von dem Leiberl mit der Nackerten drauf. Jeder Versuch, diese Reliquien in Putzfetzen umzufunktionieren, endet mit einer Diskussion zum Thema »Wie viel Vergangenheit erträgt eine Beziehung?« Eh viel verträgt sie. Aber wenn der Mann nebenan mit feuchten Augen stundenlang in einem Büchlein schmökert, in dem seine Snooker-Ergebnisse aus den Jahren 1980 bis 1990 akribisch dokumentiert sind, sollte man das dann doch mal kritisch hinterfragen dürfen.

ER Ich will auch den letzten Gedanken meines Facebook-Eintrags zum Thema Kaffeehäferl hinzufügen: »… Nicht auszudenken, welche fatalen Folgen es haben könnte, würden wir uns von etwa 73 dieser Häferln und Tassen trennen … Also schlichten wir weiter. Und irgendwann einmal, wenn plötzlich 79 Menschen vor unserer Tür stehen, um ganz spontan auf ein Frühstück vorbeizuschauen, werden wir für unser jahrzehntelanges Häferlsammeln unendlich dankbar sein. Und alle gemeinsam vor Glück weinen.«

Spannend ist, wie viele Reaktionen dieses Posting ausgelöst hat. Offenbar habe ich einen Sammelnerv getroffen. Den Wortmeldungen zufolge scheint jedenfalls die abenteuerliche Vielfalt in den Küchenkastln des Landes vor allem eine weibliche Selbstverständlichkeit zu sein. Mit dem häufigen Argument, dass sich Häferln besonders als Erinnerungsstücke eignen. Ich hingegen bin völlig unfähig, mit einer simplen Tasse auch nur einen Gedanken zu verknüpfen. Vor allem wenn Sprüchlein draufstehen wie: »Jetzt machen wir einmal nix, und dann warten wir ab.« Bitte, wer lässt sich so was einfallen? Egal. Meine Frau hat auf meinen Wink mit dem Zaunpfahl klarerweise sofort reagiert und a) die Kaffeehäferln 84, 85 und 86 erstanden sowie b) einen gehässigen Text voller infantiler Unwahrheiten verfasst. Gerade so, als gäbe es in unseren Küchenladen keine sinnlosen Geräte, die sie einst begeistert angeschleppt hat, weil sie entweder billig, lustig oder billig & lustig waren. Als wäre das Stapeln von Dingen wie Cevapcici-Presse oder Spargelliege ganz normal. Oder Weißwurstheber und Spaghetti-Portionierer. Oder Staubzucker-Mühle und Zwiebelkamm. Aber wehe, ich schlage für das ganze Platzvergeudungsklumpert alle paar Jahre einmal den Keller als Endlager vor. Dann sagt Frau Kuhn: »Na fix nicht.« Und kocht zum Abendessen justament Cevapcici mit Staubzucker.

Zeig mir deinen Eiskasten …

SIE Wissen Sie eigentlich, was ein RDE ist? Zugegeben: ich nicht. Bis vor Kurzem. Da erfuhr ich aus der *Welt am Sonntag*, dass sich ein Herr namens John Stonehill als solcher sein Geld verdient. Dem *Refrigerator Dating Expert* aus Los Angeles kann man Fotos vom Eiskasten seines neuen (potenziellen) Lovers schicken – und Mr. Stonehill orakelt daraus die Beziehungsfähigkeit der Neueroberung.

Interessant. Wobei ich gedanklich in der Sekunde beim Eiskasten-Verhalten des Mannes nebenan gelandet bin. Was – zugegeben – nicht ganz einfach ist, weil wir im weitesten Sinn getrennte Kühlschränke haben. Seiner steht im Keller und beherbergt Weißwein und Bier. Mein (eigentlich unser) Eisreich steht in der Küche und kühlt das Familienfutter. Nur wenn ich ein paar Tage weg bin, bekomme ich anschließend eine Ahnung von seinem Eiskasten-Leben. Und das sieht so aus: vier Bier, zwei Gelbe Muskateller als Notration für »oben«. Zwei Packerln Käsekrainer (im Sommer). 80 dag Roastbeef (im Winter). All das schön griffbereit. Dahinter: eine verschimmelte Gurke (wohl als Reminiszenz an mich), fünf faltige Paradeiser (siehe Gurke), acht begonnene Paradeis-Sugos – als Metapher für das, was passiert, wenn Mutti nicht den Kochlöffel schwingt und die Tageskarte »à la Chef« so aussieht: Spaghetti mit Tomatensauce. Spaghetti mit Fleisch-Tomatensauce. Gnocchi mit Tomatensauce und einer Idee von Basilikum. Tomatensauce mit Brot. Tomatensauce getarnt als Tomatensuppe. Tomatensuppe getarnt als Tomatensauce. Ketchup getarnt als Sugo. Irgendwie sieht unser Eiskasten also wie ein Schüttbild von Hermann Nitsch aus – und das wiederum führt mich zu folgender Frage: Mister Stonehill, was sagt das jetzt über den Mann nebenan und seine Beziehungsfähigkeit? Antworten bitte dringend erbeten an: mich.

ER Nur so nebenbei: Als ich vom Refrigerator Dating Expert las, musste ich spontan an Michael Spindelegger denken. Der hatte sich vor der Wahl bei den ORF-Konfrontationen bekanntlich mit dem Satz »Bei uns daheim bin ich der Herr des Kühlschranks« sein Platzerl in den Anekdotenbüchern der österreichischen Politik gesichert. Welche Rückschlüsse John Stonehill vom Eiskasten des Vizekanzlers auf dessen Liebesfähigkeit ziehen würde, mag ich mir aber lieber nicht ausmalen.

Was ich hingegen sehr wohl weiß: Der Text nebenan strotzt vor Pointenhascherei. Denn wenn ich etwas sicher nicht bin und nie sein werde, dann ist es Finanzminister und folglich Herr des Kühlschranks. Im Gegenteil. Meine Ingredienzien zum kleinen kulinarischen Depotglück reduzieren sich in Wahrheit tatsächlich auf ein paar Würsteln oder ein Viertel Wassermelone. Der Rest ist: ihres. Vom Dinkeljoghurt bis zum Kapernglas, von der Kokosmilch bis zum Sojadrink, vom Gemüse über das Gemüse bis zum Gemüse. So, wie auch die Kleiderkästen des gemeinsamen Domizils in erster Linie dazu dienen, das Reich meiner Herzkönigin zu repräsentieren, während ich quasi in kleine Regalreservate verdrängt werde und für jeden zusätzlichen Kleiderbügel ein untertänig formuliertes Gesuch verfassen muss. So, wie auch die Unterlagen auf, neben und unter dem Schreibtisch, die Magazine im Zeitungskorb oder der Firlefanz in den Krimskrams-Laden keine Zweifel daran lassen, wer sich als Doyenne der Verteilungsgerechtigkeit fühlt. In Anbetracht unserer Verhältnisse würde der Dating-Experte vermutlich sofort zwei Fragen stellen: 1. »Was, hier lebt auch ein Mann?« Und 2. »Bitte, wie macht er das?« Und ich würde ihm nur antworten: Die große Kunst der Liebe ist es, irgendwann das Dinkeljoghurt nicht mehr zu sehen.

Da hängt etwas!

SIE »Warum hängt des scho wieder?« Als der Mann nebenan das flucht, steht er an seinem Lieblingsplatz in unserer Wohnung: vor dem offenen Geschirrspüler. Wo er versucht, meine Ordnung in seine Ordnung zu verwandeln, dabei Messer, Gabel, Teller und Töpfe neu arrangiert. Bei dieser beliebten Tätigkeit scheint sich irgendwo etwas verheddert zu haben. Ich verlasse schulterzuckend und stumm lächelnd den Ort des Geschehens, nicht ohne mir bewusst zu werden, dass der Satz »Warum hängt des scho wieder?« eine ganz besondere Symbolkraft im Leben meines Herzkönigs hat. Er ist lebensbestimmend. »Warum hängt des scho wieder?« überschattet als verbale Metapher sein Sein. Es hängt ... der Husten, der just ihn in so einer Unerbittlichkeit erwischt hat, dass er seit gefühlten hundert Tagen leidet. Nicht nur. Er lässt gerne (mit)leiden – mich, die Mama, den Hund. Und 2000 Facebook-Freunde.

Es hängt ... ihm meine Art, den Geschirrspüler einzuräumen, seit gefühlten 25 Ehejahren (wir sind allerdings erst seit neun Jahren verheiratet) beim Hals heraus, sodass es fast täglich zu seinen Terroreinsätzen im Dienste der perfekten Ordnung kommt. So als gäbe es irgendwo einen Oberen Teller-Gerichtshof. Es hängt ..., wo er Bastelhand anlegt. Das selbst bei so schlichten Tätigkeiten wie Bildaufhängen. Weil: das hängt dann nämlich eher nicht und wenn, dann: schief. Es hängt ... das Bild im Laptop, exakt dann, wenn er parallel zur deutschen Bundesliga die spanische Bundesliga anschauen möchte. Und dann hängt auch der Haussegen schief, weil ich in diesen Momenten immer nachfrage, ob ich allenfalls noch ein drittes Gerät anschleppen darf, wo er die fantastischen Hattricks der süditalienischen Unterliga mitverfolgen könnte. Kann sein, dass Sie sich jetzt fragen, wie es mir sonst so geht. Ganz einfach: Das hängt nicht von mir ab.

ER Der Tragikomödie »Scheidungsgrund Geschirrspüler« will ich nicht wieder eine Bühne bieten. Ich habe gerade erst eine hartnäckige Verkühlung überwunden und muss mich schonen. Was ich aber grundsätzlich anmerken kann, ist die Tatsache, dass ich mich über Kleinigkeiten a) sehr, b) kurz, aber c) für alle gut hörbar ärgern kann. Na und? So ein »Das darf doch nicht wahr sein, verdammter Schas« baut Stress ab. Den ich eben entwickle, wenn mir auf einer Leiter stehend die Schraube nicht nur aus der Hand fällt, sondern danach auch garantiert so unter das Sofa kullert, dass die Rückeroberung nur auf dem Bauch liegend stattfinden kann. Das adäquate Fluchen schenkt meiner hungrigen Frau Kolumnen-Nahrung.

Nun ist es aber keineswegs so, dass die Dame da drüben stets vom Kwan Yin, dem lichtvollen Strahl der Gelassenheit, durchflutet ist. Nein, sie lebt Zorn nur anders. Meistens in drei Phasen. Zuerst verschwindet sie. Wortlos. Um sich irgendeiner Sache zu widmen. Nach längerer Zeit registriere ich die Stille und suche sie. Um sie etwa beim Computer zu entdecken, wie sie sich mit tiefen Denkfurchen auf der Stirn in einer iCloud verliert. Fragen wie »Was, herrje, tust du hier seit Stunden?« beantwortet sie mit Stammeln im Stil von »Nein … ich versuche … aber … das ist so … hm … warum … pff …«. Dieser Geisteszustand bedeutet: Lassen! Unbedingt lassen! Wissend, dass sie mir Stunden später nach Ablauf ihres Pitbull-Seins ohnehin die Story eines Problems, für das ich bereits nach 15 Minuten den Techniker engagiert hätte, erzählen wird. In einem wütenden Monolog zum Thema »Da hängt etwas«. Ich verstehe dann meistens nix und denke: Lieber räum' ich fluchend den Geschirrspüler um.

Der Mann am Herd

SIE Nicht einmal eine Eierspeise, vielleicht ein Paar Würstel. Das war, was der Mann nebenan kochen konnte, als ich ihn kennenlernte. Relativ rasch befand ich: So. Sicher. Nicht. Seine Kochkarriere begann dann mit Hirse-Ziegenmilchbrei, den er während seines Vaterkarenzjahres unserer kleinen Tochter zubereitete. Mit den Jahren erweiterte sich das Repertoire – heute halten wir bei folgender Menükarte: Reisfleisch, Schweinefilet im Speckmantel, Tomatensuppe aus der Dose, Butterbrot, überbackene Schinkenfleckerln, Boeuf Stroganoff.

Prekär wird's, wenn der gute Mann ein kulinarisches Drängen verspürt und findet, es wäre Zeit für etwas Neues. Dann sucht er stundenlang mit dem Zeigefinger in den Kochbuchlandkarten unseres Haushalts – der Jamie Oliver in ihm hungert nach einem Drei-Hauberl-Essen. In dessen Vorfeld es streng verboten ist, die Küche zu betreten. Was insofern blöd ist, als wir Bewohner einer offenen Küche sind, mit direktem Anschluss an den Wohnbereich. Heißt: Wenn er kocht, wird der Rest der Familie in die Schlaf- oder Arbeitsräume verbannt und muss warten, bis ein »Es ist angerichtet!« durch die Räume hallt. Was sehr, sehr lange dauern kann. Und was auch nicht ganz ohne meine niederen Dienste abläuft. Denn zwischendurch kommt er immer wieder extrem empört und nervös zu mir, um sich über Begriffe wie »anschwitzen«, »bähen«, »reduzieren«, »montieren« oder »parieren« zu outrieren. Beziehungsweise höre ich im Viertelstundentakt: »Scheiße, das wird nix, das wird nix, das wird nix.« Ich entgegne dann stets gelassen: »Warum suchst du dir eigentlich immer so wahnsinnig komplizierte Sachen aus? Schuster, bleib bei deinem Reisfleisch.« Erst als unlängst ein Rezept den Einsatz einer Flotten Lotte und eines Spätzlehobels verlangte, hatten wir es endlich wieder einmal richtig lustig.

ER Gut essen ist mir mit Sicherheit eines der größten Vergnügen. Kochen hingegen nicht. Und zwar gar nicht. Daher bewundere ich leidenschaftliche und kreative Köche auch so viel mehr als alle anderen Künstler auf der Welt. Der Grund, warum ich mich dennoch regelmäßig dem Stress der Nahrungszubereitung hingebe, ist meine Ehefrau. Ich habe nämlich einst diese 50:50-Sache (fahr-)lässig abgenickt. Vermutlich in der Glückseligkeit nach einem 27-Gänge-Menü mit Weinbegleitung. Heißt: Ich habe Jahr für Jahr mein alltagstaugliches Repertoire um eine weitere Messerspitze an Ideen gewürzt. Was gar nicht so leicht ist. Denn für jemanden, der auf jede Betriebsanleitung mit allergischen Schocks reagiert (ist nur mit Beiried und Bier wieder in den Griff zu kriegen), sind auch die simpelsten Rezepte eine Herausforderung an Geist und Geduld.

Meine Frau ist dabei wenig hilfreich. Denn als wäre die Kochsprache nicht schon mühsam genug (von »Verwenden Sie am besten einen Spezialschöpfer zum Degraissieren« bis »Die Sauce bitte unbedingt langsam legieren«), macht auch sie mir als Informantin das Zubereitungsleben schwer. Und zwar durch fehlende Präzision. Ich hantiere (und fluche) zwar ohnehin als Vierhauben-Eremit vor mich hin, aber gelegentlich begehre ich doch Auskunft von Madame »Le-goût-c'est-moi«. Vorzugsweise nach Mengenangaben. Dann höre ich von ihr aber lediglich Tipps wie »Ach, nur a bisserl« oder »Na, schon eher mehr«. Am liebsten habe ich »Musst halt schauen, nach Gefühl«. Wichtig dabei: Der genervte Unterton muss vor dem Servieren immer leicht angeschwitzt werden.

Die Last der Liste

SIE Einfacher geht's nimmer: Wenn der Mann nebenan einkaufen geht, dann kriegt er ein großes Zetterl mit. Auf dem steht dann alles, was die Chefköchin des Hauses (also ich) zur Zubereitung der von ihm gewünschten Mahlzeiten braucht – und mitunter etwas mehr. Mehr deshalb, weil ich mir – aufgrund so manch herber Erfahrung – angewöhnt habe, ausführlicher zu werden. Da steht also dann nicht mehr nur »Piment«, sondern: ein Sackerl Piment und dazu eine plastische Erklärung, was genau Piment ist. Das, weil der Mann nebenan mangels Lebensmittel-Wissen dazu neigt, seinem »Bauchgefühl« zu vertrauen. Es führt dazu, dass er erwähnten Piment in der Abteilung Monatshygiene und Gummiwaren sucht, weil das Wort »irgendwie danach klingt«. Ähnlich erging es mir mit dem Zetteleintrag »Topinambur«, für den er und sein Bauchgefühl meinten, in die nächste Apotheke fahren zu müssen, weil das nach einem frei verkäuflichen Hormonpräparat klänge. Also haben sich meine Einkaufslisten verändert – oft haben sie die Länge einer Kurzgeschichte. Und dennoch kommt es immer noch vor, dass er Knollensellerie statt Stangensellerie anschleppt. Woran denkt er nur?

Dies zu beantworten, würde den Rahmen sprengen, stattdessen eine Anekdote vom vergangenen Samstag. Da hatte ich den Terminus »Waschmittel« auf der Einkaufsliste nicht konkretisiert. Fehler. Flugs wurde ich im Sekundentakt angerufen, weil ein verzweifelter Mann nebenan mir – etwas überfordert – hundert gefühlte Fragen und Beschuldigungen ins Telefon hechelte. Von »Waschmittel, jo eh – aber für Teller oder Gwand?« über »Heast, da gibt es für jedes Wäschestück ein anderes Mittel« bis »Ist Buntwäsche nicht dasselbe wie Weißwäsche?«. Einatmen, ausatmen. Es ist nämlich einer jener Momente, in dem man bereut, für zwei waschen zu müssen.

ER Nur damit nicht (wie so oft) ein falscher Eindruck entsteht: Ich koche natürlich regelmäßig für die Familie. Ich gebe aber zu, dass ich dabei eher auf herkömmliche Rezepte vertraue. Heißt: Für Reisfleisch oder Schinkenfleckerln braucht es nur Altbewährtes, und das kann ich auswendig. Meine Frau hingegen hat einen Hang zu kulinarischen Herausforderungen. Sie besteht zum Beispiel zu Weihnachten darauf, etwas zu kredenzen, das es nie zuvor gab. So wird der Festtag auch stets zum Abend des großen Experiments, was sich mitunter auch ein bisserl auf die Atmosphäre auswirken kann. Jedenfalls sehnt sich Frau Kuhn verdammt häufig nach Inspiration. Daher türmen sich in unseren vielen Regalen auch Kochbücher wie *Vegetarische Geheimnisse aus der peruanischen Küche* über *Die 999 spannendsten Reisgerichte* bis *Mut zum Eintopf*.

Das allein wäre freilich nicht das Problem. Im Gegenteil. Aber außergewöhnliche Kochideen benötigen oft einmal außergewöhnliche Zutaten und garantiert immer einen außergewöhnlichen Einkaufstrottel. Das ist jener Mann, der auf der langen Liste von Madame Exceptionelle Sachen wie Blattamaranth, Malabarspinat (bitte den roten) oder Zuckerwurz entdeckt. Der daraufhin im Supermarkt-Paradies mit Feinkostabteilung zu googeln beginnt. Der dann die große Suche startet. Der lange danach (meistens schon im Team mit zwei, drei ebenso ratlosen Verkäufern) nichts davon gefunden hat und flucht. Der am Ende zum Telefon greift, um wertvolle Anweisungen zu hören wie »Wenn's Obsidian nicht gibt, nimm Slim Jim, Hauptsache, Melanzanipaste«. Na klar. Ich beruhige mich aber trotzdem schnell wieder. Dazu brauche ich nur einen Würstelstand.

IV. IM SHOPPING-GLÜCK

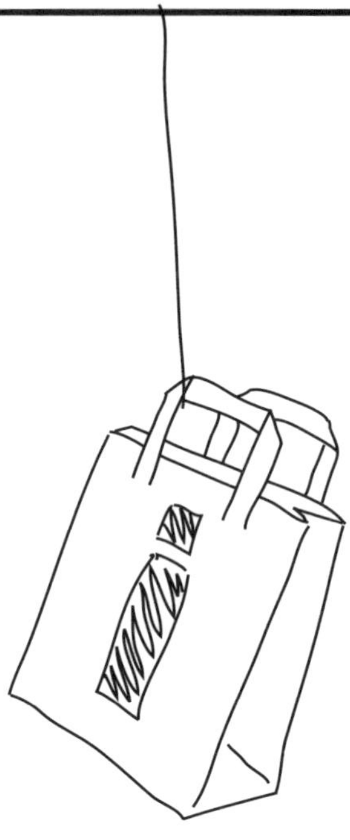

Es gibt vermutlich kaum eine Mann-Frau-Geschichte, die so sehr mit Klischee-Energie aufgeladen ist wie jene um das (gemeinsame) Bummeln und Shoppen. Einer der größten Lacher auf der Bühne ist jener paaradoxe Augenblick, wenn er – im Zuge eines IKEA-Besuchs – den fundamentalen Vorwurf äußert, wie sehr er sich vor dem berüchtigten Frauen-Satz »Ich will nur ein bisserl schauen« fürchte. Ja, er geht sogar noch weiter und behauptet, dass im gesamten Universum kaum eine Bemerkung den Unterschied zwischen Mann und Frau besser zum Ausdruck bringen könnte. Die extreme Erheiterung im Publikum sollte

Beweis genug dafür sein, dass er mit dieser These unmöglich irren kann.

Begründungen für diese unterschiedlichen Verhaltensmuster samt unmissverständlicher Studien gibt es wie Sand am Meer. Aber vor allem die Evolution bietet einen plausiblen Ansatz. Er zieht los, stöbert so rasch wie möglich die Beute auf, stellt Fallen, erlegt, packt z'samm, kehrt zurück. Worüber die Familie daheim sehr froh ist.

So scheint es in ihm gespeichert zu sein. Einerlei, ob bei IKEA oder im Baumarkt, im Kaufhaus oder im Supermarkt. Es geht ihm meistens um das Zielgerichtete, das Zweckorientierte. Um das Erledigen. Ohne großen Lustgewinn. Er denkt sich: Was wird konkret gebraucht? Sie hingegen denkt sich: Was könnte darüber hinaus möglicherweise irgendwann oder vielleicht nie, auch wurscht, gebraucht werden? Ganz einfach. Und doch mit so viel Streitpotenzial versehen.

Denn einer Studie zufolge ist jeder fünften Frau der Einkaufsbummel sogar wichtiger als Sex, während Männer nicht einmal im Traum auf die Idee kämen, das planlose Streunen auf der Suche nach dem kleinen (oder auch großen) Glück in die Kategorie »Freizeitvergnügen« einzuordnen.

Umso wichtiger wäre daher, dazu raten Psychologen und Beziehungsexperten allen Ernstes, getrenntes Einkaufen. Dass die Liebenden also nicht dazu gezwungen werden, einander ihren Rhythmus aufzudrängen. Das ist nur eben leider sehr oft nicht möglich. Carrie Bradshaw sagte einmal in der Serie *Sex and the City*: »Ich mag mein Geld da, wo ich es sehen kann: in meinem Kleiderschrank!« Soll so sein. Interessant wäre aber auch: Wer hat den Schrank ausgesucht? Und vor allem: Wer hat ihn zusammengebaut?

Ausflug in die Gartenabteilung

SIE … und weil es draußen so gut riecht, zerrt man den Mann nebenan an einem Samstagvormittag in den Baumarkt. Das, zugegeben, nicht ohne Gewissensbisse. Zumal sich Folgendes zutrug: 1. Der Parkplatz vor dem Garten- und Heimwerkerparadies ist übervoll. Wir stecken 20 Minuten in einem Stau, der der Südosttangente Konkurrenz macht. Also verwickle ich ihn in ein Gespräch über die vor ihm liegende Champions-League-Woche. Aber, Pech: Er ist zu g'scheit, um von mir für blöd verkauft zu werden. Schweigen. 2. Das einzige verbliebene Einkaufswagerl ist kaputt. Was zur Folge hat, dass unsere Shopping-Idylle weitere zehn Minuten warten muss. 3. Ich muss Lulu. 4. Er muss nicht Lulu, mag aber nicht in die Abteilung »Gartenparadies«. 5. Wir sind im Gartenparadies, wo ich ihn frage, wie lang die Kisterln sein müssen, die ich zu kaufen gedenke. Darauf er: »Das fragst ausgerechnet mich?« 6. Wir kaufen Kisterln in allen Größen. 7. Der Einkaufswagen ist mit Kisterln voll. 8. Neuer Einkaufswagen, ein bissi warten. 9. Ich will Kräuter und bitte ihn, nach Bohnenkraut Ausschau zu halten. Er spricht nicht mehr mit mir. 10. Wir finden das Bohnenkraut. Und Waldmeister, Estragon, Thymian. Er zischt: »Wozu?« Ich nehme daraufhin noch Salbei, obwohl er ihn hasst. 11. Ich brauche Pflanzen als Sichtschutz. Er, lethargisch: »Thujen sicher nicht.« Ich greife zu einer Thuje, finde aber auch: Das geht doch nicht. Harmonie. 12. Wir nähern uns den Kassen aus 500 Metern Entfernung, wo die Schlange beginnt. 13. Ich flüchte daraufhin in die Holzabteilung, um – wurscht was – zu kaufen. 14. Dort verstecke ich mich so lange, bis die Schlange kürzer wird. 15. Wir verlassen den Baumarkt. 16. Vor dem Eingang gebe ich bekannt, dass ich seine Gartenhandschuhe vergessen habe. Sein einziger Wunsch. 17. Und aus.

ER Alle Jahre wieder sage ich »Ja«. Selbstverständlich begleite ich meine Frau in die Gartenabteilung des Baumarkts. Auch, oder sogar, an einem Samstag. Und obwohl mir sogar ein Ausflug zur Jahreshauptversammlung des Vereins zur Förderung von Blockflöten-Festivals lieber wäre. Vor der Abreise setze ich auf Twitter noch einen Notruf ab. Daraufhin antwortet @gabrielekuhn: »Gesudere.« @RR120_80 schreibt: »Viel Vergnügen ;-)« @die_Fuechsin schreibt: »Weltidee!« @PhilMuhr schreibt: »Beileid.« @jeannypart1 schreibt: »Viel Glück, meine Gedanken sind bei euch.« @BirgitMathon schreibt: »Das ist wahre Liebe.« @FriedrichPendl schreibt: »Fehlt nur noch James Blunt via Lautsprecher.« @Mhufnagl schreibt: »Das ist NICHT LUSTIG!« @Kosak_Daniel schreibt: »Wir könnten natürlich den kleinen Michi ausrufen lassen.« @m_boeswarth schreibt: »Ging mir genauso! Und einer Million anderer Männer auch.« @Anana_S_ schreibt: »Das hatten wir letzten Samstag.« @uitztext schreibt: »Merke, Gartenarbeiten aller Art gefährden Ehen im höchsten Maß.« @the_boomerang schreibt: »Vergiss die Doppelläufige nicht.« @MHufnagl schreibt: »Sehr gerne habe ich die Bitte ›Kannst du Säulen-Wacholder googeln?‹« @SonjaAblinger schreibt: »Ja, soll @gabrielekuhn das jetzt auch noch selbst tun?« @Wnothard schreibt: »Ich hab' einmal Wäscheständer gegoogelt, es war grauenhaft.« @gabrielekuhn schreibt: »@MHufnagl ist weg. Vermutlich muss ich ihn im Kinderland abholen.« @hedu schreibt: »Schau mal bei den pneumatischen Bohrmaschinen.« @IlzchenRumplest schreibt: »Er ist sicher im Bällebad.« @Jhormayer schreibt: »Der trinkt den Wacholder in Form von Gin, um den Rest des Tages auszuhalten.« Der Tag danach. @GregorBarcal schreibt: »Weiß jemand, wie's dem @Mhufnagl geht? Ist der wieder lebend aus dem Baumarkt raus?« Ja, danke der Nachfrage. Grüner Daumen hoch. Twitter kann Seelen retten.

Unser Elchtest

SIE Manchmal bedaure ich, keinen Ehevertrag zu haben. Weil ich darin wesentliche Punkte verankert hätte. Etwa: »Hiermit vereinbaren wir, niemals gemeinsam zu IKEA zu fahren. Dies gilt, bis dass der Tod uns scheide.« Aber leider: kein Ehevertrag, keine Vereinbarungen. Stattdessen unaufschiebbare Notwendigkeiten: Die Tochter braucht eine neue Stehlampe und wir beide hätten gerne ein neues Bücherregal. Daher: Ab in das schwedische Möbelhaus! Rein psychisch betrachtet ist so ein Ausflug mit einer Erstbesteigung des Nanga Parbat zu vergleichen (ohne Sauerstoff, versteht sich), auf jeden Fall geraten wir an unsere Grenzen. Ginge es nach ihm, würden wir den Laden betreten und ohne Zwischenstopp in der Lampenabteilung landen. Um dort – gezielt – jenes Modell zu wählen, das deppensicher (für ihn) zusammenzubauen ist.

Für meine Lust an so manchem Neben-Schau-Platz hat der Mann nebenan null Verständnis. Wenn ich ihn darum bitte, mit mir die Anschaffung des einen oder anderen Deko-Schnäppchens zu diskutieren, ernte ich Abwehr und blankes Entsetzen: »Bitte, mir sind deine Polsterüberzüge ungefähr so wurscht wie die Niederkunft der schwedischen Prinzessin. Ab zur Kassa.« Und so sehr er sonst demokratische Willensbildung schätzt, mit Diskussionen zu Farben und Formen von Tischtüchern, Teppichen und Salatschüsserln will er absolut nichts zu tun haben. Noch weniger Verständnis hatte er folglich für die spitzen Schreie der Tochter und mir angesichts der Stehlampe »Maskros«, deren Lampenschirm so aussieht wie eine überdimensionale Pusteblume: »Ihr findet die super, und ich bin der Volltrottel, der sie stundenlang zusammenbauen darf. Sicher nicht.« Ob das darauffolgende Mutter-Tochter-Lampen-Lamento Früchte trug und wie die Geschichte wirklich endete, erfahren Sie ein bisschen später.

ER Ehrlich: Ich finde das Bastel-it-yourself-Prinzip von IKEA toll. Und wer noch nie in seinem Leben von der schwedischen Ideenwerkstatt profitiert hat, der werfe den ersten Elch. Das Problem ist also nicht das Möbelhaus. Das Problem bin *ich* im Möbelhaus. Ich gehe gerne mit einer sehr speziellen Form der Zielstrebigkeit und Entschlossenheit an solche Orte. Wissend, was ich will, nämlich: sofort finden statt ewig suchen. Und noch mehr wissend, was ich nicht will – zum Beispiel »einfach so ein bisserl schauen«, eine Spezialität von Frau und Tochter. Mich hingegen macht das Schlendern in diesem typischen Irgendwasbrauchtmandoch-immer-Modus rasend.

Denn: Ich lehne es ab, dass ich kein Gegengift besitze für den Satz »Wenn wir schon einmal da sind …«. Dass mir schon nach zwei Minuten heiß wird. Dass ich fremden Menschen dabei zusehen soll, wie sie auf der Matratze »Sultan Fjordgard« probeliegen. Dass die Oma via Durchsage gebeten wird, sie möge doch bitte den kleinen Kevin aus dem Kinderparadies abholen. Dass ich gefragt werde, ob ich den Kerzenhalter »Fyrkantig« auch »irgendwie nett« finde. Dass ich keine der vielen Abkürzungen nehmen darf. Dass ich theoretisch mit allen Menschen hier per Du bin (auch mit jenen, die ernsthaft erwägen, die Hutablage »Ställ« zu erstehen). Dass ich »nicht so ein Gesicht« machen darf. Dass ich nur in meiner Funktion als Familien-Sherpa anerkannt bin. Dass ich mir im Geiste ständig die Frage stellen muss, welcher Dolm das wohl alles mithilfe origineller Bastelanleitungen zusammenbauen wird. Dass ich die Antwort auf diese Frage kenne. Und da stand mein Kind plötzlich vor einer Stehlampe. Mit diesem Das-ist-die-Erleuchtung-meines-Lebens-Blick. Ich hatte sofort eine Vision und mir wurde schwindlig. Aber wo ist die Matratze »Sultan Fjordgard«, wenn man sie braucht …?

Alle sind erleuchtet – unser Elch-Test Nr. 2

SIE Was bisher geschah: Unmut. Und zwar darüber, dass der Mann nebenan von seinen zwei »Damen«, der Ehefrau, der Tochter nämlich, in ein schwedisches Möbelhaus gezerrt wurde, um dort zu »bummeln«. Wo doch seine inneren Zeit-Weg-Diagramme von einem einzigen Mantra bestimmt werden: Nur nicht in der Schnickschnack-Deko-Abteilung landen, um dort mit weiblichen Wesen über die Anschaffung von Backform »Sockerkaka«, herzförmig und hellblau, diskutieren zu müssen. Und dann das noch. Der Ankauf einer Stehlampe für das Jugendzimmer, deren Zusammenbau aus seiner Sicht garantiert zwei Nachmittage benötigen würde: »Bitte, warum können wir nicht einfach nur eine Lampe kaufen, die wie eine Lampe aussieht? Warum brauchen wir unbedingt eine überdimensionale Pusteblume in der Wohnung?«

Zwei Stunden später lagen gefühlte 1000 lustige Papier-Blütenschirmchen auf dem Wohnzimmerboden und viele kleine Metallbögen, auf die es die Schirme zu montieren galt. Die wiederum sollten zu einem großen Rund zusammengefügt werden, um fortan als schicke Leuchte das Mädchenzimmer zu zieren. Meine Tochter und ich waren vollends entzückt, der Mann nebenan war wütend. Und verzweifelt. Denn natürlich gibt es in jeder Bastel- oder Bedienungsanleitung diese eine heikle Stelle, die jene Gelassenheit und Akribie erfordern würde, die der Mann nebenan bedauerlicherweise nicht hat. Folglich stand er bis zu den Knöcheln in Löwenzahnschirmchen aus weißem Papier und sah aus wie Rumpelstilzchen in einer Rumpelstilzchen-Selbsthilfegruppe: um Räson bemüht, aber tief drin jederzeit bereit zum Urschrei. Der da lauten könnte: »Welcher Dolm erfindet solche Lampen und schreibt dazu jämmerliche Bauanleitungen?« Mit vereinten Kräften gelang schließlich das Wunder Lampe. Und alle waren dann auch ein bisschen erleuchtet.

ER Es ist gar nicht so ein großes psychisches Problem, wenn um mich herum unzählige Einzelteile verstreut liegen. Es ist gar nicht so schlimm, diese so speziellen Schrauben generalstabsmäßig in Reih' und Glied zu ordnen. Es ist gar keine Bastler-Affäre, sich dem typischen IKEA-Stil zu unterwerfen – i wo, nach so vielen Jahrzehnten des Einrichtens bei Familie, Verwandten und Freunden ist in Wahrheit Pax mein zweiter Vorname. Und auch, wenn ich gelegentlich ein kleines Geduld-Defizit aufweise und den international anerkannten Brauch des Beschreibungen-Verfluchens lautstark pflege, so sind es am Ende in Wahrheit eher ein paar wenige Worte, die meine Do-it-yourself-Balance gefährden. Ausgesprochen von … eh klar … meiner Frau. Denn die besitzt dieses besondere Talent, aus einer leicht angespannten Lage eine extrem angespannte Lage zu machen. Da reicht schon ein »Bist du sicher, dass das so gehört?« oder ein »Aber die tauschen das zur Not eh um!«.

Die Groteske dabei ist, dass ich mich von einer Frau quasi belehren lassen muss, die nicht einmal das Hockerl »Nordby« zusammenbauen könnte, ohne das Bastelforum mit Namen »Ups! – Und jetzt?« zu konsultieren. Die als Großmeisterin der Übersicht und logistischen Lösungskompetenz bereits an der ziemlich simplen Herausforderung scheitert, aus einem Stadtplan die Route von A nach B ins richtige Leben zu transferieren. Die aber trotzdem eines immer zu wissen glaubt und zu vermitteln weiß: Wie etwas *nicht* funktioniert. Diesfalls handelte es sich eben um eine Stehlampe. Und auch bei einer solchen gehört der fröhliche Bastlerruf »Das darf doch bitte nicht wahr sein!« zum ganz normalen Aufbauritual. Für mich kein Grund zur Sorge. Für sie schon. Was uns daher verbindet: der Streit darüber. Was heißt eigentlich »Immer das gleiche Theater« auf Schwedisch?

Der Zauberkasten

SIE Während all die glücklichen Menschen einander glückliche Eier schenkten, lief bei uns in den Osterferien manches unrund. Es eierte. Und zwar deshalb: Kind in Pubertät wünschte sich zum Geburtstag neue Möbel, ein Paradies in Do-it-yourself-Weiß. Inklusive chilligem Köttbullar-Essen. Der Vater des Kindes mag weder Weiß noch Köttbullar, aber er vergöttert »la Tochter«. Daher fuhr er ohne Murren vier Mal ins schwedische Möbelhaus und wieder zurück. Wieder einmal.

Die damit verknüpften Irrungen und Wirrungen würden ein Familienepos füllen – Titel: »Wie bastle ich mir einen Wutanfall?« Intro: Die Diskussion um Wünsche. Der Tochter Wunsch ist stets teuer – und leider auch kompliziert. Etwa ein großer Kasten mit Schiebetüren. Aus Glas. In Weiß. Elegant. Ein Prinzessinnen-Kasten. Ich sage Nein. Er ebenfalls. Um beim zweiten Augenaufschlag der Prinzessin zu kippen: »Wenn sie es sich doch so wünscht …«. Warmduscher! Osterhase! Doch die Papa-Tochter-Allianz ist zäh. Aber bitte: Ich bau das ja nicht zusammen. Also sage ich: »Dann kauf's!« Tut er. Die 11-Stunden-Aktion im Genre »Ich will der tollste Papa der Welt sein und bastle einen Zauber-Kasten für meine Prinzessin« habe allerdings ich zu büßen. Ich höre mir einen langen Vortrag zum Thema »Die Geschichte des verlorenen Schraubens« an. Grau-en-haft! Schuld bin natürlich ich, obwohl ich nicht einmal weiß, wie das Ding aussieht. Anderntags kommt das blöde Bett dran, das nicht einfach nur ein Bett sein darf, sondern eines, das man ausziehen kann, das drei lustige Laden hat und lustige Rückenlehnen. Dass so ein Wunderwerk an Liegestatt nicht mit einem Schnips und ohne fünf Götz-Zitate aufgestellt ist – eh klar. Zumal des Mannes Doppel-Linkshändigkeit nur am Tennisplatz legendär ist. So betrachtet waren meine Osterferien ein veritabler Netzroller.

ER Ich gebe zu, dass ich als Vater anstrengend sein kann. Weniger für das Kind als vielmehr für die Ehefrau. Denn einerseits passieren mir in meiner autoritären Rolle gelegentliche Texthänger. Und andererseits wird mein Bemühen zur Herzeroberung immer schwieriger und daher auffälliger, je älter die Tochter wird. Erst kürzlich musste ich wieder bemerken, dass so eine pubertierende Prinzessin spezielle Ansprüche hat. Als ich sie zum Bus für den Schulausflug führte und im Willen, Peinlichkeiten vorzubeugen, naiv nach Verhaltensregeln fragte, erwiderte sie: »Du musst nur cool sein. Und cool sein heißt nicht auffallen.« Also verzichtete ich, um ihre Liebe zu mir nicht zu gefährden, auf meine Justin-Bieber-Parodie.

Jetzt ist es aber so, dass die Mutter meines Sonnenscheins trotz gemeinsam festgelegter Erziehungsrichtlinien meinen Hang zum Schwächeanfall kennt. Daher spricht sie mitunter in so strengem Ton mit mir, als wäre ich der Bub, der zum Licht geführt werden müsste. »Wir haben uns nach heftiger Debatte auf einen Kasten verständigt«, sagte sie vor meinem Aufbruch nach Paxland. »Das ist auch für dein Ostergeburtstagsmädi okay. Es muss also nicht die Luxusvariante sein. Stimmt's?« Ich erkannte die subtile Forderung nach Standhaftigkeit, nickte aber dennoch aus Überzeugung. Und ich schwöre, dass ich später auch zwei Mal »Sicher nicht« gesagt habe. Laut. Als ich gebeten wurde, ein letztes Mal darüber nachzudenken, ob es bei einer Investition für so viele Jahre nicht jenseits des ausgemachten »Okay« doch noch Spielraum gäbe. Und als meine Frau von der spontanen Änderung in der Kastenfrage erfuhr, formten sich ihre Augen zu Sehschlitzen. Sie beruhigte sich aber rasch wieder, weil ja ein – wie ich finde – starkes Argument den Ausschlag gegeben hatte. Bestehend aus nur einem Wort: »Paaapiiiiiii?!?!«

V. DUMM GELAUFEN

Schon öfter haben wir uns gemeinsam Gedanken darüber gemacht, welche Sätze im Laufe einer Partnerschaft beziehungsweise einer Ehe wohl am häufigsten zu hören sind. Wir haben aber in Anbetracht der scheinbar endlosen Liste rasch wieder aufgehört damit (nur so nebenbei: »Du machst mich wahnsinnig« ist als Buchtitel nicht zufällig passiert).

Ganz anders verhält es sich wiederum mit jenen Worten, die Menschen einander besonders selten sagen. Speziell in einer Beziehung sind Konstruktionen wie »Da gebe ich dir absolut recht«, »Das war eindeutig mein Fehler« oder » Es tut mir aufrichtig leid« eher selten zu hören. Vor allem deshalb, weil wir alle so sehr in unserer eigenen Welt damit beschäftigt sind, subjektive Wahrheiten zu entwickeln, dass uns der andere Blick abhandenkommt. Wie oft haben wir schon vernommen: »Betrachte die ganze Situation doch einmal von außen.« Oder, eines der beliebtesten ehelichen Ansuchen: »Versetz' dich doch einmal in meine Lage.« Das tun wir dann zwar. Aber ungern. Und meistens auch ohne Konsequenzen.

Unter dem Wort Empathie steht auf Wikipedia Folgendes: »Bezeichnet die Fähigkeit und Bereitschaft, Gedanken, Emotionen, Motive und Persönlichkeitsmerkmale einer anderen Person zu erkennen und zu verstehen. Dazu gehört auch die Reaktion auf die Gefühle anderer wie zum Beispiel Mitleid, Trauer, Schmerz oder Hilfsimpuls.«

Tja, klingt so einfach. Und ist doch die vielleicht größte Hürde des täglichen Zusammenlebens.

Man müsste sich vielleicht nur etwas öfter die Frage stellen, warum sie ausgerechnet hier und jetzt dieses tut oder jenes sagt. Sich vielleicht nur etwas öfter damit beschäftigen, warum er ausgerechnet hier und jetzt dieses nicht tut oder jenes nicht sagt. Dann: Es versuchen zu verstehen. Dann: Es geistig auf die jeweilige Dringlichkeit abklopfen. Und dann kann man ja immer noch in aller Ruhe einen Tobsuchtsanfall bekommen.

Obwohl es in Wahrheit natürlich geeignetere Anlässe dafür gibt als allerlei Versäumnisse, Missgeschicke oder Begriffsstutzigkeiten. Er hat die Einkaufsliste unzureichend abgearbeitet? Sie hat die Brille zur Unauffindbarkeit verdammt? Er hat? Sie hat? Beide haben? Na und? Dumm gelaufen halt! Und wie langweilig wäre Perfektion?

Ein Mann sieht Rot

SIE Man braucht echt keinen doppelten Doktor im G'scheitsein zu haben, um zu wissen: Die Farbe Rot heißt was. Und zwar meist was mit Achtung, Gefahr, Stopp. Ein normaler Mensch sieht Rot und hält inne, er bleibt bei einer Ampel stehen oder denkt nach, was zu tun sei. Nicht so der Mann nebenan. Für den ist Rot in erster Linie lustig, fesch oder hat was mit Puff zu tun. Unlängst griff er – jetzt ein Lob, damit es nicht heißt, ich bashe ihn nur – zum Staubsauger. Er saugte eine ganze Weile, als ich das Wohnzimmer betrat und sah, dass ein Lämpchen am Gerät (ein beutelloses Modell) rot leuchtete. Wie bei normalen Menschen üblich, war mir in der Sekunde klar: Da stimmt was nicht.

Ich dachte nach – womit ich mich von ihm unterschied – und brachte mich ein: »Ui, da leuchtet was.« Darauf er: »Hab ich gesehen, wurscht. Heißt sicher, dass der Sauger in Betrieb ist. Und wenn nicht, auch egal, weil der saugt eh super!« In solchen Momenten schlage ich geistig im Ratgeber *Zen für den Alltag* nach, auf der Suche nach einem Gelassenheitsmantra gegen Ignoranz und, ähm, Blödheit. Ich versuchte es sodann mit einem Aber-Satz: »Aber ich bin mir sicher, das ist kein gutes Zeichen. Sollten wir nicht den Staubbehälter ausleeren?« Das *wir* platzierte ich bewusst, um ihn nicht alleine blöd dastehen zu lassen. Ich lud ihn quasi zur kollektiven Drecksarbeit ein, als gemeinschaftliche Verschwörung gegen die Technik. Aber, Psychologie hin, Psychologie her – er pfiff drauf, weil: keine Zeit, keine Geduld und wozu? Meine letzte Rettung war die Gebrauchsanweisung, die ich allerdings nur in der Version »Nederlands« fand. Die Lämpchen-rot-Erklärung »Stofbak vol-indicator« verstand dann sogar er. Wer die Drecksarbeit machen durfte? Immer der, der das Gerät durchschaut. Und ja, ich hab' eine Stauballergie.

ER Unter all jenen Dingen, die ich besonders gerne mache, kommt Staubsaugen unmittelbar nach Fangerlspielen mit Fruchtfliegen. Dabei stört es mich weniger, große Flächen zu saugen, als vielmehr das unentwegte Vorarbeiten in alle entlegenen Winkel der Wohnung – nicht, ohne zig Teppiche wegräumen sowie Hocker, Blumentöpfe oder Zeitungskörbe beiseiteschieben zu müssen. Ja, mühsam ist das. Und wenn ich es daher tue, dann will ich klarerweise nicht von einem roten Licht, das nach Aufmerksamkeit giert, gestört werden. Und erst recht nicht von einer Frau, die in Anbetracht dieses lächerlichen Signals eine Mimik an den Tag legt, als stünde die Explosion des gesamten Wohnbezirks unmittelbar bevor.

Da nützte es auch gar nix, die nervöse Seele wider besseres Wissen damit beruhigen zu wollen, dass ich ihr versicherte, das rote Licht wäre – meinem Kopf gleich – nur ein Zeichen reger Betriebsamkeit. »Nein, nein, nein«, rief die Ehefrau, »wir müssen etwas tun! Und zwar sofort!« Das in solchen Fällen strategisch verwendete *wir* überhörte ich großzügig. Aber ich ahnte, ab jetzt wird's kompliziert. Denn es ist nämlich keineswegs so, dass wir wie Millionen andere Menschen ein Staubsaugermodell besitzen, bei dem mithilfe eines Handgriffs Dreckentleerung möglich ist. Oh nein! Nachdem ich den Behälter gereinigt hatte und wieder saugen wollte, leuchtete das Lämpchen weiter. Als wollte das Rot mir sagen: »Ungeduld ist therapierbar.« In Folge musste ich einen Filter ausbauen, einen Zylinder herausdrehen und zwei Düsen entkoppeln, um den vom Hersteller geforderten Sauberkeitsgrad zu erlangen. Begleitet von den Worten meiner Frau, die aus einem ca. 195 Seiten dicken Beipacktext Unverständliches zitierte. Schade nur, dass es keine Gebrauchsanleitung für Ehefrauen gibt.

Es ist immer das Gleiche mit dir!

SIE Manchmal habe ich das Gefühl, der Mann nebenan und ich sind in einer Matrix gefangen, einer Art Strickmuster aus Wiederholungszwängen. Wobei er wiederholt, und ich – so ehrlich bin ich – zwängle. Kein Wunder, schließlich liefert er mir täglich ein Déjà-vu nach dem Motto: »Net scho wieder!« Andere würden deshalb vielleicht zum Reinkarnationstherapeuten hecheln, um zu fragen, ob diese Wiederholungen nicht aus einem Leben in einer anderen Galaxie stammen könnten. Ich nicht, weil ich weiß: Meine Galaxie hat einen Dreitagesbart und schläft jede Nacht neben mir.

Und so kommt's, dass sich folgende Szenen beinahe täglich wiederholen: 1. Ich will die Lampe im Arbeitszimmer aufdrehen – aber es geht nicht. Er hat wie immer den Stecker rausgezogen, weil er dort wie immer sein Handy zum Laden anhängt. 2. Ich komme nach Hause und will ins Wohnzimmer gehen, aber es geht nicht, weil seine Tennistasche wie immer im Weg steht und ich wie immer drübersteigen muss. 3. Ich setze mich an den Laptop, um etwas zu arbeiten. Und stelle fest, dass das Ding wie immer seit zwölf Stunden durchläuft, weil er wie immer vergessen hat, es auszuschalten (obwohl dort seit Wochen ein Post-it mit »Bitte dreh mich ab!« pickt). Das alles wäre nicht so schlimm, hätte ich mir nicht zu all den erwähnten Vorkommnissen einen Wolf geredet, hinein in ein Musst-du?-&-Kannst-du-nicht?-Delirium. Etwa: »Musst du immer dein Handy genau dort laden? »Kannst du den Lampenstecker nicht einfach wieder reintun?« Oder: »Musst du deine Tasche fallen lassen? Kannst du sie nicht einfach in den Keller geben?« Dass ich das alles auch in ein Plastiksackerl plauschen könnte, auf dem draufsteht »Wo ist der Mensch, den das interessiert?« ist eine ganz andere Geschichte. Ich fürchte nur, keiner will sie hören.

ER Im Laufe unserer vielen gemeinsamen Jahre habe ich selbstverständlich auch einen Sensor für die zahlreichen rhetorischen Strategien meiner Frau entwickelt. Daher lächle ich auch nur milde über Appelle, die mit »Ich weiß eh, dass ich mühsam bin, aber …« beginnen. Und ja, ich habe sogar Verständnis dafür, dass sie versucht, ihr Ziel mit einem listigen Mea-culpa-Einstieg zu erreichen. Immerhin ist so eine kleine Sporttasche, die drei Minuten länger wo steht, als sie dort stehen müsste, schon einen Fünferblock beim Therapeuten wert. Aber ehrlich, es funktioniert. Wenn sie zum leidenden »Du wirst jetzt wieder sagen, dass …« ansetzt, erhöre ich sie in den meisten Fällen augenblicklich. Und ohne etwas zu sagen. Justament.

Und ich glaube, das ist in Wahrheit der größte kleine Unterschied zwischen uns beiden. Denn die vielen nervenden Kleinigkeiten, die in so einem Eheleben anfallen, teilen sich klarerweise in ungefähr gleichen Dimensionen auf beide auf. Nur: Durch ihr ständiges Betonen meiner Defizite entsteht der Eindruck einer Schieflage. Ich nämlich nehme es unkommentiert hin, dass sie ihre Abschminktücher am Waschbeckenrand liegen lässt. Und dass sie die kleinen Glasbehälter in den Restmüll wirft. Und dass sie Zierpolster-Landschaften im Bett erschafft. Und dass sie auf Einkaufslisten unter anderem Joghurt schreibt, aber grundsätzlich nie, ob sie einen, fünf oder 23 Becher davon will. Und dass sie »sicher spätestens um sieben Uhr« daheim sein wird und bei ihrem Eintreffen um 19.35 Uhr »Upsi« sagt. Und. Und. Und. Das alles würde ich als Petitessen-Kram nie in einer Kolumne schreiben. Aber bitte, sie hat mich echt provoziert. So, und jetzt werde ich die Sporttasche im Zeitungskorb verstauen. Denn wichtig ist bei uns zu Hause nur eines: Hauptsache weg!

Die neue Unschärfe

SIE Seit neuneinhalb Monaten, zwei Tagen, vier Stunden und drei Minuten murmelt der Mann wiederholt zu sich selbst: »Heast! Warum kann ich das nicht lesen? Ich glaub', ich brauche eine Brille!« Das Murmeln ist die Summe aus Genieren und Eitelkeit – multipliziert mit seiner Erkenntnis, dass auch Helden altern. Bitter. Weil: Das darf man weder laut denken noch laut sagen. Wo er doch lange Zeit dachte, er ginge mit seinen Adleraugen in die Hall of Fame der weltweit legendärsten Feld- und Wiesenstecher ein. Ich brauche nicht zu erwähnen, dass ich die lange Geschichte »Wie man mir beim Bundesheer gesagt hat, ich könnte mit meiner sensationellen Sehschärfe glatt Pilot werden« sehr oft gehört habe. So oft, dass ich manchmal davon träume, ich wäre diese eine Tussi aus *Top Gun*.

Dann war es so weit: Lieutenant »Ich sehe so scharf« musste laut gestehen, dass er in der Phase der Altersweitsichtigkeit gelandet war. Bei einem Glas Wein gestand er mir traurigen Blicks, dass er jetzt wohl eine Brille brauche. Bevor er mir die fade Adler-&-Piloten-Story erneut aufs Aug' drücken würde, unterbrach ich ihn und kalmierte: »Alles gut, Baby. Männer mit Brille sind doch sehr erotisch.« Mit dieser Ermunterung schien ich das Spindi-Prinzip in ihm wachgeküsst zu haben – er brach völlig entfesselt zum Optiker seines Vertrauens auf. Davor konnte ich ihn knapp davon abhalten, einen langatmigen Facebook-Eintrag mit dem Titel »Mut zur Brille« zu verfassen. Kaum hatte er die Wohnung verlassen, atmete ich durch, um mir eine Pause zu gönnen. Aber nicht mit dem Mann nebenan! Denn kaum war er im Brillenfachgeschäft gelandet, erreichten mich sekündlich WhatsApp-Bilder mit Fragen wie »Fesch, oder was meinst?« beziehungsweise »Was sagst zu der?«. Anfangs äußerte ich mich rege – dass ich bei Brille Nr. 22 entschlummert bin, ist Gegenstand bilateraler Ehegespräche.

ER Also erst einmal sei erwähnt, dass es auch Platz für persönliche Wehmut geben muss. Ohne dass mir, wie es modern ist, ein Vertreter der Deine-Sorgen-möcht'-ich-haben-Lobby ein Augenrollen schenkt. In diesem Sinne rekapituliere ich, dass es erst das Knie war, das kaputtging. Dann das andere Knie. Dem folgte bald die Erkenntnis, dass die Haare nicht mehr das gewährleisten können, was die Menschen im allgemeinen Frisur nennen. Und natürlich begannen längst auch Genick und Rücken zu schmerzen. Alles untrügliche Indizien dafür, mir allmählich einzugestehen, dass ich mich in der Rolle des Helden heimlich und leise von der großen Bühne verabschieden sollte. Aber die Augen!!! Herrje, man nannte mich den Luchs vom Wienerwald (also ich mich). Und plötzlich: sehkrank.

Und als wäre diese jähe Veränderung nicht traurig genug, war mir selbstverständlich wieder einmal die spezielle Mimik meiner Frau gewiss, die besagt: »Meine Güte, was ihr Männer euch ständig leidtun könnt.« Um danach unaufgefordert zum 173. Mal die eigene Leidensgeschichte zu erzählen, mit der originellen Botschaft, dass sie viel mehr zu ertragen hat, nur eben nie darüber redet. So oder so stand ich vor einigen Tagen im Fachgeschäft. Nicht ahnend, dass ich aus einem Angebot von rund 120 000 Brillenfassungen wählen musste. Sehr wohl wissend aber, dass ein falscher Griff Reaktionen wie »Na geh', du schaust aus wie ein Existenzialisten-Uhu« zur Folge hätte. Daher gewährte ich gnä' Frau Mitspracherecht. Und ihre Kommentare (»hm«, »tststs« oder »eh«) waren dann auch extrem hilfreich. Man könnte sagen: Marke Augenstern.

Denksport für zwei

SIE Der Mann nebenan ist klug, doch wenn es um Gedächtnisleistungen geht, agiert sein Gigantenhirn (Selbsteinschätzung) im selektiven Schlummermodus. Er merkt sich nur wichtige Dinge. Wer wissen möchte, wie viele Tore Rocha Pedro Virgilio aus Uruguay bei der Fußball-WM 1974 geschossen hat, fragt ihn (Ätsch, ich weiß es: drei! Merci, Google). Er wird in der Sekunde sämtliche Statistiken zu der Partie ausspucken. Womöglich weiß er auch, was er bei dem Match getragen, gegessen und gefühlt hat. Nix wird's mit Gedächtnisrekorden, was die – aus seiner Sicht – faden Dinge des Lebens betrifft.

Etwa die Einkaufsliste: Sinnlos, eine zu schreiben, weil er sie eh meist daheim vergisst. Dann ruft er mich im Sekundentakt an und hechelt hektisch ins Handy: »Sag, stand da auch Klopapier drauf? Wie viel Schinken soll ich kaufen?« Aber auch mit Liste wird das nix. Meist verliert er sie auf dem langen Weg vom Berg ins Tal (mit dem Auto: 2 Minuten). Ich vermute ja, dass er den Zettel in Stücke zerreißt, um sie – wie Hänsel und Gretel im Märchen Brotkrumen – auszustreuen. Ja, ich bin böse, aber es macht wenig Spaß, wenn der Mann nebenan bei der Jagd zwar Knoblauch und Kümmel erlegt, aber nicht das georderte Schwein für den Braten. Oder statt des Duschgels eine Gesichtscreme – für die junge (!) Haut – anschleppt. Nächster Punkt: die Termine. Es ist schon vorgekommen, dass abends ein paar lustige Leute bei uns eintrudelten, weil sie sich auf die Essenseinladung freuten, die er vor drei Monaten ausgesprochen hatte. Alle wussten davon, nur wir – die sich soeben in Jogginghosen über den Wurstsalat für zwei hermachen wollten – nicht. Partystimmung gab es trotzdem, wohl auch, weil der Mann ein Woody-Allen-Zitat aus seinem Halblustig-Hütchen zog: »Mein Gehirn ist mein zweitliebstes Organ.« Ich hätte es einen Hauch anders formuliert.

ER Ich bin demnächst Telefonjoker. Eine liebe Freundin darf als Kandidatin zur *Millionenshow* und hat mich als potenzielle Unterstützung auserkoren. Sie vertraut nämlich auf mein Sportwissen, das ich mir in zehnjähriger Sportjournalistentätigkeit sowie dank lebenslanger Leidenschaft (Neigungsgruppe Fußball-Irrsinn) angeeignet habe. Nach Lektüre des wie stets maßlos übertriebenen Textes meiner Frau habe ich jetzt seit Tagen eine Vision: Es geht um eine Million Euro, und Armin Assinger stellt meiner lieben Freundin folgende Frage: Der Fußballer Rocha Pedro Virgilio gewann in seiner Heimat Uruguay acht Meistertitel. Mit welchem Verein? a) Danubio Montevideo, b) Bella Vista Montevideo, c) River Plate Montevideo, d) Peñarol Montevideo. Was er eher nicht tun wird, ist, die Antwort einzufordern auf Fragen wie »Woran erkennen Sie eine Tube Bodylotion?« oder »Auf einer Skala von 1 bis 10, wie wurscht ist es, ob Sie den Koriander zu kaufen vergessen haben?«

Aber beim Mann meiner Träume, Rocha Pedro Virgilio (oder Pedro Rocha, wie wir Insider ihn gerne nennen), werde ich glänzen und sagen: »Ich weiß sogar genau, dass die Titel alle zwischen 1959 und 1968 geholt wurden. Und mit welchem Verein ist nur ein Kinkerlitzchen. Aber leider hat meine Frau gesagt, dass es völlig vertrottelt ist, so etwas im Hirn zu speichern, weshalb ich aus Protest schweigen und auf den versprochenen Anteil von fünf Prozent verzichten werde.« Ich nenne dieses Phänomen den 50 000-Euro-Stolz. In der Realität verhält es sich leider ein wenig anders. Da kommt es tatsächlich gelegentlich vor, dass ich bereits auf der Stiege vergesse, warum ich den Weg in den Keller kurz zuvor für notwendig erachtet habe. Na und? Kann passieren. Es gibt Wichtigeres im Leben. Übrigens: d) natürlich.

Der Hund muss raus!

SIE Lange Beziehungen werden häufig mit einem Hauch von Nostalgie beatmet – und so, gewissermaßen, am Leben erhalten. Das einst Erlebte wirkt bindend – wie Pattex (aber ohne »ex«). Das ist beim Mann nebenan und mir nicht anders – wobei sich unser »Blick zurück« auf einst Geschriebenes fokussiert: alte Faxe, interne Hauspost. Mit Fortschreiten der Kommunikationstechnik schließlich: E-Mails und SMS.

An verregneten Tagen sitzen wir dann bei einer Flasche Wein, um in den Liebesbeteuerungen von einst zu schmökern. Wobei ich so manche Formulierung von ihm aus heutiger Sicht mit der goldenen Schmalzlocke küren würde. Wie etwa diesen Satz: »Wenn du durch die Kantine schwebst, geht die Sonne auf.« Nur so: Elflein Kuhn kann vieles, nur nicht schweben. Hufnagl war somit der einzige Mann, der mir die Fähigkeit dazu attestierte. Aber viel interessanter ist ja, wie sich die Liebeskommunikation im Laufe der Zeit verändert. Unlängst war mir fad und ich begann, in unseren WhatsApp-Nachrichten zu stöbern. Darin fand ich eine signifikante Anhäufung sogenannter »Mimi-Messages«, in denen sich alles um das Thema »Wer geht wann mit dem Hund« dreht. Je nach Beziehungsstatus – also: zufrieden, gereizt, angepisst – klingen diese Mini-Nachrichten dann so – er: »Gehe jetzt mit Mimi und dann schlafen. Hoffe bei dir ist alles gut.« Ich: »Super, bin nicht vor Mitternacht daheim, lieb dich trotzdem.« Oder – ich: »Warst du eigentlich schon mit Mimi?« Er: »Nein, es schüttet.« Ich: »Warmduscher ;-)!« Oder – er: »Warst du mit Mimi?« Ich: »Ganze 37 Minuten lang – was mich von dir unterscheidet.« Ich: »Ich geh schlafen, du mit Mimi?« Er: »Klar, irgendein Warmduscher muss ja die vielen Gacki-Sackerln aufarbeiten.« Ich glaube, die Frau Klinger hätte a Freud' mit uns, wohingegen der Oswalt Kolle das eine oder andere kritisch anzumerken hätte.

ER Die Frau da drüben schreibt das ja beinahe flapsig dahin. Es ist aber tatsächlich wahr, dass wir einst vor allem über das geschriebene Wort zueinander fanden. Nun, es war natürlich nicht unbedingt so, dass wir die Gänsefederkiele in unser Blut tauchten, um der Botschaft des Schmachtens die notwendige Dramatik zu verleihen, aber: Der intensive Gedankenaustausch besaß auch mithilfe der Tastaturen eine ziemliche Theatralik. Sicher nicht zu vergleichen mit »Geo-Test ist ein Dreier«, »Wenn du heimkommst, schlaf' ich sicher schon« und »Einkaufen du?«. Ganz zu schweigen von Bemerkungen wie »Wo bist du?«, die sich im Laufe eines langen Ehelebens zum SMS-Symbol für die Erosion der Leidenschaft entwickeln. Heißt: Die Formulierung bleibt zwar die gleiche, der Sinn dahinter entwickelt sich jedoch schleichend von der Sehnsucht über das Interesse bis zum Vorwurf.

In den meisten Fällen könnte ich auf die Frage aber ohnehin antworten: »Mit dem Hund.« Denn unser Abkommen (sie geht lang in der Früh, ich mittellang am Nachmittag und kurz am Abend) hat selbstverständlich zahlreiche wichtige Einschränkungen, die a) niemals so ausgemacht wurden und b) fast ausschließlich zu meinem Nachteil sind. Genau gesagt: Ihre Gassi-Pflicht wird außer Kraft gesetzt, wenn sie schlecht geschlafen hat, wenn sie kurz geschlafen hat, wenn sie früher ins Büro muss, wenn sie völlig die Zeit übersehen hat, wenn es sehr kalt ist, wenn es sehr heiß ist, wenn es sehr windig ist, wenn es sehr rutschig ist, wenn es sehr regnet. Meine Gassi-Pflicht wird hingegen nur außer Kraft gesetzt, wenn ich (vom Amtsarzt bestätigt) über 40 Grad Fieber nachweisen kann. Ansonsten: »Warst du schon mit Mimi?« – »Nein, ich fühl' mich heute gar nicht gut.« – »Oje! Aber du wirst sehen, frische Luft tut dir gut. Bussi.«

VI. NA, MAHLZEIT!

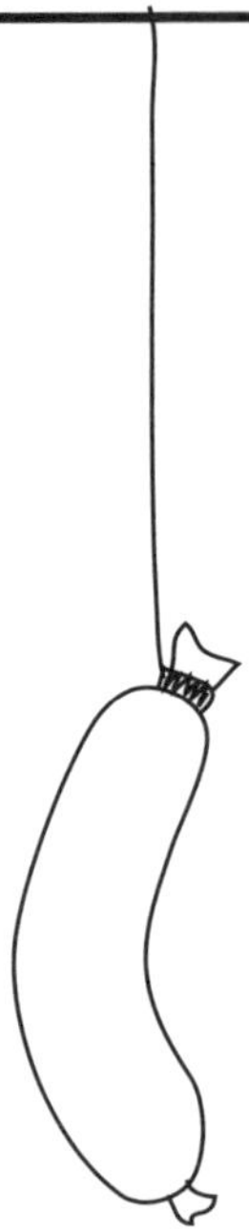

Es gibt im Internet dankenswerterweise diese berühmten Schnelltests, die man zwar niemals überbewerten sollte, die aber als Richtwert oder als Indiz recht brauchbar erscheinen. Einer davon bietet beispielsweise die Chance, den eigenen Kalorienbedarf zu errechnen. Im konkreten Fall hat das ergeben, dass Gabrieles täglicher Gesamtumsatz ungefähr bei 1850 Kilokalorien liegt. Recht so. Michaels beträgt hingegen 2920. Die Gründe für die einigermaßen hohe Differenz sind ziemlich klar, da bedarf es gar keiner großartigen Interpretationskunst.

Aber die Folgen ziehen sich natürlich wie ein riesiger Strudel (mit Gemüse für sie und Fleisch für ihn) durch eine Partnerschaft. Die Differenz zur Deckung des Bedarfs ist nämlich nur sehr schwer ausschließlich über die Nahrungsmenge auszugleichen. Vielmehr scheint es Gewissheit, dass die vielen großen Unterschiede auf den Tellern ein Naturgesetz sein müssen. Man bedenke. Er müsste seinem Gesamtumsatz zuliebe rund 80 bis 90 Zucchini pro Tag verdrücken (was auch unabhängig vom Geschmack eine eher schaurige Vorstellung ist). Und damit das nicht notwendig ist, wurde das Steak erfunden, das in der 500-Gramm-Variante schon beinahe den halben Tagesbedarf stillt.

Aber das allein ist es natürlich noch lange nicht. Die Ernährungsexperten überschlagen sich ja förmlich bei der Betonung von geschlechtsspezifischem Essverhalten. Halleluja, wer das hört und liest, mag gar nicht mehr glauben, dass ein harmonisches Zusammenleben – zumindest an einem gemeinsamen Tisch – überhaupt noch möglich ist.

Sie ist prinzipiell gesundheitsbewusster und achtet viel eher auf vollwertige Kost, heißt: auf sich. Was aber neben den üblichen männlichen Mustern (mehr Fleisch, mehr Alkohol, mehr von allem) auch dazu führt, dass sie (vor lauter Kontrolle und Bewusstsein) viel eher auf den Genuss vergisst. Aber genau das Verweisen auf diese Lebenseinstellung, der zufolge man vor lauter gesunder Askese nur allzu leicht die Sinnlichkeit und das psychische Wohlbefinden aus den Augen verlieren könnte, ist die absolute Garantie für eine Vier-Hauben-Diskussion.

Eine Art Bauchgefühl

SIE Also spricht der Volksmund: »Willst du einen Tag lang glücklich sein, nimm ein Bad; eine Woche, so lass dich zur Ader; einen Monat, dann schlachte eine Sau. Soll's jedoch ein Jahr sein, so nimm eine Frau.« Einverstanden! Vor allem mit dem letzten Satz. Leider präferiert der da drüben eher die Sache mit der Sau und dem Schlachten. Zur Erklärung: Wäre der Mann nebenan nicht der Mann nebenan, dann wäre er eine Rotzahnspitzmaus. Das hat nichts mit der Art der Fortpflanzung zu tun, sondern mit der außergewöhnlich hohen Stoffwechselrate der kleinen Säugetiere. Die macht sie zu gierigen Nonstop-Fressern. Rotzahnspitzmäuse brauchen täglich Essen in der Größenordnung ihres eigenen Körpergewichts, müssen 22 Stunden pro Tag schnabulieren, sonst sterben sie an Nahrungsmangel.

Der Mann nebenan isst nicht 22 Stunden täglich, aber oft mit einer Portion so viel wie andere an einem Tag. Das hat mitunter Folgen: Unlängst versorgte er seinen Stoffwechsel mit sehr viel Schweinsbraten. Nachts entdeckte ich, wie er gekrümmt am Bettrand saß und wimmerte. Ich tat, was eine Frau tun muss, packte ihn ins Auto und raste in die Notaufnahme des AKH. Er stöhnte Diagnosen vor sich hin: »Was glaubst, isses das Herz? Oder der Blinddarm?« Während ich ihn daran erinnerte, dass er seit seinem 23. Lebensjahr kein Blinddarmbesitzer mehr ist, fuhr ich beherzt auf die Rettungsrampe hinauf und stürzte in die Ambulanz. Auch, zugegeben, in der stillen Hoffnung, einem Serien-Notarzt im Stile von Dr. McDreamy zu begegnen. Auf mich gestützt schleppte er sich in eine Untersuchungskabine. Ultraschall, Drücken und Tasten – der Arzt lächelte. Und fragte: »Wos hom S' denn gessn?« Worauf der überlastete Gourmet gestand. Sodann kam die Diagnose: »Dann wundert mich nix.« Er kam an den Tropf, ich ging wieder heim ins Bett – nicht ohne en passant das Wort »Bratlfettbrot« fallen zu lassen.

ER Bei Lesungen erzähle ich der Zuhörerschaft gerne, dass meine Frau als Erzählerin einen leichten Hang zur effektiven Übertreibung hat. Und dass es daher regelmäßig mir zufällt, die ehelichen Ereignisse ins rechte Licht zu rücken. Der Rotzahnspitzmaus-Text ist der beste Beweis dafür. Nicht einmal ein bisserl Appetit darf man haben, ohne gleich als Fresssack verunglimpft zu werden. Was daran liegt, dass sich meine Frau in der Tierwelt viel eher dem in aller Gemütlichkeit Pflanzen verschlingenden Camelus ferus (auch Trampeltier genannt) seelenverwandt fühlt. Und dessen faszinierend ökonomischem Fettspeicher. Faktum ist: Ich bin der Prototyp eines dankbaren Essers. Dennoch würden mir Männer in Bezug auf die Menge kaum je Verhaltensauffälligkeit attestieren. Das tun nur jene, die grundsätzlich ein einzelnes Erdapferl als Überbleibsel einer ohnehin kleinen Portion auf dem Teller liegen lassen und »Ich kann nicht mehr!« stöhnen. Oder stets »Mir bitte nur ein ganz kleines Stück!« rufen – also Frauen.

Bei Männern hingegen kann es schon zwei bis drei Mal in einem Leben vorkommen, dass sie auf die letzten paar Bissen besser verzichtet hätten. Aber, Gier hin oder her, jetzt zur Wahrheit: Das bisserl Bauchdrücken hätte ich an besagtem Abend locker und heldenhaft überstanden, wäre Frau Dr. Kuhn in Ermangelung passender Medikamente nicht so schlau gewesen, mir einen Rat zu geben. Dass sie mir nämlich, angezipft von meiner Jammerei, einen Thermophor zur Linderung empfahl, verschweigt sie mit Vorliebe. Eine – wie mir die Experten später zuraunten – wenig gelungene Erstversorgung. Um nicht zu sagen: Vollkommen hirnrissig. Denn die Wärme machte alles nur noch schlimmer. Und so wimmerte ich bald: »Spital! Jetzt! Bitte!« Und als wir losfuhren, kam die Angst. Vor dem Arzt, der sagt: »Herr Hufnagl, für Sie heißt es in nächster Zeit: Schonkost.«

Das große Anbraten

SIE Der Mann nebenan hat von einem anderen Mann etwas geschenkt bekommen: ein T-Bone-Steak, 10 cm dick und so groß wie der Fußabdruck eines Elefanten. Als Hobby-Anthropologin fällt mir zu diesem archaischen Akt nur Folgendes ein: Vermutlich wollte hier ein Mann dem anderen Mann huldigen, quasi von Häuptling zu Häuptling. In meiner Fantasie sehe ich ein Stammesritual, bei dem die beiden Herren nackt ums Feuer tanzen, während sich die jüngeren Stammesangehörigen in die Testosteron-Ekstase trommeln. Die dazugehörigen Frauen sitzen derweil in den Lehmhütten und lesen die *Neue Post*. Schnitt.

Dieser Tage entschloss sich der Mann nebenan zum Verzehr der 800-Gramm-Gabe. Im Gegensatz zu seinen Ahnen hat er aber keine Ahnung, wie man das Ding gebraten kriegt. Heißt was? Heißt, dass die *Neue-Post*-Konsumentin um Rat gefragt wird: »Du, ich hab vor einer Stunde das T-Bone vom H. aus dem Tiefkühler geholt – kann ich das jetzt grillen?« Ich denke mir meinen Teil, sage aber nur: »Klar, wenn du es lieber lutschen statt beißen möchtest?!« Er wartet. Zwölf Stunden. Davon quält er mich gefühlte elf Stunden lang mit Zubereitungstipps: »Da steht, man muss es auf jeder Seite 5 Minuten braten, dann 10 Minuten bei 250 Grad grillen.« Ich: »Wie du willst, mir wurscht. Ich ess eh Grieskoch.« Er: »Besser soll's sein, wenn man es auf jeder Seite scharf anbrät, dann 30 Minuten bei 80 Grad im Rohr ruhen lässt.« Ich: »Wie du magst.« Er: »Optional könnte man es in Folie geben, nicht anbraten und im Rohr dünsten. So bleibt es saftig.« Ich: »Jo eh.« Er: »Und bitte vorher auf keinen Fall salzen. Schlecht, ganz schlecht. Aber pfeffern darfst du es schon!« Wie die Geschichte ausgegangen ist? Das stand in der *Neuen Post* – in der Rubrik »Legendäre Ehedramen«.

ER Es gibt Dinge, die will ich nicht mehr erklären. Dass bei einem Champions-League-Finale der Fernseher eine Stunde vor Anpfiff (Vorberichterstattung) und eine Stunde nach Abpfiff (Analyse) laufen sollte. Dass ich aus therapeutischen Gründen über meine schockierenden Erlebnisse in Baumärkten sprechen muss. Oder dass die feierliche Übergabe eines besonderen Stücks Fleisch keinen Spott verdient. Ich mache mich schließlich auch nicht darüber lustig, wenn meine Frau mit ihrer Freundin (ernsthaft!!!) darüber diskutiert, ob Kürbis-Radicchio-Strudel (Radicchio mit k) mit Walnusspesto bekömmlicher ist als Buchweizen-Spinat-Palatschinken mit Tomaten-Basilikum-Sauce. Ich schweige respektvoll (und hoffe einfach nur, dass für mich nichts davon übrig bleibt).

Für das Geschenk galt: Es war nicht nur ein Steak. Es war ein Dry Aged Prime T-Bone-Steak. Bio, eh klar. Und wer so ein marmoriertes Meisterwerk in Händen hält, will sich nicht als Improvisationskünstler einer experimentellen Zubereitung widmen. Um am Ende eine dicke Flade auf dem Teller zu haben, deren einziger Sinn es noch sein kann, an die Füße von Alpinextremisten geschnallt zu werden. Also begann ich, mich in den Tiefen der Steak-Foren zu verlieren. Nicht ahnend, dass ich mit der naiven Suche nach Tipps zwischen die Fronten von T-Bone-Partisanen gerate, wo der Eindruck entsteht, von der Frage des Würzens (oder nicht) hinge das Überleben der Menschheit ab. Meine Frau, Spezialistin im Scharf-Anbraten, wollte mir bei der 800-Gramm-Herausforderung helfen. Und war prompt beleidigt, weil ich den Vorschlag, bei der Brutzelei ihrem Bauchgefühl zu vertrauen, brüsk ablehnte. Aber ein Mann muss klare Grenzen setzen. Auch, wenn dann einen Abend lang die eheliche Stimmung bestenfalls medium rare ist.

Baby, light my fire!

SIE Und jetzt: der Grilltassenkonflikt! Da saßen wir also, bei der bisher elegantesten Gartenparty der Saison. Die Damen hatten die Nägel schön und tranken Pfirsichbowle. Die Herren kamen im Sommerleinen und nahmen kalte Trauben- oder Malzgetränke zu sich. Die Sonne schien, der Föhn blies, dazu Smooth Jazz, passend zu den Hortensien. Sehr entspannend.

Bis der Gastgeber seine drei Griller zum angewandten Synchronbrutzeln entfachte und Berge von Würsteln, Steaks und Koteletts ankarren ließ. Rasch versammelten sich ein paar männliche Geschlechtsgenossen um das Feuer und dessen Hüter, um fachzusimpeln. Der eine lobpreiste die Qualität seiner neuen Grillhandschuhe mit gerippten Silikongriffflächen. Einer prahlte mit dieser gewissen Bürste aus Bambusholz, samt Edelstahlborste. Der Mann nebenan lauschte der angeregten Expertise ziemlich lange ziemlich emotionslos. Bis die Sache mit den Grilltassen kam. Inzwischen hatten sich nämlich ein paar Damen und mit ihnen Berge von geschnittenen Zucchini und Melanzani dazugesellt. Mit Kräutern gewürzt und mit gerade so viel Olivenöl eingestrichen, dass die tägliche Kalorienbilanz nicht ins Trudeln gerät. Dazu eine Anweisung der Gastgeberin an den Gastgeber und Grillmeister: »Schatz, das Gemüse. Die Grilltassen dazu stehen hinter dir.« Ich schaute den Mann nebenan an, er schaute mich an. Und ich wusste, was kommen würde. Der Hufnagl'sche Blick verfinsterte sich und er sprach so laut, dass es auch die Damen am Rande eines schönen Rosenbeets hören konnten: »Grilltassen? Gemüse? Fehlt nur noch, dass ich mir dicke rosa Marshmallows auf ein Holzstaberl picken und dazu *We shall overcome* singen muss.« Ab diesem Moment war die Stimmung, um es gelinde auszudrücken, ein wenig angeheizt. Wie es weiterging? Wir teilten eine Käsekrainer – aber sonst nix.

ER Es hat einen ganz bestimmten Grund, warum es Veranstaltungen wie Grillweltmeisterschaften gibt. Der da lautet: Das sommerliche Zubereiten von Fleisch über der Glut ist bitte schön nicht irgendeine Larifari-Tätigkeit zwischen einem Schluckerl Aperol und einer launigen Anekdote über die jüngsten Wetterkapriolen. Nein: Es ist Kunst! Ich verweise diesbezüglich alle Zweifler gerne auf die vielen internationalen Foren zum Thema, um erahnen zu können, mit welchen Finessen sich die Grilldjangos ans archaische Werk zu machen pflegen. Österreichs Doppelweltmeister Adi Matzek beispielsweise ist seit jeher ein leidenschaftlicher Kämpfer für den Eigengeschmack, verwendet gerne Rapsöl und salzt das Fleisch vor dem Auflegen, und zwar kräftig. Aber das nur nebenbei.

Mich fasziniert das. Ich könnte stundenlang Beiträge von und über Grillexperten beziehungsweise deren listige Steak-, Kotelett- und Keulen-Philosophien studieren. Unter anderem auch deshalb, weil dabei in keiner Silbe erwähnt wird, wie der Nudelsalat, der tragischerweise und aus ungeklärten Ursachen auf keiner Sommerparty fehlt, am besten zu würzen ist. Jetzt sollte auch klar sein, warum ich eine innerliche Unruhe entwickle, wenn – wie zuletzt – dem Grillmeister des Hauses plötzlich eine gewaltige Platte gereicht wird, auf der sich gefühlte tausend Scheiben Melanzani türmen. Das ist, wie auch das spontane »Jöööööö« meiner Frau, irgendwie verdammt nahe an der Provokation. Denn ich bin nicht nur der radikalen Meinung, dass Melanzani in keiner Form zum Verzehr geeignet sind, sondern noch mehr: Nachtschattengewächse haben auf einem ordentlichen Grill nichts verloren! Und schon gar nicht in Silbertassen, die auch noch alle ästhetischen Gefühle verletzen. Also echt, was grillen wir als Nächstes? Brokkoli in Hugo-Marinade?

Gurkerln & Mad Men

SIE Drei zentrale Fragen bekam ich von *Kurier*-Leserinnen und -Lesern beim Tag der offenen Tür unseres Hauses gestellt: 1. Lieben Sie den Mann nebenan noch? 2. Haben Sie ihn je geliebt? 3. Werden Sie ihn auch morgen lieben? Auf alle Fragen kann ich ohne dramatische Erhöhung meiner Pulsfrequenz sagen: Ja. Ja. Ja. Ich würde damit bei jedem Lügendetektor-Test durchkommen. Aber das sollte ich dabei auf keinen Fall machen: An die Sache mit dem Fächergurkerl denken.

Zum Verständnis: Der Mann nebenan bestellt sich beim Wirt gerne einen Zwiebelrostbraten. Hier zeigt sich eh schon meine unendliche Milde – denn natürlich: So ein nächtlicher postzwiebelrostbratengefärbter Hauch hat keinesfalls das Aroma von englischen Teeröslein. Doch ich denke nur: Fein, dass es ihm geschmeckt hat. Was ich hasse: Dass er mir immer sein Fächergurkerl auf meinen Teller haut. Ungefragt. Und ungeachtet dessen, was sich auf diesem befindet. So kann es vorkommen, dass ich nach einem Moment der Unaufmerksamkeit das nächste Stück vom Kaiserschmarren nehmen will und stattdessen in ein Salzgurkerl steche. Einmal habe ich es sogar – weil mit den Gedanken anderswo – in den Zwetschkenröster getunkt. Wie sich vielleicht schon herumgesprochen hat: Der Mann nebenan verabscheut Gemüse – Paradeiser, Salat, Karotten, Oliven. Und Gurkerln. Alle sind häufig Protagonisten der sogenannten »Garnitur«. Nach Einschätzung des Feinschmeckers nebenan eine dramatische kulinarische Fehlentwicklung. Ohne Garnitur wäre die Kochwelt erst wirklich in Ordnung. Weil sich das aber noch nicht bei allen Andis und Alexen dieser Welt herumgesprochen hat, schupft der Ferdl ungefragt die Garnitur zu mir. Dass man sich als Gurkerl-Deponie irgendwann einmal die Sinnfrage stellt, ist wohl menschlich.

ER Also dann, weil das im Rahmen des *Kurier*-Tags wieder thematisiert wurde, bestätige ich es gerne auch hier: Ja, es kommt mitunter vor, dass wir in den Betrachtungen unseres Alltags ein wenig übertreiben. Klarerweise tut das gnä Kuhn öfter und heftiger als ich, aber auch mir entkommt gelegentlich eine Formulierung, die sich an die Wahrheit bestenfalls anschmiegt. Die Frau von nebenan textet diesmal eine kulinarische Story, die vor einem Richter so kaum halten würde. Wahr ist, dass ich das traditionelle Garnitur-Unwesen, bestehend aus Salatblatt, Paradeiser-Eckerl oder Fächergurkerl, für eine fatale Fehlinterpretation von »Das Auge isst mit« halte. Daher quartiere ich das letscherte Beiwerk gerne um. Wissend, dass es in der neuen Heimat eher respektiert wird.

Aber entscheidend ist: Es handelt sich um einen, wie ich finde, fast liebenswerten Tick. Was ich von einer sehr speziellen Eigenart meiner Frau eher nicht behaupten könnte. Wichtig, es handelt sich dabei de facto um keine Übertreibung. Nun, sie ist ein neugieriger Mensch und schafft es daher niemals, ein Buch zu lesen, ohne bereits nach etwa 30 Seiten … Achtung … zwischenzeitlich das Ende zu studieren. Dabei behauptet sie, das hätte auf die Spannung keinerlei Einfluss. Womit sie recht hat: Es ist ihre Angelegenheit. Nur: Sie tut das auch beim gemeinsamen Serienschauen. Heißt: Kaum haben wir die ersten Folgen von *Mad Men* oder *Breaking Bad* betrachtet, klinkt sie sich via Google bereits in die vierte Staffel ein. Einst wollte ich sie körperlich daran hindern, die Liebeszukunft von Dr. Gregory House und Dr. Lisa Cuddy zu recherchieren. Auch, um nicht ständig mit wissender Mimik konfrontiert zu sein. Das endete in einem heftigen Streit. Vor Wut hätte ich ihr damals am liebsten ein Fächergurkerl in den Ausschnitt geschnippt.

Aszendent Gemüse

SIE Um mich selbst zum Lachen zu bringen, erzähle ich mir gerne kleine Geschichten. Etwa die vom Mann nebenan, als er sich an mich heranmachte. Das ist ein bissl her, aber mir farbenfroh in Erinnerung. Das zentrale Element meines nostalgischen Amüsements: seine Frage, in welchem Sternzeichen ich denn geboren sei. Da wusste ich noch nicht, dass ihm die Astrologie ungefähr so wurscht ist wie mathematische Hyperbelfunktionen, möglicherweise sogar noch wurschter. Rückblickend finde ich seinen Versuch, sich so bei mir einzuschleimen, daher extrem komisch.

Umso lustiger hatte ich es, als das Buch mit dem Titel *So kochen Sie Ihren Partner ein – Essen nach Sternzeichen* bei mir landete. Flink blätterte ich bis zum Schützen, er ist ja Dezember-Geborener. Da schrammte ich knapp am Lachkoma vorbei, weil hier tatsächlich stand: »Schütze – der unkomplizierte Kosmopolit.« Kosmopolit, na ja. Aber unkompliziert? Bei Paradeisern kriegt der Sensible Haare auf der Zunge und verlangt nach Riechsalz. Hat sich auch nur ein einziges mariniertes Salatblatterl zu ihm verirrt, bricht er die Nahrungsaufnahme ab und ordert einen frischen Teller ohne diese Zumutung. Käse hält er für etwas, das nur Wiederkäuer essen sollten – dazu haben die ja vier Mägen. Oliven verwendet er höchstens, um nach mir zu schießen, oder nur in flüssiger Form. Polenta hält er für Kleinkindkost – genauso wie Grießkoch, Milchreis und Müsli. Ich schmökerte weiter im Buch – und zwar in der Rubrik »So kochen Sie einen Schützen ein«. Da stand: »Außerdem gibt es bei diesem Sternzeichen überraschend viele Vegetarier.« Ich schätze, nicht mit Aszendent Hufnagl, dessen Mars im Steak-Haus steht.

ER Nun, vorweg sei zu jenem verhängnisvollen Abend, als ich »der Kuhn« erstmals meine volle Aufmerksamkeit geschenkt habe, zweierlei erwähnt: Erstens habe ich mich nicht, wie sie schreibt, bei ihr »eingeschleimt«. So etwas tat ich nie, und schon gar nicht in meiner Funktion als Romantiker. Viel eher habe ich eine vortreffliche umgarnungsmäßige Erstversorgung eingeleitet. Und diese, wie sich ja jetzt nach vielen Jahren herausstellt, sollte ihr fürwahr nicht zum Schaden gereichen. Zweitens hatte ich dank präziser Recherchen gewusst, dass die gute Frau zu vorgerückter Stunde gerne den einen oder anderen geistigen Transit in astrologische Parallelwelten unternimmt. Weshalb es mir passend erschien, Weisheiten wie »Das Taghaus des Jupiter ist ja der Schütze« quasi en passant als Eisbrecher aus dem Ärmel zu schütteln. Obwohl ich bis heute nicht weiß, worum es in diesem Satz geht.

Letztendlich ist das auch völlig wurscht. Aber hätte ich ihr damals nicht spitzfindig die Sterne vom Himmel geholt, könnte sie heute nicht ihr paaradoxes Scherflein zum Eheleben beitragen. Und sei es nur, um mir via Kolumne wieder einmal auszurichten, dass ich ein komplizierter Esser bin. Was aber a) gar nicht stimmt und b) lediglich der gekränkte Stolz ist, weil ich im Angesicht einer Zucchinilasagne à la Gabriele nicht weinend vor Glück auf die Knie sinke und jubiliere: »Ach, wäre doch jeden Tag Kürbisgemüsetag!« Ich habe mich aber an irrationale Vorwürfe (»Warum magst du keine Paradeiser, jeder Mensch mag Paradeiser?!«) gewöhnt. Und auch an die Sinnlosigkeit der Erklärung, dass ich ja nicht ihr zu Fleiß bei einem Versandkatalog sensible Geschmacksnerven bestellt habe. Daher sage ich meistens nur: Als Taghaus des Jupiter hat man's halt nicht leicht.

VII. WAS HAST DU GESAGT?

Wenn Paartherapeuten zum großen Liebes-Ratschlagen ansetzen, dann lautet eines ihrer wichtigsten Mantras: Kommuniziert mehr miteinander! Unter anderem wird Paaren folgende Übung ans Herz gelegt: Sie sollen eine Liste anlegen, mit Themen. Themen, über die beide gerne reden wollen. Eh, super. Aber natürlich: Für eine Journalisten-Ehe hört sich das wie ein guter Witz an – mehr miteinander reden, als wir es tun, geht schon fast nimmer. Und das impliziert freilich auch ein »Zuviel des Guten«. Es gibt Momente, da reden wir uns um Kopf und Kragen und ratzfatz in einen Strudel hinein. So sehr, dass wir am Ende gar nicht mehr wissen, wo alles begonnen hat, und wir über etwas völlig anderes, Neues streiten. Dichter Novalis sagte: »Der Mann ist lyrisch, die

Frau episch, die Ehe dramatisch.« Stimmt. Und das wiederum kann sehr lustig sein. Zumal wir ja nicht nur miteinander reden – sondern auch sehr viel schreiben. Wenngleich die Länge der Liebesgeständnisse sich im Laufe der Jahre ein wenig verkürzt hat: Aber ein fesches »HDL« (für »Hab dich lieb«) ist immer noch gegangen.

Als Menschen mit ausgeprägtem Hang zur Vielrederei haben wir unsere speziellen »Regeln« des kommunikativen Miteinanders entwickelt. Die wollen wir Ihnen an dieser Stelle natürlich nicht vorenthalten, voilà:

1. Vor 7 Uhr Früh halten wir besser den Mund – außer wir sind noch gar nicht schlafen gegangen. Warum? Weil wir beide eher keine Morgenmenschen sind und um diese Zeit ein gewisses Maß an allgemeiner Gereiztheit in der Luft liegt. Es gilt die Formel: An der Zahl meiner Stirnfalten siehst du den Grad meines Missmuts. Nimm diese mal drei – so viele Minuten sollst du schweigen, nichts als schweigen. Erst dann ist Zeit für ein vorsichtiges »Und, wie geht's heute so?«.
2. Beide haben das Recht zu schweigen – aber nur ein bissi, gell? Das ist ihre Auslegung der Regel.
3. Sie hat die Pflicht zu schweigen – und zwar speziell, wenn ein Match im Fernsehen läuft. Das ist seine Auslegung der Regel.
4. Das sagt er besser nicht: Wo ist? Wann gehen wir endlich? Warum bist du noch nicht fertig?
5. Das sagt sie besser nicht: Was hast du? Woran denkst du? Warum schaust du so komisch?
6. Das sagen beide besser nicht: Unterbrich mich nicht immer! Weil es mit 1000-prozentiger Wahrscheinlichkeit dazu führt, dass beide einander noch mehr unterbrechen. Alles klar?

Halbe Wahrheiten

SIE Der Mann nebenan gehört zur Kategorie des Komfortlügners. Schon einmal so einen kennengelernt? Der ist an sich pflegeleicht, umgänglich, sauber und gut zu halten. Seine Ansprüche sind bescheiden – ein ruhiges Platzerl im Schlafzimmer genügt ihm, einmal täglich braucht er gebratenes Fleisch, eine Dusche und etwas Ansprache. Er ist nicht scheu, aber – und das ist seine Krux – er ist konfliktscheu. Droht ihm diesbezügliches Ungemach, fängt er zu flunkern an. Das muss er, um sein inneres Gleichgewicht nicht zu gefährden. Weil er bequem ist, weil er sich nicht stellen oder gar diskutieren möchte – Motto: nur keine Wellen. Vor allem, wenn es um Dinge geht, die der Komfortlügner nicht sehr schätzt. Etwa das gemeinsame Einkaufen. Für Herzkönig die Höchststrafe – doch manchmal muss er. Etwa, um mir zu sagen, ob das Kleid/die Hose/diese Schuhe eh zu mir passen. In diesen Momenten vollzieht sich der Wandel zum Schwindler: Putzi, so gerne ich auch dabei wäre (Lüge Nr. 1), aber leider – heute nicht. Ich habe Migräne (Lüge Nr. 2, denn Minuten später ertappe ich ihn beim migränefreundlichen Internetsurfen).

Schließlich quetsche ich mich in der Boutique meines Vertrauens in ein Kleid, das aus mir ein Käseleberkässemmerl macht. Und frage nach seiner Meinung: »Toll siehst du aus« (Lüge Nr. 3). Ähnliches passiert, wenn ich ihn – wurscht wo, meist nach der Dusche – frage: »Findest du mich eigentlich zu dick?« Es gibt kaum etwas, das er mehr hasst. Jetzt nämlich müsste er nachdenken und differenzieren, in etwa so: »So richtig dick nicht, aber auch nicht dürr. Ich würde sagen, an den Hüften könnte der Speck etwas runtertrainiert werden.« Stattdessen murmelt er, ohne vom iPad aufzublicken, sein 08/15-Mantra: »Toll siehst du aus.« »Die Wahrheit ist eine Tochter der Zeit«, heißt's so schön. Bei uns ist sie die vom Hufnagl.

ER Von den vielen Fragen, die im Laufe einer langjährigen Partnerschaft auftauchen, wurde wohl über kaum eine so viel gesprochen wie über »Findest du mich zu dick?«. Dieser in harmlos wirkende Buchstaben gekleidete Satzkrampf ist neben »Liebst du mich noch?« und »Was denkst du gerade?« der größte Dialogzombie unserer Gesellschaft. Komischerweise werden alle diese Fragen fast nur von Frauen gestellt. Auf »Findest du mich zu dick?« gibt es aber keine richtige Antwort. Denn auf die »Ja«-Variante folgt das Lamento: »Echt? Warum? Wo genau? Warum hast du nie etwas gesagt? Du bist gemein! Schau' dich doch einmal selber an!« Heißt: sinnlos. Während die Konsequenz der »Nein«-Variante lautet: »Echt? Ganz ehrlich? Hast du auch genau hingeschaut? Das sagst du nur so! Du bist ein schlechter Lügner.« Heißt: genauso sinnlos. Und das völlig unabhängig von einer möglicherweise objektiv sichtbaren Wahrheit. Aber um die geht's gar nicht.

Ich bin vielmehr ein Anhänger der Theorie, dass »Findest du mich zu dick?« nur eine Zündschnur ist – zu einem Sprengkörper, der so oder so zur Explosion gebracht werden muss. Ein Mittel zum Zweck in einer sensiblen Selbstwertphase. Achten Sie einmal darauf, wann genau die Frage gestellt wird. Die kommt nie unvermutet und als Nebensächlichkeit getarnt daher, nein, die Frage hat immer eine Geschichte. In dieser argumentativen Lose-lose-Situation hilft nur die Flucht nach vorne, die zärtlich ironische Verarbeitung eines heiklen Augenblicks. Von einem »Na halleluja, ich wollt', du wärst nur ein Dickkopf« bis »Aber geh', mit dir ist jeden Tag Ernteschlankfest«. Das gipfelt klarerweise irgendwann im Vorwurf, man nehme die Sache nicht ernst. Tja. Als wäre das nicht so oft das Geheimnis einer guten Ehe.

Alles nur Taktik

SIE *Familienkonferenz.* So hieß ein Buch von Thomas Gordon, das ich einst als Jungmama entdeckt hatte. Darin stand, man solle seinen Kindern niemals mit »Du sollst«, sondern eher mit einem »Ich wünsche mir von dir, dass …« kommen. Fortan säuselte ich hochkonsensuell herum: »Ich wünsche mir von dir, dass du das schimmelige Brot aus der Schultasche entfernst und dazu auch gleich alle angegammelten Hefte.« Ich kann mich gut erinnern, dass mich das Kind erst erstaunt ansah, um dann in aller Ruhe erst nicht das zu machen, was sich die doofe Mami wünschte. Das geschah friedvoll – auf den ersten Blick. In mir sah es anders aus: Ich fühlte mich verarscht und wünschte Mr. Gordon nichts Schönes.

Vor Kurzem fiel mir das Buch wieder in die Hände und ich dachte: Vielleicht hilft die Strategie beim Mann nebenan. Und fing zu heucheln an: »Ich wäre angetan, könntest du deine dreckigen Hemden vom Esstisch entfernen und allenfalls auch die Socken am Boden unseres Boudoirs. Kuss!« Aber, sieh an: Je höflicher, desto nix. Im Gegenteil, er reagierte mit zynischen Antworten in verachtender Du-Form: »Du sprichst schon wie meine Mutter.« Das hört keine Frau gerne. Deshalb wechselte ich elastisch zur etwas allgemeineren »Kann-man-Form«: »Kann man endlich das Altglas entsorgen?« Um allenfalls ein wenig Schärfe und Entschlossenheit zu signalisieren, formulierte ich es drastischer, etwa: »Blödes Altglas«, »endlich entsorgen« oder »kann irgendein Trottel …«. Seither wirft er mir manipulativ-fiese Kommunikation vor: Kann man! Kann man! Kann man! Ich bin ja nicht der Butler aus *Downton Abbey* (britische Adelshaus-TV-Serie). Fazit: Alles beim Alten – der grundehrlichen Du-Botschaft: »Du räumst deinen Scheiß weg. Jetzt.« Der Effekt: Man streitet, aber der Scheiß ist in den meisten Fällen dann auch wirklich futsch.

ER Meine Frau denkt mit Vorliebe darüber nach, ob sie meine fehlende Wegräummoral mit Ich-Botschaften, Man-Botschaften oder doch im verzweifelten Befehlston bekämpfen soll. Statt sich zu überlegen, diese drei Varianten bei sich selbst zu erproben. Ihre wohlformulierte Ich-Botschaft vor dem Spiegel müsste also heißen: »Liebe Gaby, ich wünsche mir von Herzen, dass du nicht jeden herumliegenden Socken mit Verzweiflungsgesten im Ausmaß eines Hypo-Desasters kommentierst.« Die Man-Botschaft wiederum könnte sein: »Gabyschatz, also ehrlich, ich finde, man kann doch über so eine Petitesse unmöglich eine Kolumne schreiben.« Und der Befehl sollte lauten: »Gaby! Entspann dich! Es gibt Schlimmeres als so ein paar depperte Zeitungen auf dem Esstisch!« Gut dazupassen würde auch der Nachsatz »Und dein Mann ist doch ein Geschenk des Himmels« – aber ich will in dieser hochsensiblen Angelegenheit keinesfalls übertreiben.

Entscheidend ist aber, dass es in den meisten Wegräumfällen nicht um das Wie und Wann geht, sondern vor allem um das Warum. Erst unlängst stand bei meinem Nachtkasterl eine schmale Reisetasche, in der sich allerlei Magazine befanden, ein Überbleibsel aus den Semesterferien. Mich störte das nicht. Im Gegenteil: Nach einiger Zeit sah ich das Kleinod gar nicht mehr. Für meine Ordnungshüterin allerdings war da etwas, was da nicht hingehörte. Wie ein Körnchen im tränenden Auge. Folglich packte sie eine Strategie nach der anderen aus, um mich zum für sie erlösenden Gang in den Keller zu bewegen (mit einer Ausnahme, nämlich diesen selbst anzutreten). Bis das Ding eines Tages unter meinem Polster lag, samt Post-it: »Ich bitte dich, hilf mir. Ich vermisse meine Taschenfreunde so sehr.« Das war überzeugend. Es kommt offenbar darauf an, wer die Ich-Botschaft aussendet.

Das Leben ist ein Kino

SIE Dass der Mann nebenan ein Fan der Filmgattung »Ein Held gegen den Rest der Welt« ist, dürfte kein großes Geheimnis sein. Ganz oben auf der Hitliste seiner »Die schau ich mir sicher noch 100-mal an«-Werke: *Rambo 1* bis *Rambo 4*. Sowie *Stirb langsam 1* bis *Stirb langsam 5*. Fühlen Sie mit mir: Macht neun (!) Episoden aus dem Genre »Männlicher Held, der wenig spricht, und das, was er sagt, ist auch vertrottelt«. Aber vielleicht ist da draußen jemand, der mir die Faszination an Dialogen wie diesem erklären kann: Afghane – »Sie müssen das Schaf nehmen und werfen es in den Kreis.« Rambo – »Warum?« Afghane – »Weil, da ist ein Kreis.« Hä??? Das sind jene Momente, in denen ich das Funkeln in Hufnagls Augen mit wachsender Sorge betrachte.

Unlängst dachte ich nach, was ich tun könnte, um ihn dazu zu bringen, gewisse Sachen ohne Murren zu erledigen. Vielleicht liegt es an der Kommunikation. Die müsse raffinierter werden, dachte ich. Männlicher, hufnagliger. Also googelte ich Sager aus den oben genannten Filmen und ließ sie in die Befehlskette einfließen. Statt »Michi, gehst bitte einkaufen?« intonierte ich: »Einsamer Wolf ruft Wolfshöhle, bitte melden. Wir brauchen Brot, Milch, Butter.« Etwaige Einwände würgte ich damit ab: »Ich bin nur die Fliege im Honig, Mike. Der Knüppel zwischen deinen Beinen. Der Tritt in deinen Arsch.« Oder: »Gott kennt Gnade, ich nicht.« Und seinem Widerspruch begegnete ich mit einem monotonen »Von hier oben sieht es so aus, als würde nicht mal Mickey Mouse auf dich hören.« Ich muss allerdings zugeben, dass die Strategie nicht richtig aufgegangen ist. Recht rasch fragte mich der Mann nebenan, ob ich jetzt auch schon Kastanien geraucht hätte. Ich sag's mal mit Rambo: »Ihn umzingeln läuft so wohl nicht.«

ER Ja, ich gebe es gerne zu: Ich mag Action-Filme, die mit einer simplen Botschaft auskommen: Die Lage ist hoffnungslos, aber da gibt es einen Mann, der in jeder Situation weiß, was er zu tun hat. Und der im Zuge der Weltrettung nicht nur immer die Übersicht behält, in ausweglosen Situationen stets eine unerwartete Idee hat, Cleverness und Stärke besitzt, sondern auch noch im Angesicht des Untergangs ein lässiges Sprüchlein auf den Lippen hat. Bruce Willis erklärt das im cineastischen Meisterwerk *Last Boy Scout* so: »Wir sind in den Neunzigern. Da kannst du nicht einfach jemand ins Gesicht schlagen. Du musst vorher noch was Cooles sagen, verstehst du?« Meine Frau versteht das nicht. Ist mir aber blunz'n. Denn es handelt sich am Ende lediglich um die harmlose unbewusste Sehnsucht nach männlicher Souveränität in jeder Lebenslage. Ein Gedanke, der doch speziell in einer Ehe so naheliegend ist.

Immerhin lauern nach so vielen gemeinsamen Jahren überall Alltagsfallen. Und denen müsste ich ihrer Logik und Kinoleidenschaft folgend mit den schönsten Liebesfilm-Zitaten begegnen. Sie: »Ich weiß, es nervt dich, aber im Garten ist echt viel zu tun.« Ich: »Es ist stets die Idee des Paradieses, auf die es ankommt. Und wenn eine hinreichende, ansprechende Illusion erschaffen werden kann, folgt die Wirklichkeit von selbst.« (*Jenseits von Afrika*) Sie: »Pff, eh, aber wie wäre es, wenn du mir beim Blätteraufsammeln helfen würdest.« Ich: »Ich weiß, du wirst kommen und mich hinaustragen in den Palast der Winde.« (*Der englische Patient*) Sie: »Geh bitte, da hast den Laubsauger.« Ich: »Es ist ein schönes Gefühl, zu dem zu gehören, was du liebst.« (*Vom Winde verweht*) Sie: »Du meinst den Garten? Dann tu endlich was!« Ich: »Ja, okay, dann bin ich eben ein Scheiß-Verlierer.« (*Last Boy Scout*)

SIE Gerne wird ramponierten Eheleuten geraten, mehr miteinander zu sprechen. Ich glaube nicht, dass Reden auf Rezept funktioniert. Wo es nichts mehr zu sagen gibt, gibt es eben nichts mehr zu sagen. Die Gefahr eines vertrockneten Redeflusses besteht beim Mann nebenan und mir nicht – im Gegenteil: Bei uns daheim geht es manchmal zu wie beim Guinness-Wettquargeln-der-Rekorde. Das Problem: Jeder von uns hasst es eigentlich, dem anderen zuzuhören und ihn ausreden zu lassen. Wir sind Meister des Monologs, wobei mein Plauderwastl der Weltmeister des Monologs ist.

Heißt: Er beliebt, ohne Strich und Punkt zu dozieren. Denn ist er von einem Thema, einer These, einem G'schichterl überzeugt, dann hält ihn nichts davon ab, es dem Universum mitzuteilen. Mein Pech: Meist besteht dieses Universum nur aus mir, die auch nicht gerade ein Valium auf der Zunge ruhen hat. Was wiederum dazu führt, dass »Lass mich bitte ausreden« oder »Unterbrich mich nicht immer« bei uns in der »Hall of Fame« der meistgesagten Sätze firmieren. Präziser: der meistgesagten Sätze ohne Folgen, weil sie der jeweils andere präzise überhört. Das erzürnt den Weltmeister des Monologs so sehr, dass er eine Paralleldiskussion in der Diskussion anzettelt. Um sich einmal mehr über die Tatsache aufzuregen, dass ich ihn nicht ausreden lassen kann: »Kannst du mir einmal, nur ein einziges Mal, bis zum Ende zuhören?« Dann folgt ein weiterer fader Diskurs über meine Ignoranz und seine Toleranz. Ich sage dann meistens, dass ich schon könne, aber eigentlich überhaupt nicht wolle – weil ich fürchte, dass es meinen Zeitrahmen sprengen würde, ihm »bis zum Ende zuzuhören«. Oft endet die ganze Sache in beleidigtem Rückzug. Beide schweigen, in der Hoffnung, dass ihn der andere dabei irgendwann unterbricht.

ER Dieses kleine Stück Text da drüben ist möglicherweise das Meisterwerk meiner Frau. Denn eine größere Verdrehung der Realität scheint mir nicht möglich. Das ist ja schon nahe am Skandal. Fast möchte ich sagen: Ich bin sprachlos. Wo doch gerade sie die Idealbesetzung für die Serie »Wort ist ihr Hobby« wäre. So kann ich beispielsweise berichten, dass Madame Plaudertascherl meistens vor mir erwacht. Um dann offenbar in Lauerstellung darauf zu warten, dass ich endlich ein erstes Lebenszeichen von mir gebe. Als solches gilt aus ihrer Sicht bereits ein kleiner Seufzer im Halbschlaf. Flugs dringt die Frage »Bist du eh schon wach?« an mein Ohr. Gelegentlich auch von Stups-Offensiven begleitet. Meine geschlossenen Augen hindern sie daran nicht im Geringsten. Und auch die stets einsilbigen Antworten – von »Mmhpf« bis »Nein« – vermögen nicht zu verhindern, dass sie mir augenblicklich etwas erzählt. Im Idealfall handelt es sich dabei um einen Traum, den sie ohne Punkt und Beistrich schildert, und den ich daher auch nicht kommentieren muss. Wehe aber, sie hat schon das erste gedankliche Früh-Philosophicum hinter sich und harrt nur der Gelegenheit, meine Meinung zum buddhistischen Pfad, der das Ende des Habenwollens zum Ziel hat, zu hören – selbst dann, wenn ich diese nur grunze.

Ja, meine Frau fordert Kommunikation ein. Und wenn sie Monologe zulässt, dann höchstens die eigenen. So erfahre ich etwa ihre vielen bedeutenden Überlegungen zu Sartres »Der Mensch ist ein Sein, das nicht das ist, was es ist, und das das ist, was es nicht ist«, mit hoher Wahrscheinlichkeit kurz vor dem Anpfiff zum Champions-League-Finale. Da ich aber keine Lust auf Reflexion habe, sage ich nur kurz: »Schatzi, es warat wegen dem Ende vom Habenwollen von heute Früh. Reden wir bitte später, weil ich will jetzt keinen Streit.«

Eine Frage der Strategie

SIE Eine Ehe ist kein Federbällchen-Turnier, wo sich die Protagonisten jahrelang liebevoll mit Wattebauschen bewerfen und dazu »Hallo, Zuckerschnute« hauchen. Eine Ehe ist ein Spannungsfeld, in dem eigene Bedürfnisse so maximiert werden müssen, dass es der andere nicht merkt. Oder er bereits denkt, es wären die eigenen. Dazu braucht es raffinierte Strategien. Als Ehefrau mutiert man also – gewissermaßen – zur friedlichen Kriegerin. Ein zentrales Machtinstrument ist natürlich die Kommunikation. Mit Raffinesse und subtil eingesetzt, kann sie Wunder wirken. Eine Lektion in Kommunikationspsychologie kann ich allen Ehefrauen also nur anraten.

Regel Nummer 1: Einfachheit (Gegenteil: Kompliziertheit). Sagen Sie deutlich, was Sie wollen, anders versteht er's nicht. Beispiel: Sie wollen ein Fest verlassen, während er in bester Trinklaune ist? Sagen Sie: »Gemma. Jetzt. Oder ...« Statt: »Duhu, es wäre supernett, könntest du langsam austrinken und blabla.« Regel Nummer 2: Gliederung/Ordnung (Gegenteil: Unübersichtlichkeit, Zusammenhanglosigkeit). Heißt: Stammeln Sie nicht hilflos herum oder bitten Sie in Schachtelsätzen, damit er das tut, was Sie wollen. Verwenden Sie klare Subjekt-Hilfsverb-Prädikat-Aussagen: »Ich will gehen.« Regel Nummer 3: Kürze/Prägnanz (Gegenteil: Weitschweifigkeit). Hören Sie auf, Geschichten zu erzählen, die er nicht hören will (»Ich muss schlafen, weil ich sonst Migräne habe. Ich muss früh raus, weil die Freundin meiner Freundin ... blabla). Stattdessen: »Wenn du jetzt nicht in der Sekunde mitgehst, kannst am Parkbankerl büseln.« Regel Nummer 4 ist nicht zwingend, hilft aber: Zusätzliche Stimulanz (Gegenteil: keine zusätzliche Stimulanz). Ein »Wahlzuckerl« schadet auch in der Ehe nicht. Versprechen Sie ihm für das gewünschte Verhalten etwas, wurscht, ob Sie es halten wollen oder nicht.

ER Die Sprache einer langjährigen Ehe ist eine sehr spezielle Kunstform, die sich auf verschlungenen Pfaden entwickelt. Eine der wichtigsten männlichen Strategien dabei ist jedenfalls, seine Frau in dem guten Glauben zu lassen, sie hätte allen Ernstes eine erfolgreiche Strategie (wofür auch immer), und man würde diese so gar nicht durchschauen. Die zweite Verhaltensregel, die im partnerschaftlichen Kommunikationsspektrum entscheidende Bedeutung hat, ist die richtige Balance zwischen »aktiver Wahrnehmung« und »passivem Durchzug«. Heißt: Ein genaues Gespür dafür zu entwickeln, wann Sätze wie »Ich sehe es dir an, du willst gehen« oder »Du hast ja eh recht« angebracht sind. Und wann wiederum das oft viel bequemere scheinbare Zuhören genügt – listig gestützt durch gelegentliches Nicken oder geistige Anwesenheitssignale wie »hmhm«, »ah« oder »okay«. Glauben Sie mir, sie merkt das nicht, weil sie viel zu sehr mit sich und ihrer Botschaft beschäftigt ist. Und ihre Frage »Hörst du mir überhaupt zu?« ist nur ein weiblicher Reflex.

Spannend wird es tatsächlich, wenn meine Frau eine Veranstaltung verlassen will, und ich nicht (den umgekehrten Fall gibt es nie). Dann gilt für die Mission Zeitschinden a) so lange wie möglich den Blickkontakt zu vermeiden, b) trickreich räumliche Distanz zu schaffen, c) jedes Gespräch mimisch so intensiv zu begleiten, als wäre es lebenswichtig, d) ein Achtel zu bestellen. Erst, wenn sie coram publico sagt: »Ich bestell' mir jetzt ein Taxi«, weiß ich: Gefahr im Verzug! Dann gähne ich, was so viel heißt wie: Jö, ich fahr' mit!

Alltag am Telefon

SIE Finde ich spannend: Hurrikans mit weiblichen Namen fordern mehr Tote als ihre männlichen Pendants. Zu diesem Ergebnis kommen US-Forscher – die Erklärung: Menschen schätzen stürmische Naturereignisse, die etwa Brigitte, Jacqueline oder Ingrid heißen, als weniger gefährlich ein und treffen daher auch seltener Vorsichtsmaßnahmen. »Siehst, wir werden permanent unterschätzt«, las ich diese Erkenntnis dem Mann nebenan vor. Der dazu nur sagte: »Ich kann ein Naturereignis namens Gabriele richtig einschätzen. Ich sage nur: Deckung.«

Frechheit. Wo ich doch immer so sanft mit ihm bin. Speziell am Spätnachmittag, wenn die innere Liebesmatrix zum »Hallo, wie geht's«-Ritual ruft. Dann greife ich zum Handy, tippe auf die Nummer namens »Schatzibär« und hauche: »Huhu, ich bin's. Wie geht's so?« Worauf sich meist folgender Dialog entspinnt – Er: »Jo, eh so.« Ich: »Was heißt jo eh?« Er: »Na ja, dasselbe wie gestern, vorgestern und die vergangenen zehn Jahre. Eh gut.« Ich: »Was haben wir gelacht! Und sonst?« Er: »Sonst – was?« Ich: »Na, gibt's was Neues?« Er: »Was soll es Neues geben, wir haben doch erst vor einer Stunde telefoniert. Und da habe ich schon gesagt, dass es nichts Neues gibt.« Ich: »Aber in der Zwischenzeit könnte sich theoretisch doch etwas getan haben.« Er: »Theoretisch kann sich immer was getan haben, hat es aber nicht.« Ich: »Hm. Und was essen wir heute?« Er: »Keine Ahnung. Worauf hast Lust?« Ich: »Keine Ahnung. Und du?« Er: »Mir wurscht.« Ich: »Warum bist du so pampig?« Er: »Bin ich nicht.« Ich: »Aber du klingst so.« Er: »Geh bitte.« – So geht das, bis Gaby zu Gabriele wird. Ich sage nur: Codewort Hurrikan.

ER Als wir einst entdeckt haben, dass man einander via WhatsApp allerlei Symbolbildchen als Ersatz für zusammenhängende Sätze schicken kann, haben wir das exzessiv ausgereizt. Aber nach einigen kindischen Tagen waren sämtliche Effekte abgearbeitet, und wir kehrten zu unserer Dialogroutine zurück. Jetzt ist es freilich so, dass es nach vielen gemeinsamen Jahren sein kann, dass sich nicht zwingend jeder Tag zu einem Feuerwerk neuer Erlebnisse, Gefühle und Gedanken entwickelt. Für meine Frau ist dieser Umstand jedoch völlig inakzeptabel. Wie auch die Kenntnis darüber, dass ich grundsätzlich kein besonders leidenschaftlicher Telefonierer bin.

Ihr wurscht. So wie die Tatsache, dass ich daheim mein Büro habe und daher meistens im Zustand sozialer Isolation lebe. Mein spannender Tag sieht daher ungefähr so aus: Ich lese. Ich esse. Ich schreibe. Ich gehe mit dem Hund. Manchmal bringe ich natürlich ein bisschen Abwechslung hinein und lege den Tag anders an. Etwa so: Ich gehe mit dem Hund. Dann schreibe ich etwas. Danach lese ich. Und erst zum Schluss esse ich, mitunter sogar in familiärem Beisein. Wenn mich also meine Frau am Vormittag zum ersten Mal anruft, erzähle ich ihr, dass ich gerade gelesen habe (beziehungsweise mit dem Hund Gassi war). Beim zweiten und dritten Anruf gehe ich dann schon mehr ins Detail und führe näher aus, welchen Artikel ich gelesen habe beziehungsweise an welcher Ecke der Hund sein Lackerl gemacht hat. Das hört sie sich genau an, um am Ende immer (!) zu fragen: »Und sonst?« Da es Anrufe aber an sich haben, Menschen aus ihren Gedankenwelten zu reißen, reagiere ich gelegentlich ein wenig gereizt: »Na nix sonst!« Dann fällt ihr spontan »Entschuldigung, dass ich mich für dich interessiere« ein, und wir sind beide beleidigt. So, Kolumne fertig. Jetzt geh' ich mit dem Hund …

Sätze, die nerven

SIE Menschen lieben Rankings. Listen wie »Die Top-Five-Waschbrettbäuche« oder »Die 10 hässlichsten Katzen« werden deshalb so gerne konsumiert, weil sie die Dinge in einen Kontext gießen. Rankings schaffen eine künstliche Ordnung, bei deren Lektüre wir »Ahhh« und »Ohhh« oder »Schon erstaunlich!« ausrufen können. Und sie schüren den Wunsch, sich in dieser Ordnung wiederzufinden. Man kann sich vergleichen und auf diese Art ein wenig die eigene Welt in Bezug auf den Rest da draußen vermessen. Was das oben erwähnte Waschbrettbauch-Ranking betrifft und den einzuordnenden Mann nebenan: Lassen wir das. Was die hässlichsten Katzen angeht: Ich habe mich heute noch nicht in den Spiegel gesehen. Dennoch: Der Mann nebenan liebt Listen und Rankings. So weiß ich, dass er schon als Kind gegen sich selbst im Wohnzimmer skigesprungen ist und daraus einen Bewerb kreiert hat. Das überraschende Ergebnis: Platz 1: Michael Hufnagl. Platz 2: Michael Hufnagl. Platz 3: Michael Hufnagl. Von diesem Schwank aus seinem Leben ist er so nachhaltig begeistert, dass er ihn gerne im Freundeskreis lang und breit ausplauscht. Meist verdrehe ich dann die Augen und stöhne: »Na, bitte, net scho wieder!« Worauf er entgegnet: »Hallo? Ich beschwere mich ja auch nicht, wenn du mit deiner Jugendfreundin zum 100. Mal euer erstes Petting von damals bekicherst.«

Was mich dorthin führt, wohin ich ursprünglich wollte. Zum Top-10-Ranking jener Sätze, Fragen und Aussprüche von ihm, die mich so nerven, dass ich sie schon fast wieder liebe (aber nur fast): 1. Wo ist …? 2. Die Zahnpasta ist leer. 3. Heute ist Ländermatch. 4. Und morgen spielt Barcelona. 5. Ich habe zu viel Schweinsbraten gegessen, mir ist schlecht. 6. Ich kann nicht. 7. Mach ich gleich. 8. Was kann ich jetzt dafür? 9. Wie ich ein Kind war … 10. Immer ich!

ER Das Leben ist auch Wiederholung. Und je länger man in einer Partnerschaft verweilt, desto größer ist die Chance eines »Das hatten wir doch schon«. Der große Unterschied zwischen mir und meiner Frau ist, dass ich im Kreise von Verwandten oder Freunden nur ausgewählte Top-Storys zum Besten gebe. Und das tue ich dem wichtigsten Gesetz folgend: Kurz muss die G'schicht sein, prägnant und pointiert. Sie hingegen besitzt die ermüdende Gabe, jeder noch so unbedeutenden Anekdote epische Girlanden umzuhängen. Ich kann also mittlerweile nach vielen gemeinsamen Jahren schon jedes unwesentliche Detail mitmurmeln. Als wäre ich selbst dabei gewesen – »... und dann sind wir ins Kongressbad gefahren! Und zwar mit der Bim! Ich weiß ... jetzt ... gar ... nicht mehr, war das der 41er oder der 43er? ... Hm! ... Na egal, jedenfalls haben wir dort ... ah, ... jetzt weiß ich's, natürlich, es war der 43er, weil, warum ich das weiß ...« Bitte, Schatz, komm zur Sache.

Das tut sie dann auch. Irgendwann. Aber bis dahin habe ich meistens schon den Geschirrspüler eingeräumt, eine neue Flasche Wein dekantiert und die *Bürgschaft* gegoogelt (um zu sehen, wie weit ich noch kommen würde). Nur gelegentlich versuche ich, als finsterer Wüterich, der Erzählung mit kleinen pfiffigen Vorgriffen Tempo zu verleihen, aber das bestraft sie sofort – »lass mich in Ruhe erzählen, ich unterbreche dich auch nicht, wenn du deine Heldentaten schilderst«. Oft gehört, diese Ermahnung. Wie auch die folgenden zehn nervenden Sätze, um zu beweisen, dass Ehe auch aus meiner Sicht Standardrepertoire dulden muss. 1. Versetz dich einmal in meine Lage. 2. Tu dir doch nicht immer so leid. 3. Mir ist kalt. 4. Du hörst mir überhaupt nicht richtig zu. 5. Na und? 6. Ich bin heute so müde. 7. Koste doch erst, bevor du salzt. 8. Es geht nicht darum, wer schuld ist. 9. Schon wieder Scheiß-Fußball? 10. Immer ich.

Von wegen Landlust

SIE Auch so lassen sich Paarkonflikte lösen: In Nebraska wurde vor Kurzem ein (Ehe-)Mann verurteilt, weil er seiner Frau einen Sandwich ins Gesicht geschmiert hatte. Laut Polizeiberichten zuckte Larry Spurling, 50, aus, weil ihn die Gattin gezwungen hatte, »auf dem Land zu leben«. Er fühle sich seither gelangweilt. Darob kam es wieder einmal zum Streit – bis sich die Frau genervt ins Schlafzimmer zurückzog, mit einem Sandwich in der Hand. Der alkoholisierte Mann folgte ihr, zog sie an den Haaren und klatschte ihr das Brötchen ins Antlitz. Daraufhin wählte die Frau den Polizeinotruf 911.

Was man als Paar daraus lernen kann? 1. Ich sehne mich zwar auch nach einem Dasein zwischen Kartoffelacker und Schafzucht, würde es aber nie wagen, dies zu realisieren. Herzkönig mag nur das Grün eines Golfplatzes. Und Rinder ausschließlich in Form von Steaks. O-Ton: »Bitte verschone mich mit ›Wir machen uns die Butter selbst‹-Fantasien. Ich will nicht sterben und mein letztes Wort war Melkanlage.« 2. Man sollte während eines Streits nicht mit einem belegten Brot in der Hand entschwinden. Alles gehört ausdiskutiert, finde ich. In unserer Ehe wäre es also er, der abginge. Herzkönig ist einer, den Diskussionen nerven. Er löst Konflikte bevorzugt im inneren Monolog. Und so entspinnt sich ein Mal pro Woche folgendes Gespräch – Ich: »Was hast du, du hast doch was?« Er: »Nix hab' ich.« Ich: »Ich sehe, dass du was hast.« Er: »Ist doch egal, ob ich was hab'. Du musst nicht alles wissen.« Ich: »Find' ich nicht, wir müssen darüber reden, das sagen auch die Psychologen.« Er: »Die Psychologen, die Psychologen! Müssen wir nicht. Man kann Sachen auch zerreden. Außerdem hab' ich nix.« Meist beginnt hier ein Streit zum Thema »Reden vs. Nichtreden«. Und exakt an diesem Punkt werde ich das nächste Mal an die Sandwichnummer denken und mich sehr zurücknehmen müssen.

ER In einer Ehe lernt man, Fehler zu erkennen. Und zwar eigene. Einer dieser Fehler ist, in einer Gedankenwelt zu versinken. Denn über etwas zu sinnieren, ohne dabei zu sprechen, ist für meine Frau pure Provokation. Zumal sie offenbar aus eigener Erfahrung weiß, dass eine gewisse geistige Absenz automatisch mit existenziellen Sorgen assoziiert werden muss. Daher will sie sich grundsätzlich nicht an das passende arabische Sprichwort halten, das da lautet: »Am Baum des Schweigens hängt der Frieden.« Nix da Frieden. Stattdessen lieber Entwurzelung des Baumes: »Worüber denkst du nach?« Oh ja, ich habe es in den vielen Jahren nicht geschafft, ihr zu vermitteln: Sollte ich das Bedürfnis haben, über etwas Bedeutendes zu sprechen, dann tue ich es. Das aber will die sensible Therapeutin partout nicht glauben. Sie ist vielmehr der Überzeugung, dass erst ihr investigatives Verhalten und die folgende Diskussion jene Barrieren, die sich in meinem Kopf zu türmen scheinen, auflösen. Und: dass es mir danach ganz sicher besser geht.

Sie will reden. Immer. Über alles. Und sie lässt sich bei dieser Mission auch nicht davon irritieren, wenn ich lapidar entgegne: »Ich denk' nur darüber nach, wie viele Punkte Barcelona ohne die Tore von Messi hätte.« Das kostet sie bestenfalls ein »Geh, bitte, jetzt im Ernst«. Sie ist immer sicher, dass sich in meinem Kopf Grundlegendes ereignet: Soll ich mich für einen Einsatz im Tschad melden? Wäre es machbar, einen Kredit für den Erwerb einer Yacht aufzunehmen? Wie könnte ich einen dreiwöchigen Urlaub als Sextourist vor ihr verheimlichen? Dabei ist es doch mitunter so, dass man an gar nichts Bestimmtes denkt. Dass sich Gedanken nur ohne Plan aneinanderreihen. Erst dann sage ich auf ihr Drängen: »Ah, nix.« Und sie: »Sag!« Und ich: »Nein!« Und sie: »Warum?« Und ich: »So halt.« Und sie: »Du bist kompliziert.« Gut, ich werde darüber nachdenken.

VIII. ARM ... UND ÄRMER

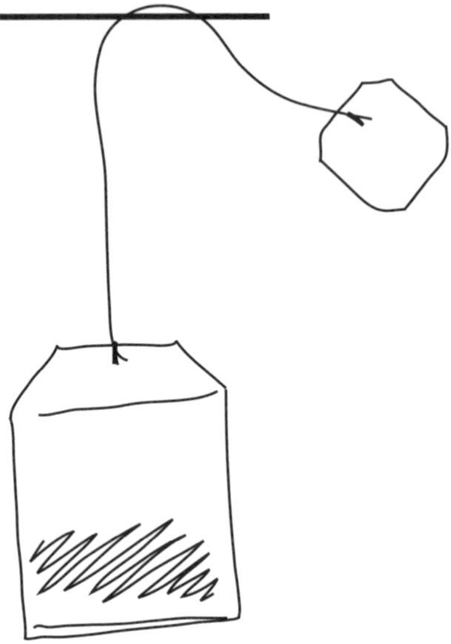

Eine der wesentlichsten Differenzen zwischen Frauen und Männern scheint die Sache mit der Krankheit zu sein. Oder noch besser gesagt: mit dem Schmerzempfinden. Diesbezüglich hat sich in unserer Gesellschaft längst manifestiert, dass er »bitte nicht wegen jeder Kleinigkeit so ein Theater machen soll«. Und zwar wegen dem kleinen Kratzer, der harmlosen Verstauchung oder dem bisserl Blut. Ja, es ist Faktum: Frauen nehmen jammernde Männer einem phänomenalen Selbstverständnis folgend kaum ernst. Also schon, sobald der Grad einer Verletzung eine offensichtliche Grenze überschreitet. Aber wo die liegt, ist Ansichtssache.

Die Erkältung ist diesbezüglich ein Paradefall. Und wo und wann auch immer wir auf der Bühne die Texte aus der Schnupfburg zum Vortrag bringen, haben wir das Gefühl, mit einem besonders einhelligen Einverständnis konfrontiert zu sein – getreu dem Motto: Sie erwischt es stets besonders schlimm, aber sie macht halt kein Aufsehen um das erlittene Martyrium, ihn erwischt es so gut wie gar nicht, aber er gebärdet sich dennoch wie ein Patient mit chronischem Nahtod-Syndrom.

Leider gibt es in dieser Geschlechterfrage keinen neutralen Richter, der das Außmaß, das Empfinden und das Mitteilungsbedürfnis als Symptomkriterien nüchtern und emotionslos bewertet. Weshalb die weibliche Annahme, dass er immer übertreibt, sowie der männliche Verdacht, dass sie offenbar einen Komplex kompensieren muss, niemals zu einem Urteil gelangen.

Ein Extremfall ist das Geburtsargument. Das wird mit Vorliebe dann ins Spiel gebracht, wenn die Diskussion über das Erlebnis Krankheit von der halbhumorvollen auf die vermeintlich seriöse Ebene gehoben wird. Häufig gehört: »Ein Mann könnte die Schmerzen bei der Geburt eines Babys gar nicht ertragen.« Nun, diese These ist zwar nicht beweisbar, erweist sich aber in der Darstellung weiblicher Superkraft als hilfreich. Das Problem ist nur: Es scheint gar nicht zu stimmen. Denn es gibt tatsächlich Experten, die behaupten, es wären vor allem die bei der Geburt freigesetzten Endorphine, die den Mechanismus der Schmerzerträglichkeit in Gang brächten. Und warum sollten – theoretisch – gebärende Männer auf die Unterstützung der Natur verzichten müssen?

Aber egal. So eine Partnerschaft ist so oder so immer auch ein Leidensweg.

Lungenstrudel & Lieblingssupperl

SIE Aus gegebenem Anlass wieder einmal die nähere Betrachtung des männlichen Hustens. Dazu fällt mir ad hoc gleich einmal ein bekannter Buchtitel ein: *Die Liebe in den Zeiten der Cholera*. Von mir aus nennen Sie mich hysterisch, übertrieben, zickig – doch wenn der Mann nebenan hustet, wird bei uns daheim der Seuchennotstand, Alarmstufe Rot ausgerufen. Verwandte, Freunde, ferne Bekannte, Noch-Arbeitskollegen, Ex-Arbeitskollegen, mögliche zukünftige Arbeitskollegen sowie potenzielle Gspusis erfahren per Bronchial-Live-Ticker seinen aktuellen Kranken-Stand. Dazwischen keucht er nach Brusttee, um mich nach Servieren desselben zu fragen, ob ich ihn jetzt endgültig in den Tod schicken möchte; er erwäge, Amnesty International zu informieren. Weil: Der schmeckt nach toten Ratten und Schweißfüßen – Husten und Speiben: Sicher! Nicht!

Das Leben mit einem kranken Mann ist ein Lungenstrudel. Aber ich lerne. So habe ich mir vorgenommen, ihm zur nächsten Tee-Party was sehr Alkoholisches on the Rocks zu servieren – eiskalt, nicht herzlich. Vielleicht hilft das. Jüngst versuchte ich es mit einem Verweis auf eine neue Studie zum Thema »Erhalt der großen Gefühle«. In der empfehlen US-Forscher fünf kleine, aber raffinierte Strategien für eine gesunde Partnerschaft. Einen Punkt daraus wagte ich beim Besuch seiner Krankenstation (vor dem Fernseher) vorzubringen: »Eine optimistische und fröhliche Interaktion des Paares wirkt sich stärkend auf die Beziehung aus.« Na, Schatz? Seine Antwort habe ich nicht verstanden. Sie wurde gebellt. Was mir zu seinem Leiden noch einfällt, ist folgender Satz der bayrischen Kabarettistin Lisa Fitz: »Warum Männer keinen Busen haben? Sie sind einer Doppelbelastung einfach nicht gewachsen.« Pardon, das musste jetzt sein.

ER Kaum habe ich aufgehört zu rauchen, bekam ich erstmals seit vielen Jahren wieder einen Husten. Wer aber nun denkt, dieser brächte mir eine wohlverdiente Extraportion Mitleid ein, irrt. Im Gegenteil: Ein vor sich hin hustender Mann löst eher Aggressionen aus, weil Madame fühlt sich gestört – beim Arbeiten, beim Fernsehen, beim Schlafen, und überhaupt. Das geht so weit, dass sie ernsthaft behauptet, ich würde meine Hustenanfälle übertrieben gestalten, um Aufmerksamkeit zu erregen. Und damit nicht genug, verbreitet sie in ihrem linken Text Bilder, die mich als Spaziergänger im Jammertal darstellen sollen. Eine bewusst veröffentlichte Unwahrheit, die ihr den Applaus von weiblicher Seite garantieren soll – und zwar getreu dem üblichen Klischee: Männer ertragen keine Schmerzen und sind Lamentierer. Warum sie das tut?

Keine Ahnung, nur einen Verdacht. Ich habe nämlich nur einem Menschen von meinem bedauernswerten Zustand berichtet, meiner Mutter. Und die hatte (als Besitzerin eines großen Herzens) nicht nur tröstende Worte, sondern auch das Angebot eines (Lieblings-)Supperls für den Burli parat. Allein bei dem Gedanken daran ging es mir schon viel besser. Während meine Frau in jedem Krankheitsfall lediglich auf die Heilkraft von Tee vertraut. Ganz einerlei, ob ich das Trinken von heißem Wasser für einen der größten Irrtümer der Menschheit halte – sie glaubt, Tee hilft gegen Husten, Zahnweh, Haarwurzelentzündung oder Bänderrisse. Vorzugsweise als Geheimrezept aus der Chinesischen Medizin. Dieses Gebräu ist aber so ekelhaft, dass ich lieber lerne, mein Bellen zu lieben. Auch wenn das bezüglich ehelicher Harmonie heißt: Husten, we have a problem.

SIE Ein Schnupfen-Befindlichkeitsvergleich ist an dieser Stelle durchaus angebracht, zumal es uns dieser Tage beide gleichzeitig erwischt hat. Frei von jeder Eitelkeit, aber auch ein wenig stolz darf ich vermelden: Ich rangiere auf der Jammer-Skala weit abgeschlagen hinter ihm. Dazu vielleicht mein – von Hand notiertes – Tagesprotokoll seiner Sudereien: Morgens, 6.30: Der Wecker läutet, der Mann nebenan verweigert die Tagwache, beinahe schluchzend. Die ganze Nacht habe er geschwitzt, gerotzt, keine Luft bekommen, von Nasentropfen und Halsspülungen geträumt und dass der schwarze Mann ihn holen käme. Wer steht auf? Richtig!

8.30: Etwas schlurft. Wüsste ich nicht, dass es der Hufnagl wäre – ich hätte an einen Opa am Stock gedacht, der sich in unsere Wohnung verirrt hat. Aber nein: Mister »Sonst-eh-immer-cool« schleppt sich als sein eigener Schatten ins Wohnzimmer, um dort wortlos am Wasserkocher zu hantieren. Dazu raunzt er ein »Ich hasse Bronchialtee, der schmeckt wie Käsefuß« und wirft mit dramatischer Geste gebrauchte Papiertaschentücher weg. Abgang, schlurfend. Ich hingegen fahre ins Büro. 12.15: Das Handy läutet – etwas hustet mir ins Ohr. Das »Es« krächzt: »Mir geht's so schlecht.« Ich schlage eine Inhalation mit Salz vor. Er nennt mich Sadistin. Ich sage, dass ich auch keine Luft durch die Nase bekomme. Er meint, dass er noch weniger Luft durch die Nase bekäme als ich. Ich frage, ob das jetzt ein »Wer-bekommt-weniger-Luft-durch-die-Nase-Wettbewerb« wird. Er stöhnt, dass er für solche Scherze keine Kraft hätte und wieder ins Bett gehe. 16.12: Eine SMS poppt auf: »Jetzt habe ich auch Kopfweh. Daher wünscht sich dein leidender Mann heute Abend eine Hühnersuppe.« Ich – längst ebenfalls mit Kopfweh zugange – antworte: »Mit Buchstaben oder Tierfiguren drin?«

ER Das Problem ist, dass so ein richtiger, also ein voll entwickelter Männerschnupfen tatsächlich eine Tortur ist, die sich eine vor sich hin hüstelnde Frau mit rotem Schneuzi-Naserl gar nicht vorstellen kann. Das haben zahlreiche Umfragen unter Männern ergeben. Und selbst für den unwahrscheinlichen Fall, dass sich der Grad ihrer und der seiner Verkühlung einigermaßen auf demselben Niveau befinden, geht es am Ende doch nur um den sehr individuellen Zugang zum Thema Selbstmitleid. Und dabei, ich gebe es zu, verändere ich gerne mein Verhaltensmuster von »Schweigsamer Denker« auf, sagen wir, »Ausdrucksstarker Befindlichkeitsanalytiker«. Aber siehe da: Sie, die mich sonst 53-mal am Tag dazu nötigt, mein Inneres nach außen zu kehren, weil man ja als Mann in Anbetracht jedes Lercherlschases ständig irgendwo »hinfühlen« muss – sie also zieht wegen meines offenen Umgangs beim einsamen Kampf gegen das übermächtige Bazillenheer ein Schnoferl. Als wäre ihre Konfrontation mit ihren in meiner Heldenkategorie lachhaften Symptomen ein Akt stoischer Gelassenheit. Wo jedes Rotzen und Aufziehen, jedes Näseln und Niesen, jedes Röcheln und … oh ja … Schnarchen die Anmut eines Rilke'schen Herbstgedichtes hätte.

Die Wahrheit ist: Sie leidet still. Justament still. Und das ist als Stilmittel, den Erkältungsschmerz zu leben, noch viel perfider als so ein bisserl Herren-Gejammer. Ich kenne es nur mittlerweile zu gut, dieses Kuhn-Gesicht, in dem von früh bis spät geschrieben steht: Ich mach' schon! (Schnief) Frag nicht! (Schnief) Ach, was soll's, es muss ja! (Schnief) Nein, nein, lass gut sein! (Schnief) Geht schon! (Schnief) Die Strategie dabei ist klar: Schlechtes Gewissen und Druck aufbauen im alltäglichen Erledigungswettkampf. Fragt sich nur, wozu? Denn mehr als alles kann ich ohnehin nicht tun.

Der böse Fehltritt

SIE Man sah dem Arzt an, was er sich dachte. Dass die Frau, die versuchte, würdevoll zu sitzen, nur deshalb zwei Hämatome am Steiß hatte, weil sie ein Schwipserl über die Treppe fallen ließ. Die Frau bin ich, und nein, Herr Doktor: Ich bin deprimierend nüchtern beim Verlassen meiner Wirkstätte gestolpert und auf dem Popsch gelandet. Das schmerzt. So sehr, dass der Mann nebenan mich so nimmt, wie ich derzeit bin: Unwirsch, unfrisiert, wütend. Auf mich, die Treppe und das Schmerzgedächtnis meines Hinterns. Hufnagl ist, was er sonst eher nicht so ist: beflissen, hilfsbereit und treuherzig. Das geht so weit, dass er sich für mich bückt, für mich einkauft, denkt, kocht und sogar journalistisch tätig ist. Ich sage hiermit offiziell: Danke, dass es dich gibt.

Dennoch gibt es »Too-much-Anteilnahme«. Zu viel des Bedauerns, des »Mei, du Arme«. Das hat zur Folge, dass ich reden muss, obwohl ich still-heroisch meine Blessur verhecheln möchte. Weil der Mann nebenan findet, ich sehe blass aus, fragt er mich, warum ich so blass aussehe. Weil er hört, wie ich ächze, stürzt er herbei, um mir beim Ächzen zuzusehen. Mit schreckgeweiteten Augen, die mir das Gefühl geben, ein Familienpackung gewordenes Weh zu sein. Und dann die Fragen: Magst ein Supperl? Supperl ist gut. Willst du es mit diesem Polster probieren? Der ist weich. Hast du es mit einem Coldpack versucht? Das könnte beruhigen. Wann glaubst du, wird das besser? Zu Weihnachten? Was hat der Arzt gesagt? Warum heißt das Steißbein Steißbein? Oder (bei Ansicht meiner Röntgenbilder): Jö, das sieht aus wie der Schwanz von Mimi (unser Hund). Ich verstehe, dass er Anteil nimmt. Aber das tun alle, samt Gute-Ratschläge-Paket. Also überlege ich ein tägliches Bulletin als Hinternlist – mit Befindlichkeitsstatus und Fotos des Hämatoms in den Farben der möglichen großen Koalition.

ER Vorweg: Sie ist arm. Also richtig arm. Denn sobald trotz Schmerzmitteln kaum eine Bewegung mehr möglich ist, ohne dass sie ihre Wangen aufbläht und ihre Augen zu Sehschlitzen werden lässt, dann ändert sich schlagartig alles. Dann hat sie mein Mitgefühl und kann sich meiner Unterstützung sicher sein. Diese aber besteht nicht nur darin, den eigenen Kompetenzbereich im Alltag auf das Maximalausmaß zu erhöhen und 93-mal am Tag »Lass' nur, ich mach' schon« zu sagen. Nicht nur darin, jedes Ächzen voller Anteilnahme zu kommentieren – »mah, du Unglücksrabe« oder »Ich wollte, ich könnte mehr für dich tun«. Nein, sie besteht auch aus dem allerwichtigsten Aspekt auf dem Weg zur vollständigen Genesung: dem Zuhören.

Denn in gleichem Maße, wie der Helfende gelegentlich zur mühsamen Beflissenheit neigt, merkt die zu Umsorgende nicht, wie ebenso anstrengend permanentes Mitteilungsbedürfnis sein kann. Im Falle meiner Frau ist das jedoch nicht nur das übliche Befindlichkeitsstakkato (wie geschlafen, wo tut's besonders weh, wie rot war das Hämatom gestern, wie blau ist das Hämatom heute, wie schwarz wird das Hämatom morgen sein, gibt es ein Leben nach dem Hämatom?). Oh nein! Sie ist außerdem noch Großmeisterin der Analyse. Heißt: Sie betreibt ab dem dritten Tag Ursachenforschung. Welcher seelische Motor hat ihr wohl den Fehltritt befohlen? Und wie stellt sich ihre Treppenausrutsch-Disposition dar, im Spiegel jener Gewissheit, dass die Ururgroßmutter zeit ihres Lebens überlieferte vier Mal auf der Kellerstiege verunglückte (ehe sie irgendwann an Herzversagen starb). Da ist Frau Kuhn als Erforscherin ihrer selbst sehr fantasievoll. Denn ein simples Missgeschick ist völlig ausgeschlossen. Wie auch ein Widerspruch meinerseits. Mein Nicken ist also gut für die Heilung. Die Popo-Witze müssen noch warten.

Ausflug ins Jammertal

SIE Das Leben an der Seite des Mannes nebenan ist ein kleines Abenteuer. Mit Betonung auf klein. Es passieren ihm Dinge, die sonst niemandem passieren. So betrachtet ist er ein Ausnahmemann (aber wirklich nur so betrachtet). Da wäre etwa die Sache mit dem Strafmandat. Eines Tages lag eine Strafverfügung im Postkastl, beim partnerschaftlichen Öffnen der Briefe schielte ich auf das Schriftstück. Dem entnahm ich, dass er an einem Dienstag im Jänner um 9 Uhr Früh in einem Halteverbot gestanden sei. Und zwar weit weg von daheim, nämlich in der Wiener Straße im idyllischen Brunn am Gebirge. Die Kosten für die vermeintliche Verkehrssünde? 38 €. Ich scannte in der Sekunde »meinen inneren Kalender und zischte: »Du hast doch gesagt, du warst beim Frisör? Wo warst du wirklich?« Rasch googelte ich die Adresse auf Laufhäuser, er schrie auf: Glaubst echt, dass ich mir die Glatze im Puff machen hab lassen?« Nach mehrstündiger und minutengenauer Rekonstruktion der Ereignisse wurde klar: Er war's doch net. Der Rest ist nun ein laufendes Verfahren.

Dieses Beispiel ist exemplarisch für (s)eine Erlebenswelt, die immer irgendwie komisch ist. Er gibt einen eingeschriebenen Brief auf, um ihn anderntags im eigenen Postkasten wiederzufinden. Eh klar: Der Briefträger hat Absender mit Adresse verwechselt. Er kauft beim Fleischhauer 5 Kalbsschnitzel. Um abends, eh klar, beim Kochen draufzukommen: Es sind drei, und leider vom Schwein. Er jätet Unkraut im Garten. Und hat zwei Stunden später einen Nesselausschlag auf der Zunge. Er isst zwei Knödel zu viel. Und bekommt von mir einen Thermophor, der im Fall der später diagnostizierten Gallenkolik kontraindiziert ist. Im Übrigen bin ich der Meinung: Der Mann sollte ein Buch schreiben. Titel: Die abenteuerliche Reise zum Mittelpunkt des Michi.

ER Ganz abgesehen davon, dass der Satz »Das passiert immer nur mir« Allgemeingut ist und dennoch bei nie!man!dem! so berechtigt erscheint wie bei mir, sollte schon klar sein: Selbstmitleid ist garantiert die am stärksten ausgeprägte Mitgefühlsemotion. Es kommt lediglich auf das Mascherl an. In diesem Sinne kann ich bestätigen, dass meine Frau wesentlich gelassener als ich wäre, würde sie hinter jenem Mann warten, der an der Supermarktkasse »Ah, die Bananen muss man auch auf die Waage legen?« sagt. Und sie würde kaum in hysterisches Gelächter verfallen, weil sie im Windschatten einer Straßenbahn dahinzuckelt, die das Schild Fahrschule aufgezogen hat (Bim allein reicht wohl noch nicht – kein Schmäh, ist mir passiert, Beweisfoto existiert). So verwundert es bei allen diesen Situationen, die mich wütend machen, auch kaum, dass ihr die Geschichte mit dem Ort, an dem ich (und zwar in meinem gesamten Leben) nie war, seltsam vorkommt.

Zumal sie Selbstmitleid eben anders zur Schau stellt. Viel subtiler nämlich. Sie widmet sich einer Tätigkeit (zum Beispiel dem Reinigen der Duschkabine), um dann in fein dosierten zeitlichen Abständen en passant zu erwähnen (bitte ja nicht mit meiner lächerlichen Jammerei verwechseln), dass es ein Wahnsinn ist, wie viele Ablagerungen dort im Laufe der Wochen entstehen. Und wie schwer man da dazukommt. Und wie heiß einem werden kann, wenn man das ordentlich putzt. Und. Und. Und. Die Botschaft ist klar: Nein, ich tu' mir nicht im Geringsten leid, überhaupt gar nicht, i wo, keine Spur. Aber jetzt ehrlich, zum Vergleich, deine Sorgen, Mann, möchte ich einmal haben. Daher antworte ich auf Sätze wie »Sogar der Duschkopf selbst ist ganz verkalkt« gerne justament entspannt: »Stimmt. Irgendwie witzig.«

Zweierlei Lichtblicke

SIE Die Magistratsabteilung 33 ist an unserem Disput der Woche schuld. Genauer gesagt, die Straßenlaterne, die vor unserem Haus steht und deren Lampe vor Kurzem erneuert wurde. Sie warf bei mir den (zugegeben) leicht hysterischen So-eine-Schweinerei-Modus an und bei ihm damit das exakte Gegenteil. Also den Bitte-reg-di-net-schon-wieder-so-auf-Status. Aber der Reihe nach: Das alles geschah, als ich dieser Tage abends nach Hause kam. Niemand war daheim – und trotzdem brannte: Licht. Also nicht wirklich. Der Mann nebenan hatte brav alle Beleuchtungskörper abgedreht, aber der oben erwähnte Straßenstrahler verwandelte unser Wohnzimmer plötzlich in eine Art Happel-Stadion. Ich erstarrte in der Sekunde und sprach zu mir selbst: »Das darf jetzt bitte nicht wahr sein!« Hitzig zückte ich das Handy, um dem Mann nebenan alles zu erzählen. Was folgte? Ein lässiges »Kriegst dich bitte wieder ein?! Dein Hang zur Übertreibung ist ja stadtbekannt«. Hm, anscheinend hatte ich wieder einmal sein Mah-ist-die-wieder-mühsam-Knopferl gedrückt. Die Beziehungstradition will es nämlich, dass all das, was mich stört, ihn justament kalt lässt. Außerdem mag er es bequem. Und das bin ich nur manchmal.

Doch wehe, es ist umgekehrt. Umgekehrt muss bei jeder kleinsten Indisposition vom Burli in der Sekunde die Welt stillstehen – die Mutter, die Ehefrau, das Kind und die Tanten per Depesche über seine Befindlichkeit informiert werden. Alle müssen im Chor rufen: Armer Michi! Ihm das Kopferl streicheln. Ihn mit Schoko füttern. Doch zurück zur Causa Licht: Dass der Mann vom Magistrat – immerhin Beamter – mich viel ernster nahm als der Mann nebenan, ließ mich nachdenklich zurück. Da muss noch Licht in sein Dunkel.

ER »Du! Du! Du! Hör mir zu! Hör mir zu! Hör mir zu! Es ist etwas Unglaubliches passiert!« Etwa so (es könnten auch vier »Du!« gewesen sein) hörte es sich an, als mich meine Frau spätabends anrief und um meine Aufmerksamkeit flehte. Ich dachte natürlich in der Sekunde daran, dass unsere Wohnung von Außerirdischen umstellt sein muss, oder dass wir womöglich einen Lotto-Sechser gemacht haben, obwohl wir niemals Lotto spielen. Stattdessen teilte mir die schnappatmende Liebste mit, dass es in unserem Wohnzimmer plötzlich so extrem hell sei. Also doch Außerirdische, die mit gigantischen Leuchtwaffen die Übernahme unseres Sofas in Angriff nehmen wollten. Wir waren, so glaubte ich zu vernehmen, verloren. In Wahrheit war lediglich die Straßenlampe getauscht worden, und das neue Modell hat – zugegeben – deutlich mehr Strahlkraft. Aber da wir ohnedies sehr selten in der Nacht hobbymäßig im stockdunklen Wohnzimmer herumsitzen, was uns diese Lichtinvasion ohne Zweifel verleiden würde, sah ich mich zur Verharmlosung gezwungen. Nicht ohne Hintergedanken, denn ich kenne Frau Kuhn zu gut.

Nicht auszudenken, ich hätte in den Der-helle-Wahnsinn-Chor eingestimmt. Sie wäre sofort in den Da-müssen-wir-etwas-unternehmen-Modus verfallen. Der gleichbedeutend mit der Da-musst-du-etwas-unternehmen-Realität ist. Und schon läuft im Geist der Film: »MA Straßenlaterne« googeln. Beim Lichttelefon (ja, das gibt's) anrufen. Warten. Erklären. Verbunden werden. Warten. Erklären. Ansuchen schreiben. Warten. Geburtsurkunde der Großmutter faxen. Warten. Wieder anrufen. Warten. Bitten. Drohen. Warten. Flehen. Hoffen. Und so weiter. Lieber sagte ich: »Ach, mir gefällt's so.« Und prompt wurde sie selbst aktiv. In Lichtgeschwindigkeit.

SIE Logbuch-Eintrag an einem mittelkühlen, mittelgrauen Jännertag im Jahr 2014: »Morgens bestens ausgeschlafen aufgewacht, mit dem Hund spazieren gegangen, den Mann nebenan erneut im Bett liegend vorgefunden, obwohl er zuvor am Frühstückstisch bereits körperlich anwesend war. Sehr komisch, denn eigentlich hatte er Kombüsendienst.« Wäre unsere Beziehung eine lange Schiffsreise und ich der Kapitän, würde ich den Leichtmatrosen an meiner Seite auf der Kommandobrücke jetzt zum Rapport bitten. Aber so liegt er da, tut sich leid und faselt im Madame-Bovary-Stil etwas von »Kopfschmerzen« und dass ihm gerade sehr kühl sei.

Aha. Deshalb liegt man ohne Socken im Bett und starrt ins Smartphone. Als Frau mit einer Vierfach-Helix an Krankenschwester-Genen frage ich da rasch: »Schatz, wie wär's mit einer Wärmeflasche und Ruhegeben?« Wohl wissend, dass beides aus seiner Sicht nur etwas für Lulus wie mich ist. Stattdessen hätte ich auch fragen können: »Wie wär's mit einer hübschen Federboa um den Hals?« Oder: »Wie wär's mit einem warmen Haferbrei mit Zimt und Zucker?« Ähnlich verhält es sich mit meiner Tee-Idee. Ich halte viel vom richtigen Tee zum richtigen Moment. Ingwertee ist aus meiner Sicht das Gebot der Stunde, wenn eine Grippe droht. Aber wenn ich ihm das Gebräu reiche, höre ich in der Sekunde: »Wah, jetzt speib ich mich auch noch an!« Dann zuzelt er zwölf Stunden an einem Häferl, um zu behaupten, er würde »den Tee eh trinken«. Das hat auch in diesem Krankheitsfall zu einer kleinen Ehekrise geführt, ich nenne das »unsere Win-Spinn-Situationen«. Diesmal mit gutem Ausgang. Logbuch-Eintrag am Abend eines mittelkühlen, mittelgrauen Jännertags im Jahr 2014: »Die Frisur hält, die Ehe auch. Er liegt mit Thermophor im Bett. Und frischer Ingwertee steht bereits am Herd.«

ER Ich halte Tee für einen groben Irrtum der trinkenden Menschheit. Ich habe nie verstanden, was das Wohltuende sein soll an heißem Wasser, das man in Minischlückchen lautstark schlürfend zu sich nimmt, vor lauter Angst, sich Lippen und Zunge zu verbrennen. Tee hat mir nie geschmeckt, dennoch wurde er mir ein Leben lang als Wundermittel gegen alles (Halsweh, Ohrenweh, Wimmerl, Kreuzbandriss) empfohlen. Ungeachtet der Tatsache, dass meine Erkältung, als ich ohne Frau und Tee wohnte, bezüglich Dauer und Intensität einen identischen Verlauf nahm wie vorher und nachher mit Tee. Egal. Der Satz »Jetzt trink' einmal einen Tee, der wird dir guttun« gehört zu unserer Gesellschaft wie der Fieberbefund zur Pose »Um Gottes willen, das Ende ist nahe!«. Das ist sicher der Grund, warum ich nur alle paar Jahre krank werde. Damit mich nicht jemand (den Sie kennen) im 5-Minuten-Takt fragt, ob ich eh schon wieder ein Schluckerl Tee getrunken habe.

Das ist vor allem deshalb so, weil eben diese Frau meine teemäßige Antagonistin ist. Die trinkt das heiße Wasser ständig, und das auch noch gerne. Bei uns gibt es daher schwarzen Tee und grünen Tee, genauso wie Magentee und Nierentee, Rooibostee und Ingwertee, Winterzaubertee und Früchtezaubertee. Nicht zu vergessen die kreativen Zauberprodukte, die sich speziell auf das Wohlbefinden der Industrie auswirken, wie etwa der Schlaf-gut-Tee, der Gute-Laune-Tee oder der Ich-werde-knackige-120-Jahre-alt-Tee. Umso erstaunlicher, dass meine Frau dennoch nicht dauerfröhlich durch den Alltag hüpft, sondern sogar regelmäßig grantig ist. Etwa dann, wenn ich mich ausnahmsweise matt und unterkühlt fühle. Was bedeutet, dass sie mit dem Hund raus muss, ehe sie mit einer ungewöhnlichen Frage die Ehekrise einleitet: »Und wer kriegt jetzt den Thermophor?«

Immer ist was

SIE Während ich mit der fehlenden Antwort auf meine Frage »Was denkst du?« entspannt umgehe, sorgt eine andere Fragestellung zuweilen für dunkelkarierte Momente in unserem Alltag. Die Worte »Was ist?« beziehungsweise »Ist was?« sind für den Mann nebenan wie Rosinen im Gugelhupf: grauslich. Nur so: Ich frage niemals grundlos – ich sehe ja, dass was ist. Erst unlängst: Die Sonne schien, ich war in bester Bummellaune und wollte dieses Glück mit ihm teilen, aber pfuh: Monsieur wirkte, als hätte er soeben von einer Exfreundin erfahren, dass er doch der Vater ihrer mittlerweile 16-jährigen Zwillinge sei. Was passierte? Wir gingen nicht spazieren, stattdessen verzupfte er sich in den Nordflügel unseres Lebens. Und ich war stinksauer. Was würde der Paartherapeut raten? Sicher was im Stile von »Nur keine Erwartungshaltungen, gnä' Frau«. Sicher nicht!

Ich finde nämlich, dass ich genauso ein Recht auf meine Erwartungshaltung habe, wie er auf sein Steak. Also bestehe ich auf mein »Ist was?«. Allerdings antwortet der Mann in 99,9 Prozent der Fragefälle mit einem lapidaren »Nix, was soll sein?«. In 99,9 Prozent der Fälle entspinnt sich jetzt folgender Dialog – ich: »Klar ist was. Lüg mich nicht an. Also sag's!« Er: »Wenn ich sage, dass nix ist, dann ist nix. Verherstanden?« Nun schon sehr beleidigt, entgegne ich: »Glaub bitte net, dass du mich für deppert verkaufen kannst. Ich sehe, dass was ist. Also, sag, was es ist!« Er, mit sichtlich höherem Stresshormonpegel und beschleunigtem Kommunikationspuls: »Zum allerletzten Mal: Es! Ist! Nichts! Brauchst du es schriftlich vom Therapeuten? Oder bestellst dir einen Lügendetektor im Internet?« In solchen Momenten fällt mir dann eigentlich nur mehr Loriot ein: »Man kann eine Beziehung nur unter der Voraussetzung eingehen, dass sie eigentlich nicht funktionieren kann.«

ER Ich bin echt froh über jene Männer, die mir immer wieder ein paar Zeilen der Bestätigung schicken. Denn jedes »Sie haben ja so recht« leite ich sofort an die Dame drüben weiter. Betreff: Nimm' das! In diesem Sinn bin ich mir fast sicher, dass ich auch mit meinen Gedanken zu der Frage »Ist was?« nicht alleine bin. Es handelt sich dabei um eine ihrer bevorzugten Offensiven im Fall unerwünschter Schweigsamkeit. Das Problem dabei: Entweder ist tatsächlich nix, außer ein simples Bedürfnis nach Ruhe, während ich mich etwa gerade in der Lektüre einer Zeitung verliere. Oder es ist natürlich etwas, aber ich habe keine Lust, in diesem Augenblick darüber zu reden. Weil ich a) grundsätzlich nicht alles besprechen muss und b) genau weiß, was passiert, wenn ich es trotzdem tue.

Heißt: Mich stört etwas, aber es stört mich nicht so, dass ich es – wie es therapietypisch lautet – »rauslassen« muss. Lieber bearbeite ich es eine Zeit lang im geheimen Dialog mit mir selbst, bis es wieder weg ist. Wie in einem Restaurant: Dort soll es auch gelegentlich vorkommen, dass man etwas im Mund hat, das nicht schmeckt. Aber deshalb spuckt man es doch nicht immer gleich auf den Teller. Eher kaut man kurz darauf herum und schluckt es dann ohne großes Aufsehen hinunter. Ginge es jedoch nach meiner Frau, müsste ich augenblicklich zu einer exakten Analyse des Bissens ansetzen. Aus der sich dann zwangsläufig eine Diskussion über das Menü im Speziellen und die Kochkunst im Allgemeinen ergibt. Bis zu der bedeutenden Frage, wie sich das weltweite Ernährungssystem bis zum Jahr 2038 entwickeln wird. Auf diesen großen Bogen möchte ich manchmal verzichten. Stattdessen einfach nur kurz die Miene verziehen. Und natürlich auch an Loriot denken: »Eine glückliche Ehe ist eine, in der sie ein bisschen blind und er ein bisschen taub ist.«

Und schon wieder ist was!

SIE J wie Jammern. Gäbe es ein ABC des weltumspannenden Seelenleids – der Mann nebenan hätte ein Patentrecht darauf. Von J wie Jammern bis Z wie (das persönliche Leid) Zelebrieren. Bevor Sie, liebe Leserinnen und Leser, jetzt womöglich in die Empathiefalle tappen und ein Mitgefühl-Teelicht für Herzass entzünden wollen – Moment, bitte. Nein, mein Liebster hat nicht das ganz große Leid der Welt auf seinen Schultern zu tragen – für ihn ist es schon tragisch, dass er im Supermarkt kein Klopapier findet, weil »die Trotteln dort schon wieder alles total umgeräumt haben«.

Dazu kommt seine Anziehungskraft für »Immer-ich-Konstellationen«: Wo er fährt, fährt auch immer ein Müllauto und kann an einem anderen Müllauto nicht vorbei. Wo er warten muss, warten immer fünf andere vor ihm und die haben immer besonders schwachsinnige Wünsche und besonders lange Einkaufslisten. Wo er durch die Straßen poltert, schleicht auch immer die Bim, und die immer absichtlich langsam. Wo er zu schnell geht, fährt oder schwimmt, ist immer ein Stolperstein, ein Polizist oder ein Badewaschl, die immer ihn dafür verantwortlich machen. Wo er isst, ist auch immer ein Salatblattl mit einem Paradeiser drauf. Oder es gibt Letscho. Und das ist – immer und ganz sicher – böse Absicht oder grenzenlose Ignoranz. Wo er lebt, ist immer jemand, der ihm das nicht gönnt. Ich zum Beispiel, die immer was von ihm will, die ihm immer was vorwirft, die ihn immer nicht versteht, die immer tut, was er immer nicht will. So. Und damit das unerträgliche Maß voll wird, habe ich bei dieser Hitze wie immer etwas gegen die Klimaanlage im Auto. Die er immer auf Dachsteineishöhlen-Niveau dreht, weil er immer knapp am Hitzekollaps, am Schreikrampf, am Magnesium-Mangel, an der Dehydration vorbeischrammt. Dass ich dann immer einen Schnupfen habe, ist eine andere Geschichte. Aber ihm eher egal.

ER So viele Leute sagen den Satz »Das passiert immer nur mir«. Warum sollte ich ihn nicht auch sagen? Nur: Bei mir stimmt er. Erst kürzlich musste ich ein Paket eines Privatversands abholen. Bei der angegebenen Adresse angelangt, fehlte zweierlei: 1. Meine Ware. 2. Meine gute Laune. »Komisch«, sagte die Dame, als sie den falsch ausgefüllten Lieferschein betrachtete, »das ist noch nie passiert«. Was sicher daran lag, dass ich noch nie mit dieser Firma zu tun gehabt hatte. Folglich fuhr ich zum richtigen Standort, der aber eh nur zwei Bezirke, drei Staus und vier Wutanfälle weiter lag. Schlimmer, als ein Pechvogel zu sein, ist nur noch, als solcher nicht ernst genommen zu werden.

Mein Leben ist begleitet von nicht abgewogenen Pfirsichen, nicht vorhandenen Ersatzteilen und nicht funktionierenden Maschinen. Sowie von nicht auffindbaren Schlüsseln, nicht zurückrufenden Beamten und nicht abbiegenden Schleichern. Aber kaum erzähle ich den neuesten »Das-darf-doch-nicht-wahr-sein«-Schwank, hat meine Frau nur Gelächter oder Augenrollen, allenfalls ein launiges »Eh klar« parat. Und sie hat auch längst die Verwandtschaft so weit gebracht, meinen Ausführungen keinesfalls mehr als ein süffisantes »Oh! Arm!« entgegenzubringen. Das gipfelt darin, dass meiner Müllabfuhr, die sich aufgrund eines Defekts tatsächlich gar nicht mehr in Bewegung gesetzt hat, kein Glauben mehr geschenkt wird. Das wiederum hat zur Folge, dass ich mein Pech fotografisch dokumentiere. Meine Familie zwingt mich zu solch paranoidem Verhalten. Unlängst hatte ich um 1.15 Uhr in der Nacht einen Megastau. Den Beweis dafür habe ich via Twitter in die Welt hinausgebrüllt. Aber wehe, Frau Murmeltier passiert es, dass sie eine Stunde lang nicht einschlafen kann. Zu diesem Thema würde sie am liebsten einen *Club 2* einberufen. Ich sage dann: »Tut mir ehrlich leid.« Und denke mir heimlich: Oh! Arm!

SIE Und weil's so schön ist – noch einmal Jott wie Jammern. Welch ein unerschöpfliches Thema. Dazu habe ich etwas aufgeschnappt. Nämlich, dass es »unterschiedliche Jammer-Techniken« gäbe, wie Psychologen erläutern. Manche Menschen tun sich so laut leid, dass es bis nach Papua-Neuguinea hörbar ist. Andere wiederum leiden so stumm, dass es zwar niemand akustisch mitkriegt, aber jeder sehen kann. In der Sekunde war ich mitten im Kopfkino-Film mit dem Titel *Schicksalsjahre eines Michis.* Alle seine großen und kleinen Jammermomente fusionierten zu einem Epos mit Schluchzgarantie. Zumal der Mann nebenan die Klaviatur des Selbstmitleids perfekt beherrscht. Dazu kommt: Er hat beide Jammer-Techniken intus – je nach Lage der Liebesnation. Vom subtil-stillen »Heute will nicht schon wieder ich die Semmerln holen«-Geleiere bis hin zum exaltierten »Ich hab's bis ganz ganz oben, dass ich immer der Hausdolm sein muss, der am Sonntag zur Tankstelle fährt, weil du wieder einmal vergessen hast, Klopapier zu kaufen«.

Nun, vermutlich macht er das alles nur wegen seiner großen »Selbstenthüllungsbereitschaft«. Das ist – so die Seelenexperten – eine Form von Offenheit, sich und seine Seelenlage zu zeigen. Motto: Schau, so schlecht geht's mir – und: Du bist daran schuld! Oft einmal würden sich dahinter aber nur subtile Hilferufe verbergen – und völlig andere Botschaften. Eine jämmerliche Strategie, wie ich meine. Wir sind erwachsen, wir können reden. Nur so ein Beispiel: Wenn ein Mann mehr Streicheleinheiten haben möchte, soll er das gefälligst nicht mit einem »Pfuh, den Mistkübel muss ich jetzt auch noch raustragen« verschlüsseln, sondern schlicht sagen: »Schatzi, wie warats mit ein bissi öfter Kopfkraulen?« Dann kann er ja trotzdem den Mistkübel raustragen und nachher krault er mich. Aus meiner Sicht die klassische Win-Win-Situation.

ER In mir regt sich ja schon lange ein Verdacht: Der einzige Grund, warum meine Frau nicht will, dass ich herumjammere, ist, dass sie das Herumjammerexklusivrecht für sich in Anspruch nimmt. Heißt: Sie jammert nicht nur in Anbetracht der üblichen für sie maßgeschneiderten Anlässe (das Wetter ist schlecht, der Tisch ist angeräumt, das Kind bockt), sondern mit Vorliebe auch stellvertretend. Und zwar für mich. Im Ablauf sieht das so aus, dass sie mit den Augen rollt, den Mund auf diese ganz spezielle Art schürzt und von mir nach mehr als vier Jahrzehnten gelebten Häferltums die ihrer Meinung nach überfällige buddhistische Gelassenheit einfordert. Meine Jammerei über dumme Straßenschleicher, dumme Textproduzenten oder dumme Äpfelnichtabwieger nervt sie so lange, bis ich wie aus heiterem Himmel beschließe, mich beinahe trotzig in Schweigen zu hüllen.

Das macht sie erst richtig nervös. Und es passiert Folgendes: Ein Geldbetrag landet nicht auf unserem Konto. So weit, so schlecht, so normal (wer den schlampigen Überweisungskünstler kennt). Und ich rege … mich nicht auf, sondern die obligatorische Erinnerung an. Aber sie! »So eine Frechheit«, sagt sie. Statt »Es wird nicht besser, wenn du mit einem roten Schädel herumläufst«. »Es ist wirklich jedes Mal dasselbe Scheißtheater«, sagt sie. Statt »Du merkst gar nicht mehr, was du mit deiner Flucherei für eine negative Atmosphäre erzeugst«. Meinen stoisch vorgetragenen Hinweis auf ihre Jammerei (in der Fachsprache auch Keppelei genannt) und meinen entspannten Zugang zum Problem empfindet sie dann natürlich als Provokation. Ich muss also mitjammern, um den Ehestreit zu vermeiden. Und je impulsiver ich das tue, desto gelungener ist die Deeskalation. Dann sagt sie: »Wir sind irgendwie komisch.« Und ich sage: »Ja, gut so.«

Sein Au, ihr Weh

SIE Als kleines Mädchen habe ich lange davon geträumt, Ärztin zu werden. Den Doktorkoffer stets zur Hand, habe ich meine Puppen mit rotem Filzstift angemalt, damit sie als Unfallopfer und Patienten maximal echt wirkten. Das mit dem Filzstift hat sich erledigt, denn heute habe ich den Mann nebenan. Er macht aus unserem Eheleben einen Non-stop-Emergency-Room. Und würde damit perfekt in eine Arztserie passen, vermutlich sogar einen Oscar für den besten Nebendarsteller bekommen. Einen Pluspunkt gibt es: Er ist selten krank. Aber dafür ist er sonst umso wehleidiger.

Die besondere Krux in diesem Kontext kommt allerdings noch: Er ist das, was der Wiener gerne als »selten patschert« bezeichnet. Nobel ausgedrückt kann man sagen, dass der Mann nebenan ein klassisches Opfer ist – seiner eigenen Ungeduld und Hudlerei. Eigentlich passiert bei uns gar nichts, ohne dass irgendwas passiert. Bückt er sich im Garten nach zwei, drei unhübschen Löwenzahnblättern (zu schnell, zu wütend, eigentlich ist diese Bewegung eine einzige Geste des Protests), dann höre ich auch schon ein »Bist du deppert, meine Bandscheiben«. Macht sich der Mann daran, ein Bild aufzuhängen und den dafür nötigen Nagel in die Wand einzuschlagen, ist es garantiert so, dass Wand, Hammer und Bild scheiße sind und er sich verletzt. Sucht er nach Kleidung, die angeblich ich in den Tiefen des Kastens (absichtlich) versteckt habe, dann ist es er, dem das Stück herabfallende Lavendelseife den Mittelfußknochen prellt. Untermalt werden diese Tragödien mit dramatischem Stöhnen, das bei mir sofort den 144-Reflex aktiviert und mich nach einem Schockraum plärren lässt. Doch eigentlich habe ich einen konkreten Verdacht: Das macht der Mann nebenan alles nur, um das, was er machen muss, nicht mehr machen zu müssen.

ER Welcher Mensch kann schon von sich behaupten, nicht von Schrullentum befallen zu sein? Meine Frau etwa versteckt Seifen. Keine Ahnung, ob es dafür einen medizinischen Fachbegriff gibt und ob das heilbar ist, aber ich weiß: Es tut weh. Und zwar mir. Es ist nämlich so: Sie verteilt die Seifen mit den unterschiedlichen Duftnoten in sämtlichen Regalen der Kleiderkästen und -kommoden. Ob es nur der Gerüche wegen ist oder eher der Vertreibung von Motten, Dieben, Ehemännern und anderen Hausgeistern dient, traue ich mich nicht zu fragen.

Tatsache ist: Sie sind überall. Und es bedarf oft artistischen Geschicks, um beim Versuch, ein T-Shirt aus einer der höher gelegenen Regionen zu bergen, nicht von einem herabfallenden Stück Balea Milch & Honig oder Palmolive Delicate Care (ausgerechnet) erschlagen zu werden. Vor wenigen Tagen musste ich wieder einmal eine Seifeprüfung absolvieren. Sodasan Cream Lavendel landete exakt auf meinem großen Zeh. Ist bio, tut aber genauso weh – es ist bekannt, wie sehr, wenn der richtige Nerv an der richtigen Stelle von einem solchen Geschoss getroffen wird. Also hüpfte ich mit schmerzverzerrtem Gesicht und laut fluchend durch die Wohnung. Natürlich sagt die Herzdame in so einem Fall niemals »Oh, das tut mir leid« und »Ach, ich mit meinem blöden Seifentick«. Nein, sie sagt lediglich: »Jetzt mach' nicht so ein Theater.« Und zwar immer. Einem Mann wird kein Haushaltsschmerz zugestanden. Und zwar nie. Daher gibt es auch kein Streicheln, bis es wieder gut ist, sondern eine Drohung: »Über deine Wehleidigkeit muss ich einmal eine Kolumne schreiben.« Gesagt, gedichtet. Na und? Ich fühle mich dennoch als Held in dieser Seifenoper.

Im falschen Theater

SIE Meine Mutter hat mir vieles beigebracht, aber nicht, einen Mann für sein Mannsein zu bewundern. Dafür bin ich ihr bis heute dankbar. Nicht auszudenken, was mit mir geschehen wäre. So hat es der Mann nebenan vermutlich schwer mit mir, doch dazu kann ich nur folgende Binsenweisheit flöten: »An Problemen wächst der Mensch.« So betrachtet, müsste der Mann nebenan längst ein Gigant sein. Denn zu seinem Problem, mich als Problem zu haben, kommt noch das Problem, sich selbst als Problem zu haben. Ein Problemfall, also. Sie können nicht folgen? Dann treten Sie ein in das Reich des Absurden.

1. Problemstellung: Fahre zum Raimund Theater, um dort eine Karte gegen eine andere Karte auszutauschen. 2. Problemlösungsansatz: Mein an sich weltkluger Mann spricht tagelang darüber, dass er zum Raimund Theater fahren müsse, um eine Karte zu tauschen. Stimmt, das Leben ist verdammt kompliziert. Nach Tagen ist es so weit: Er bricht auf, nachdem er zuvor drei Mal gestöhnt hat: »Wäh, so blöd, jetzt muss ich dorthin fahren. Da ist sicher ein Stau. Da sind sicher viele Leute.« Milder Unmut keimt in mir auf: »Fahr einfach!« Sicherheitshalber frage ich: »Du weißt, wo das Raimund Theater ist?« Er schenkt mir dafür einen »Hältst-du-mich-für-völlig-deppert«-Blick. Und geht ab. 3. Die Stunden rücken voran. Irgendwann öffnet sich leis' die Tür zu unserer Wohnung und ein erschöpftes männliches Wesen schleppt sich ins Vorzimmer. Es ist still. Ich wage ein »Na, wie war's, alles okay?« Und verkneife mir ein »Wie war der Aufstieg zum Nanga Parbat?« Der Mann nebenan schaut mich an und sagt nur: »Du wirst lachen, ich war beim falschen Theater.« Ronacher, bingo. Ich sage nichts, denke nur: Danke, Mutti, wäre schön blöd, müsste ich jetzt bewundernd so tun, als wäre das alles völlig normal.

ER Die Frau nebenan hat in ihrem heutigen Text einen sehr klugen Satz geschrieben: »So hat es der Mann nebenan vermutlich schwer mit mir.« Tja. Hätte sie dabei auch noch auf das Wort »vermutlich« verzichtet, wäre die Formulierung makellos. Der Rest ihrer Erzählung ist der beste Beweis dafür, wie mühsam es sein kann. Ich ergänze die Geschichte jetzt um meine Sichtweise. 1. Ich bin einem unerklärlichen Selbstverständnis folgend tatsächlich zum falschen Theater gefahren. 2. Na und? 3. Dieser Ausflug musste im Rahmen einer extrem arbeitsintensiven Woche stattfinden. Heißt: Neben dem üblichen Schreiben war auch ein Konzept zu verfassen sowie dessen Präsentation vorzubereiten und durchzuführen. Weiters galt es, gemeinsam mit der Tochter binomische Formeln, Äquivalenzumformungen und das Pythagoreische Tripel zu erforschen. Weil so eine Matheschularbeit hat nämlich nicht sie, die haben immer wir. Und während die Autorin links lange Tage im Büro verbrachte, durfte ich auch Haushalt und Hund schupfen. Da kann man dann schon einmal Raimund Theater und Ronacher verwechseln (herrje, ich jammer' schon wie sie …).

Aber jetzt kommt's erst. 4. Um mir keine Blöße zu geben, hätte ich ihr die Geschichte verschweigen können. Da ich aber eine Frohnatur bin, habe ich sie erzählt. 5. Sofort sah ich das Funkeln in ihren Augen, weil sie a) den Lapsus geahnt hatte und b) die Story witterte . »Lustig«, sprach sie harmlos. »Darf ich das schreiben?« 6. Ich willigte großzügig ein. 7. Sie stürzte sich wie eine Löwin über die Ronacher-Beute und zerlegte sie lustvoll mit Zähnen und Krallen in alle Einzelteile (links nachzulesen). 8. Gegönnt. 9. Umgekehrt würde ich das nie tun. 10. Obwohl – die Geschichte vom iPhone in der Klomuschel sollte irgendwann geschrieben werden.

IX. OH DU FRÖHLICHE

Alle Jahre wieder die gleichen Geschichten. Zur Weihnachtszeit überschlagen sich die Medien nicht nur mit den üblichen Geschenktipps, Adventmarktreportagen und Festmahlrezepten, sondern auch die Schattenseiten des Familiensinns erhalten ihre Würdigung. Denn wir wissen, dass gerade das große Fest der Liebe gerne zur feierlichen Belastungsprobe für die Nerven aller Beteiligten wird. So ein Heiliger Abend ist ja naturgemäß mit viel Druck verbunden. Denn kaum jemals steht das Gelingen so sehr im Zentrum wie am 24. Dezember.

Umso größer ist der Stress, basierend auf einer extrem hohen Erwartungshaltung. Mutti wird grantig, weil sie vergessen hat, Servietten einzukaufen, Vati ärgert sich mit dem schiefen Christbaum herum, die Kinder quengeln noch mehr als sie immer quengeln (»Wieso müssen wir den Tisch decken?«, »Wann ist die Bescherung?« »Muss ich die kratzige Strumpfhose anziehen?«), und dazu kommen gelegentlich auch mürrische Onkel, besserwissende Omas oder dauerwinselnde Hunde, die für ungewöhnliche Schwingungen besonders empfänglich sind. Daher dürfen wir in den Zeitungen auch immer wieder die wertvollen Hinweise von Paar-Coaches lesen, die in weiser Gelassenheit (und als hätten sie selbst keine Familien) dazu raten, unbedingt alles rechtzeitig zu planen, über allfällige Missgeschicke zu lachen und jedes noch so lächerliche Geschenk zu würdigen.

Als wäre das so einfach. Laut dem Portal Statista wird am häufigsten wegen der Dekoration gestritten, gefolgt von Arbeitsteilung und Hausputz nach dem Fest. Besonders heikel wird es laut Experten übrigens immer dann, wenn Traditionen hinterfragt werden. Wenn also der Teenager plötzlich fragt, warum eigentlich immer der blöde gebackene Fisch am Tisch sein muss, während es bei den anderen Gänse oder Rindslungenbraten gibt. Und wenn dem Vater zu diesem jugendlichen Vorstoß keine andere Antwort als »Weil's immer so war« oder »Weil sich sonst der Poldi-Opa furchtbar kränken würde« einfällt. Dann herrscht Alarmstufe Rot, weil das Prozedere, das gerade zu Weihnachten auf ritueller Verlässlichkeit aufbaut, hinterfragt wird. Und am 25. Dezember erklingt daher schon einmal da und dort der Ruf: »Nächstes Jahr muss das alles anders werden.«

Der Kampf ums Kipferl

SIE Ich mag die Vorweihnachtszeit, es ist die Zeit des Vorglühens und der unnachahmlichen Gerüche. Zimt! Zucker! Rotweinkelch! Dazu gehören die Duftwolken, die durch die Wohnung wabern, wenn ich Vanillekipferln backe. Theoretisch fehlt mir dafür zwar die Zeit, aber – wurscht – die nehm' ich mir. Da stehe ich und verarbeite bekömmliches Fett mit gesundem Zucker, um die Kalorienbomben in Hörnchenform mit viel Liebe und Vanille in Dosen zu stapeln. Dort sollte die Bäckerei einige Zeit ruhen, um a) den Vanillegeschmack zu absorbieren und b) mürbe zu werden. Mürbe werden nicht die Kipferln, sondern ich. Das Problem: Es gibt einen Vanillekipferl-Dieb in unserer Familie, der auf die verordnete Ruhezeit pfeift und all die mühsam von Hand gewuzelten Dinger jetzt! und hier! und bitte sofort! vernaschen würde. Ich gehe davon aus, Sie haben einen Verdacht, wer der »Leader of the Vanillekipferl-Gang« ist: Ja, es ist der Mann nebenan. Was ihn davon abhält, das Backwerk innerhalb von zwei Serienteilen *Breaking Bad* oder einer *Pressestunde* zu inhalieren, stand zuletzt im Märchen vom unverdauten Schweinsbraten.

Also stiehlt und nascht er in Schüben. Und zwar immer dann, wenn ich nicht daheim oder bereits im Bett bin. Da lümmelt er dann am Sofa, die Dose im Schoß, und konsumiert die Adventware wie Popcorn. Der Kampf ums Kipferl beginnt aber schon während der Backphase. Dafür hat sich der Dieb eine – natürlich durchschaubare – Strategie zurechtgelegt: Er tut so, als würde er mir zur Hand gehen wollen. Da ein kleiner Handgriff, dort ein scheinbar unverzichtbarer Input. Hauptsache, er kann wie ein hungriger Kater herumstreichen und bei der ersten fertigen Partie Kipferln zuschlagen. Ich bin längst der Meinung, es bräuchte Fingerfesseln für Vanillekipferl-Diebe. Oder einen Keuschheitsgürtel für Keksdosen.

ER Tagelang bat ich meine Frau, das Thema ruhen zu lassen. Ich sah ihr tief in die Augen, um sie mit Nachdruck davon abzuhalten, eine Wunde meiner Kindheit aufzureißen. Es half nix. Also muss ich in die Vergangenheit eintauchen, um zu erzählen: Meine Mutter buk (ach, wie ich dieses Wort mag) immerzu die besten Vanillekipferln der Welt. Nur: Sie hatte auch ein unverrückbares Bild zur Freigabe der kleinen Meisterwerke. Es regierte alle Jahre wieder der streng reglementierte, kleinportionierte Genuss. Das war so, weil es so war. Sämtliche Proteste von Vater, Schwester und mir wurden weggeblasen wie frischer Staubzucker. Einerlei, dass wir stets im Chor beteuerten, die ofenfrischen Kipferln am liebsten zu haben. Nein. Es musste alles seine teigige Ordnung haben. Gleich nach dem Backen gab es daher ein Tellerchen mit abgezählten sechs Stück. Was wir in intensiv nach Vanille duftenden Räumen als blanke Provokation empfanden.

Ab dann galt das Abliege-Gebot. Denn: Erst durch adäquates Verweilen in der Dose würden die Kipferln ihre wahre Geschmacksblüte entfalten können (wo sind die Experten, wenn man sie braucht, die mir bestätigen, dass das un!-mög!lich! stimmen kann?). Und auch mein kindlicher Vorschlag, Mami möge dann halt schon im Sommer massenhaft Bleche in den Ofen schieben, wurde nie verwirklicht. Tatsache ist: Jahrzehnte später wollte meine Frau sehr ähnliche Rituale (Abgabe in Häppchen, Einteilen bis zum Heiligen Abend) in die Ehe einbringen. Nur: Jetzt bin ich groß, an der Produktion aktiv beteiligt und bereit für den Widerstand. Also finde ich die Kipferldosen auch hinter dem Kaminholz oder im Wäschekorb und stehle nach Herzenslust. Sie sagt: »Spinner.« Ich sage: Es ist mein persönliches Stopf-an-Stopf-Rennen zur Bewältigung eines Traumas.

Die Kipferldose macht das Gift

SIE Was das weihnachtliche Keksi-Basteln betrifft: danke, es reicht. Der Mann nebenan ist diesbezüglich nämlich gnadenloser Einmischer. Aber nicht so, wie Sie denken. Er käme natürlich kaum auf die Idee, sich konstruktiv einzumischen. Also etwa Mehl, Mandeln, Marzipan einzukaufen. Oder seine Künstlerpratzerln in Mürbteig zu tauchen. Stattdessen: bestellt er. Ich sage – bestellt! Nicht nur – er bestellt perfide. Doppelt, dreifach. Und zwar so, dass die eine Bäckerin nicht von der anderen weiß – er aber am Ende viele prall gefüllte Dosen Kekse sein Eigen nennen kann.

Das geht so: 1. Er ruft bereits Ende August seine Mutti an, um sich auf penetrante Weise in ihr Vanillekipferl-Bewusstsein zu schleimen. Mit dem Satz »Du weißt, deine Vanillekipferln sind die besten« macht er die Mami mürb wie Teig. Und dann steht sie in der Küche und wuzelt für das Burli Kipferln, bis die Handflächen rauchen. 2. Das ist freilich noch nicht alles – da wäre noch diese begnadete Köchin in unserem Freundeskreis, deren Kipferln sogar Veganer in Versuchung führen. Pünktlich zur Backsaison, oft noch früher, wird er dort vorstellig. Um beiläufig den Sager »Du weißt, deine Vanillekipferln sind die besten« loszuwerden. Die Köchin, ganz enchanté, wird pünktlich ihr prall gefülltes »For Hufnagl only«-Döschen abliefern. 3. Last, but not least: ich. Nahezu täglich kuschelt sich der Hufnagl mit Kulleraugenblick an mich und flüstert: »Wann ist es denn wieder so weit?« Ich: »Hä?« Er: »Na ja, du weißt, deine Vanillekipferln sind die besten.« Aber Pech: Sein Plan ist durchschaut. Längst bin ich in Besitz des Kochbuchs *Anders backen zu Weihnachten*. Angepeilte Adventüberraschung für meinen Vanillekipferl-Trickbetrüger: Nervenkekse. Mit ayurvedischem Zucker. Dinkel. Und einer Prise Bosheit.

ER Klar, das musste ja kommen. Alle Jahre wieder das übliche Vanillekipferl-Lamento. Das in Wahrheit nichts anderes ist als die rührende Offenbarung des traditionellen Adventcharakters. Das heißt: Meine Frau will nur in ritueller Feierlichkeit gebeten werden, sie möge doch auch heuer bitte unbedingt wieder ihre ach so typischen, besonderen, famosen und für alle heiligen Zeiten unvergleichlichen Vanillekipferln machen. Dann erwidert sie in ritueller Feierlichkeit »Heuer sicher nicht«, mit der verlässlich vorhersehbaren Argumentationskette von »Die ganze Wuzelei ist immer so mühsam« bis »Das Klumpert macht eh nur blad«. Daraufhin falle ich – das sind nun einmal die Spielregeln – in ritueller Feierlichkeit auf die Knie und flehe sie an, sie müsse einfach ihre magischen Hände in den Dienst der guten Sache (= mein Heißhunger) stellen. Das gefällt ihr natürlich außerordentlich, aber ein »Nein, nein, nein« beziehungsweise »Hör auf mit dem Theater« muss sie als letzte rituelle Feierlichkeit trotzdem noch loswerden – quasi als Staubzuckertüpfelchen auf meinem Erniedrigungs-i. Und erst mein grandioser finaler Verbalschlag auf der familiären Backblechtrommel (»Dafür hole ich jetzt schon alle Lichterketten aus dem Keller und entwirre sie auch sofort«) lässt sie endlich zur Tat schreiten. Und selig ist sie dabei auch noch.

Liebe Mami: Nachdem du diese Zeilen gelesen hast, sei mir bitte nicht böse. Du weißt, dass es für deinen geliebten Burli gerade in der Weihnachtszeit manchmal echt schwer ist. In Wahrheit bin ich ja gar nicht so unterwürfig und deine Vanillekipferln sind und bleiben selbstverständlich auf ihre Weise unerreicht. Du sollst dich deshalb aber auf keinen Fall genötigt sehen, wieder welche zu backen. Bitte, ich weiß doch, dass die ganze Wuzelei immer so mühsam ist. Bussi.

Vorsätze. Ja, eh

SIE Spannend wird's, wenn ein Paar gemeinsam gute Vorsätze fasst. Noch spannender, wenn das zwei Menschen wie wir tun. Weil wir – und das formt einen gemeinsamen Beziehungsnenner – recht lebenslustig sind. Gute Vorsätze und Lebenslust verhalten sich allerdings so wie Pommes frites zu Tofugeschnetzeltem. Nicht kompatibel.

Vorsatz Nummer 1 wurde im Spätwinter gefasst: Schatz, wir sollten vielleicht doch wieder öfter gemeinsam spazieren gehen. Ein Schelm, wer denkt, das hätte ich gesagt. Nein. Es war seine Idee. Ich war entzückt. Seither sind wir noch weniger gemeinsam spazieren gegangen als die vergangenen fünf Jahre davor. Das ist vor allem meine Schuld, weil ich seit Neuestem Ruhe brauche und keinen, der mit mir bergauf gehend über den Hyposkandal quargelt, bis ich das Gefühl habe, Teil eines Untersuchungsausschusses zu sein. Wenn ich spaziere, will ich philosophieren – über die wichtigen Dinge des Lebens. Etwa, dass ich überlege, mit dem Meditieren zu beginnen. Und warum. Und wann, nämlich um 6 Uhr morgens. Ich erwarte mir vom Mann nebenan, dass er meinen Elan teilt oder besser: Dass er sagt: »Tolle Idee, ich mach' mit.« Stattdessen sagt er nur: »Moch's!« Um eine Sekunde später einen wohltemperierten Zweifel in die Stille zu streuen: »Das schau' ich mir an, ob dir täglich um diese Zeit ein Mantra über die Lippen perlt.« Nun zu Vorsatz Nummer 2, der Wein-Abstinenz. Zwei Achterln zum Abendessen – das ist, was wir täglich trinken. Mit Genuss. Dennoch hätten wir gemeint, dass es reinigend für uns sei, davon eine vierwöchige Pause zu machen. Seitdem passiert, was ich Rarität nenne: Wir sind uns einig – unausgesprochen. Indem wir uns täglich einen guten Grund zurechtbasteln, warum es jetzt doch nicht schlecht wäre, nur! ein! Achterl zu trinken. Aber egal: Cheers an den Mann nebenan.

ER Ehrlich: Das mit dem Spazierengehen war ernst gemeint. So sehr mich normalerweise jede Art von Bewegung, die ohne Ball stattfindet, anödet – in diesem Fall dachte ich mir: Gedankenaustausch an der frischen Luft hat vor allem für sie eine ganz besondere Qualität, also schenke ich ihr Zeit und mein grünes Ohr. Was ich jedoch überraschenderweise auch nach so vielen Ehejahren unterschätzt habe, ist die Wucht, mit der die simple Anwesenheit von Natur die spirituelle und emotionelle Seite meiner Frau zum Erblühen bringt. Während ich von völliger Umgebungsresistenz beseelt den Pragmatismus vorziehe. Und natürlich ist es auch wichtig, Fragen wie »Wenn du jetzt ganz tief in dich hineinfühlst, was macht das mit dir?« zu erläutern. Oder Verständnis zu entwickeln, wenn sie meint, dass die Energie von Wienerwald-Bäumen das Potenzial besitzt, den Weltfrieden herzustellen. Oder auch einfach nur zu nicken, sobald sie ohne Punkt und Beistrich über die einzigartige Kraft der Stille philosophiert (so, dass ich am Ende den Wald vor lauter Träumen nicht mehr seh').

Aber irgendwann habe ich doch wieder den Hang zum Widerstand entwickelt. Erkennend: Der Naturbursch', den sie so gerne hätte, wird in diesem Leben kaum mehr wachgeküsst werden. Im Gegensatz zum Realisten, der weiß, wann ein Experiment in die Kategorie »Schatz, lass' uns umdenken« fällt. Andererseits bin ich froh, dass wir immer noch Lust auf Ideen und Vorsätze haben. Auf ein leidenschaftliches Miteinander im Kampf gegen das gefährliche Nebeneinander. Und sei es nur, um der Fastenzeit gemeinsam mit einem Augenzwinkern zu begegnen. Denn wenn ich jetzt ganz tief in mich hineinfühle, dann macht das mit mir … ein Glücksgefühl. Prost!

SIE Das gemeinsame Abendessen ist für alle Familienmitglieder eine gute Gelegenheit, etwas loszuwerden. Mitunter hat das was Therapeutisches. Es wäre also wenig verwunderlich, würde der Mann nebenan den kollektiven Erdäpfelgulaschschmaus demnächst mit folgenden Worten einleiten: »Mein Name ist Michael, ich bin anonymer Problemoholiker.«

Herr H. ist gerne schicksalsschwanger. Und immer wenn er das Dinner mit Sätzen wie »Du, heute war ich im Baumarkt und stell dir vor, was dort passiert ist« einleitet, denke ich: »Oje, net scho wieder.« Dann erhebe ich mich und mache vorsorglich eine Flasche Wein auf. Weil ich Folgendes weiß: Die Geschichte wird lang, kompliziert und vor allem dramatisch. Ohne alkoholische Untermalung ist das kaum zu ertragen. Zumal seine sagenumwobenen Anekdoten fast immer in einer Streiterei münden. Warum? Ganz einfach: Weil ich ihn nicht ausgiebig genug für das ihm Widerfahrene bedaure. Weil ich nicht sage: »Armer, schwarzer Michi« und ihm dabei das Ohrlapperl kraule. Im Gegenteil: Ich kritisiere ihn meist für das Erlittene und mache ihn dafür verantwortlich.

Aber ehrlich: Hätten Sie Mitleid mit jemandem, der es nicht schafft, ohne Drama Zünder aus dem Baumarkt mitzunehmen? Der es nicht schafft, Tannenzweige zu organisieren, ohne dabei nicht einmal auszuzucken? Der kein Packerl von wo abholen kann, ohne dabei Dinge zu erleben, die eine 100-teilige Schicksalssoap füllen würden? Doch niemals macht er sich für das Versagen verantwortlich, sondern die anderen. Die Regal-Mafia, die Don Hufnagl im Visier hat. Die Weihnachtszweigerl-Gang, die Hufi hasst. Die Packerl-Partie, die Santa Michael ein Ei legt. In diesem Sinne freue ich mich schon auf den Heiligen Abend und auf die Geschichte »Als der Waldbauernhufi das Weihnachtsessen holen ging«.

ER Weihnachten ist bekanntlich das Fest der Polemik, daher will ich nach den Gedanken da drüben vor dem nächsten neuen gemeinsamen Jahr auch noch etwas loswerden: Meine Frau erzählt zwar weniger Abenteuergeschichten aus dem Alltag, das liegt aber nur daran, dass auf nahezu allen Erledigungspackerln ein Kärtchen mit meinem Namen (»Michael« oder »Dodel«, wie's beliebt) hängt. Im Haushalt indes hält es sich mit der Arbeitsteilung die Waage, eines ist für sie aber immerzu unter ihrer Würde: das Austauschen einer Glühbirne. Keine Ahnung, warum diese Tätigkeit, die weder Talent noch den Willen zu harter Arbeit voraussetzt, mit so einer Selbstverständlichkeit in mein Ressort fällt, aber vielleicht ahnte ich bisher nur nichts von einer tückischen Gewinde-Allergie.

So hängt etwa in unserem Wohnzimmer ein sogenannter Beleuchtungskörper, der aus fünf Lämpchen besteht. Klar, dass gelegentlich eines den Geist aufgibt. Dann warte ich. Denn erstens verwandelt der Verlust eines Leuchtkraft-Fünftels unser Heim nicht in einen geheimnisvollen Darkroom, zweitens mag ich es, wenn das Erwartbare passiert. Sie sagt auch verlässlich »Schau, da ist ein Lamperl kaputt« und meint: Du hast doch sicher genügend von den Dingern auf Vorrat gekauft, gehst sofort zum Kasten im Nebenraum, holst ein neues und machst sofort, dass es wieder gut ist. Aber mitunter mag ich nicht gleich hupfen, sage »Jaja, mach' ich dann« und merke gar nicht, wie leichtfertig ich die Lämpchenaustauschverantwortung bis zu meinem Ableben übernehme. Denn lieber sagt sie fortan 23-mal »Du vergisst eh nicht auf das Lamperl«, als es auch nur einmal selbst zu wechseln. Das ist vermutlich ein Handgriff-Prinzip, das in Seminaren wie »99 pfiffige Ehestrategien für sie« gelehrt wird. Egal. Liebe heißt eben oft auch: im Dunkeln tappen.

Unsere Markttücke

SIE Ich bin kein Fan von Traditionen, doch ein gewisses Maß an Beziehungsriten darf's schon sein. Im Frühjahr ist dies der gemeinsame Ausflug in die Gartenabteilung des Baumarkts. Im Winter ruft die Christkindlmarkt-Tradition. So viel Kindischsein gönne ich mir – und dazu den einen oder anderen Glühwein. Der Mann ist von vielem glühender Fan, nicht aber von warmem Wein, außer er wird von einer reschen Blondine abgefüllt. Wobei … bei genauer Betrachtung fällt auf, dass er keine Art von Markt mag: den Baumarkt nicht, den Gartenmarkt ebenso wenig wie den Textilmarkt. Flohmärkte lösen überhaupt Pusteln bei ihm aus.

Das hat, wie ich vermute, folgende Gründe: Er findet den für diese Orte üblichen Bewegungsmodus zum Davonrennen. Weil ein Bummel immer heikel ist, sehr heikel – und weil damit etwas aus seiner Sicht Grauenhaftes verknüpft ist: absichtsloses Schauen. Wer absichtslos schaut, wird nämlich absichtslos entdecken. Und das wiederum führt zu meiner »Jö, schau bitte, Schatzi«-Begeisterung, die bei ihm »Holt mich hier raus«-Panikattacken bewirkt. Vor lauter Angst, sich mit mir etwa über die Schönheit einer Christbaumkugel unterhalten zu müssen. Der Gedanke, dass er auf eine Frage wie »Sag, findest du dieses mundgeblasene Engerl argentinischer Hochlandindianer lieb?« nur ein Prozent seines Gehirnstoffwechsels verschwenden müsse, erscheint ihm schlimmer als – tja – ein Tagesausflug bei IKEA an einem Samstag. Ebenso wie der Austausch darüber, ob wir Kletzenbrot aus der Steiermark oder doch Lebkuchen aus Salzburg als Adventmarkt-Erinnerung nach Hause nehmen sollen. Da erwidert er nur: Wurscht, ich find' beides zum Speiben. Dann doch lieber literweise Glühwein – auch ohne Blondinen.

ER Wenn meine traditionell sehr besinnliche Frau von vorweihnachtlichem Entzücken gepackt wird und mir dieses wie ein Christbaumnetz überstülpen will, dann sagt sie interessanterweise niemals »toll, schön« oder gar »bezaubernd«, sondern immer: »Das ist so romantisch!« Offenbar muss in ihrer Frauen-DNA irgendein Automatismus programmiert sein, der ihr die Gewissheit gibt, mein Herz ließe sich beim Erklingen von »romantisch« wofür auch immer leichter erweichen. Das ist im Übrigen kein Jahreszeiten-Spezifikum. Sie findet die Frühlingswiese gleichermaßen romantisch wie den Sommerregen, den Herbstspaziergang oder die Wintersonne. Aber natürlich gibt es zahllose saisonale Sub-Impressionen. In der Adventzeit ist demnach ein Kaminfeuer romantisch, auch wenn es draußen zehn Grad plus hat. Und natürlich auch das rituelle Massenteelichterentzünden (das meine Abende täglich mit Massenteelichterlöschaktionen enden lässt). Und verjazzte Weihnachtslieder in Flüstertonlautstärke, inklusive Mitsummen.

Wer so romantisch veranlagt ist, muss selbstverständlich auch Jahr für Jahr die Weihnachtsmärkte abklappern. Was gar nicht so ein Problem wäre, wäre dieses Ansinnen nicht auch mit der Aufforderung, ich möge doch bitte statt immer so fad lieber auch ein bisserl romantisch sein. Welche zarte Saite das öffentliche Kampfpunschen mit Handwerkskunsthintergrund in mir zum Schwingen bringen soll, konnte sie mir aber noch nie erklären. Egal. Ich esse einfach Würstel und Krapfen und warte, bis ihr endlich kalt ist.

Das Erste, was ich übrigens heuer auf dem Christkindlmarkt sah, waren … echt jetzt … zwei Lamas: Wow, dachte ich mir – es geht nichts über die gute, alte Wiener Tradition. Lamas auf dem Karlsplatz! Wenn das nicht romantisch ist.

Oh Tannenbaum!

SIE Eine Frau räumt auf – etwa den 25. Frühjahrs-Vorschau-Katalog eines Verlagshauses – mit Werken wie *Warm Bodies* – der Zombie-Liebesroman. Auffällig im Kontext Zombie und so – das Überangebot der Eheratgeber für Fortgeschrittene. Etwa: *Müde Ehe? Scheiden oder bleiben. Lieben oder lassen.* Wenn ich etwas dazu sagen darf: Wer lieben will, muss lassen können. Etwa den Christbaum. Es ist ja mittlerweile durchaus bekannt, dass ich bekennende Weihnachtsfee bin. Ich liebe das Fest und das Entree dazu. Ich liebe also auch einen illustren Christbaum. Aber irgendwann reicht's dann wieder – heißt: Spätestens am 6. Jänner will ich Konfetti statt Lametta in meiner Wohnung. Der Baum muss weg. Überhaupt, wenn er leise rieselt. Und der Hund die Tannennadeln überall in der Wohnung verteilt. Nur so: Es rieselt seit 23. Dezember. Wohl deshalb bin ich schon seit Tag 3 nach der Bescherung angespannt. Wo ich das Zeugs schon aus der Butter kletzeln musste.

Der Mann nebenan ist weniger weihnachtsaffin, doch wenn der Baum einmal steht, dann steht er. Von ihm aus darf er das bis Ostern. Wo er doch a) so teuer wie ein Dinner beim Nobelitaliener und b) so wahnsinnig mühsam zu transportieren war. Sowie c) von ihm so liebevoll mit entwirrten Lichterketten versehen wurde. Das gilt es auszukosten – bis zum letzten Nadelstich. Da hilft's auch nicht, wenn ich sage, dass der Baum genauso wenig Zinsen bringt wie unser Sparbuch. Dass ich aufgrund des Baumstandortes weder an meine Jazz-CDs komme noch an das neue vegetarische Kochbuch, scheint ihm wurscht. Offiziell – bei Tanten, Omis, Onkeln – gibt er allerdings den Sentimentalen. So a schöne Tanne, wär schad' drum. Die Verwandtschaft ist entzückt: lieber Michi. Höchste Zeit für einen Hinterhalt im Nadelwald.

ER Einst spazierte ich mit einem Freund über einen Markt im Süden. Bei einem der Stand'ln gefiel mir eine Sonnenbrille und ich fragte nach dem Preis: »Dreißig Euro«, sagte der Verkäufer. Passt, dachte ich und wollte das Geldbörsel zücken, da sprach plötzlich der Freund zum Verkäufer: »Fünf Euro.« Und der antwortete in der Sekunde: »Okay.« Die schmerzliche Erkenntnis: Auf meiner Stirn würde ein Leben lang stehen: Ich bin der Vollkoffer, der nie handelt, weil ihm das irgendwie peinlich ist.

In dieser Funktion erwarb ich auch unseren Christbaum. Meine Frau, im Normalfall die gnadenlose Kontrollinstanz (Sag', spinnst du, viel zu teuer …), war heuer ausnahmsweise nicht dabei. Und prompt fiel mir der Feilscher-Vorsatz erst ein, nachdem der Verkäufer die Spitze bereits wunschgemäß abgesägt hatte. Daher war ich erst recht sprachgelähmt und entschied mich, statt einen Dialog mit Feindseligkeitsgefahr zu führen, lieber stolzer Besitzer des teuersten Christbaums Europas sein zu wollen. Das wiederum fand das Weihnachtsengerl zu meiner Linken eine wenig ausgereifte Idee (sie formulierte es nur anders) – da halfen auch bestechende Argumente von »Ist doch Weihnachten« bis »Ist doch wurscht« nichts.

Daher bin ich der Meinung, der (im Übrigen prächtige) Baum muss noch stehen bleiben. Vom Preis her sogar bis Sommer (und zwar 2016), aber auch, weil sämtliche Arbeiten, die so ein Ungetüm macht, immer (!!) ausschließlich (!!) von mir (!!) erledigt werden. Ergo will ich als AvD (Aufputzer vom Dienst) das letzte Wort haben. Und auch das ohne Verhandlungen.

Jö, ein paar Glücksfischerl!

SIE Die letzten Wochen des Jahres sind bei uns daheim recht dicht. Es gibt viele Anlässe, zu feiern: unsere Geburtstage, unser Kennenlerntag, Weihnachten, Jahreswechsel. Zumindest ich wäre da in Nonstop-Champagnerlaune. Da ich ein organisierter Mensch bin, stelle ich ihm folglich schon im Spätsommer die Frage: Wie, wo, mit wem feiern wir? In der Hoffnung, dass der Mann nebenan auch einmal so was wie eine Idee hat. Aber Pech. Statt Antworten wie »Keine Sorge, Baby. Ich habe schon eine Wundertüte an Überraschungen in petto und alles im Griff« kriege ich immer nur ein supercooles »Du, lass uns das doch total spontan entscheiden, wenn's dann so weit ist. Aus dem Bauch heraus, wie wir Lust haben«. In den ersten Jahren unserer Beziehung bin ich auf den Schmäh noch hereingefallen. Bis ich erkennen musste, dass seine spontan gefühlte Silvester-Wundertüte über die Organisation von Glücksfischerln für die Mitternachtseinlage kaum hinausgeht. Im Grunde will er nämlich nur eines: nix.

Falsch. Feiern möchte er schon. Und zwar laut, lang, lustvoll. Denn natürlich liebt er die Vorstellung, irgendwo hingegossen, von Damen mit Taubenbrust-Häppchen gefüttert zu werden, während er an Rotweinkelchen nippt und den Plauderwastl gibt. Aber die Orgie organisieren? Er. Sicher. Nicht. Denn, huch, wer trägt am nächsten Tag die leeren Flaschen weg und macht die Bude wieder salonfähig? Alleine der Gedanke an Einkaufslisten, To-do-Papiere oder die Rasterfahndung nach dem besten Räucherlachs erzeugt bei ihm akutes Nervenreißen. Also werden wir auch heuer wieder zum Läuten der Pummerin total originell Blei ins Wasser plumpsen lassen, um das 16. Mal darüber zu streiten, wer das schönste Phallussymbol gegossen hat. Andererseits heißt's ja so schön: In der Ruhe liegt die Kraft. Frohes 2015.

ER Das ganze Leben ist ein Plan. Es vergeht kein Heute ohne Gedanken an kommende Tage, Wochen und Monate. Kein Morgen ohne Nachmittagsdesign und kein Abend ohne Stundenplankontrolle. Schon gar nicht, wenn man mit der Dame dort drüben verheiratet ist. Gäbe es eine Weltmeisterschaft im Kalenderdauerabgleichen, hätte sie den Titel auf ewig sicher. Denn das Spontanste, was wir tun, ist das Annehmen einer Einladung zum Grillen für Juli 2016 nach nur drei Tagen Bedenkzeit. Unsere Urlaubsplanung läuft immer nach demselben Prinzip: Sommerdestinationen müssen vor dem Kamin, Winterreisen im Schanigarten besprochen und organisiert werden. Und auch wenn das hundert Mal so sein muss, weil man sonst Sommer und Winter in der öden Pension »Alltag« verbringen muss, so nervt es mich trotzdem hundert Mal.

Silvester ist diesbezüglich natürlich keine Ausnahme. Auch da lautet ihr Motto: Nach dem Neujahrsspringen ist vor dem Neujahrsspringen. Heißt: Sobald der letzte Bulimiker einen Telemark jenseits des K-Punkts gesetzt hat, geht quasi schon die Frage nach dem nächsten Event über den ehelichen Schanzentisch. Und da ich sehr pflegeleicht bin, sage ich aus Bequemlichkeit gerne: Mir ist alles recht, Hauptsache, ich habe keine Hack'n damit. Nur: Das spielt es in den meisten Fällen nicht. Erst unlängst, also vor zwei, drei Jahren gebar meine Frau die Idee für ein Open House 2015. Feine Sache. Nur mit dem kleinen Haken, dass Stehtische, Geschirr und Flaschen zwar nicht gehen, aber rufen können: »Miiiichaeel. Hier sind wir, hol' uns, schlepp' dich auf einen Dodel, damit deine Liebste sich fühlen kann wie bei einem dieser großen Empfänge im Haus am Eaton Place.« Und so war es am Ende auch. Eine gelungene Sache sogar. Sollten wir demnächst wieder einmal machen. In diesem Sinn: Frohes 2017.

X TYPISCH DU!

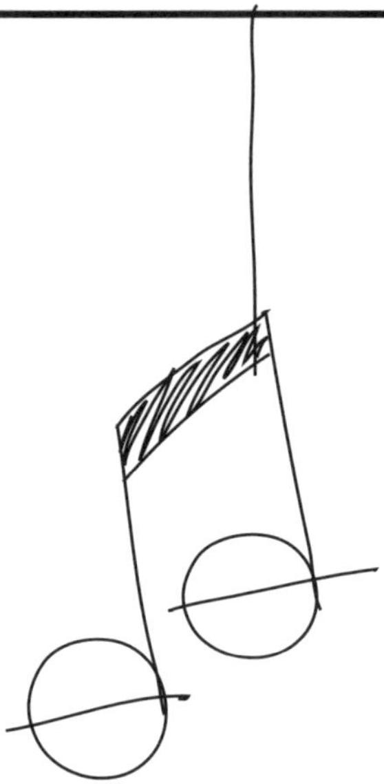

Interessant ist, dass sich viele Paare vor allem deshalb finden, weil sich beide Protagonisten sicher sind, dass sie den jeweils anderen Menschen ändern können. Beziehungsweise: dass sich der andere der Beziehung zuliebe ändert. Auf diese Weise glauben Frauen plötzlich an die immerwährenden Treueschwüre eines Mannes mit Hallodri-Vorgeschichte. Und Männer sind sich sicher, dass diese, nämlich »ihre« Freundin, ganz anders sein würde als die Ex: toleranter, entspannter und total freizügig.

Pause und Einwurf: An dieser Stelle, also beim Schreiben, mussten wir selbst sehr lachen. Über unsere eigene Blauäugigkeit, damals vor 17 Jahren, und die Blauäugigkeit, mit der wir mitunter immer noch durch die Beziehung taumeln. Denn nach wie vor geraten wir an den Punkt, wo der eine vom anderen glaubt: Der ändert sich. Für mich! Schöner Blödsinn.

Doch zurück zum Start: In Wirklichkeit ist natürlich alles ganz anders: Die Täuschung – und man kann hier durchaus von Selbsttäuschung sprechen – dauert gerade einmal so lange, wie die Verliebtheit währt und man sich des anderen (vermeintlich) sicher sein kann. Nach den ersten Monaten apert alles an Charaktereigenschaften heraus, das vorher unter der fluffig-leichten Decke aus Pulverschnee und Lustbarkeit ruhte. Das ist schon gut so. Und dennoch kommt er irgendwann wieder, dieser Aufschrei, diese Anklage, die aus zwei Worten besteht: »Typisch, du!« Damit verknüpft die dezente Bitte, es möge sich doch endlich etwas ändern.

Jetzt ist es aber so: Ändern wird sich nix und niemals etwas, wenn die Änderung immer nur in der Projektion erfolgen soll, also immerwährend diese Forderung besteht: *Du* musst dich ändern. Denn *du* bist schuld. Und *ich* habe recht und bin gut so, wie ich bin. Ändern kann sich immer nur das Ganze, ausgehend von einem selbst. Wer aber eine Partnerschaft so richtig schön kaputt machen möchte, geht hin und tut genau das: am anderen permanent herummäkeln, herumbasteln, herummanipulieren. Und sich selbst schön sein lassen.

Was auch gerne vergessen wird: Die zwei Worte »Typisch, du!« waren einst ganz anders gemeint, nämlich als Kompliment. Sie galten als Hommage an den Menschen – so wie er ist, so wie wir uns in ihn verliebt hatten, so wir ihn »meinten«. Genau dessen sollten wir uns in diesem beliebten Projektions-Gejammere immer wieder entsinnen. Um dann, durchaus mit etwas Augenzwinken, anfügen zu können: Typisch ich. Und, vor allem: typisch wir.

Die Seifeprüfung

SIE Was unsere Beziehung derzeit dominiert, sind Seifen. Das kam so: Der Mann nebenan ist ein überdurchschnittlich engagierter Händewäscher. Viele Male pro Tag hechtet er Richtung Sanitäranlagen, um die Künstlerpratzerln einzuschäumen und trocken zu tupfen – seine Interpretation des Saubermann-Daseins. Böse Menschen würden dem Waschbären eine Zwangsneurose »light« attestieren, ich habe aber gelernt, mit der Pritschelmanie zu leben. Dieser Tage ging unser reicher Seifenvorrat aus. Nervös fuchtelte er mit dem herum, was von der letzten Seife übrig geblieben war. Und ich wurde gleichzeitig darum gebeten, dringend an Seifennachschub gröberen Ausmaßes zu denken. Wie es das Schicksal so wollte, stand das Wochenende vor der Tür.

Beim samstagvormittäglichen Shopping-Bummel in dem von ihm viel zitierten, aber eher unbeliebten »Nur-einmal-Schauen«- und »Ui, das können wir sicher brauchen«-Modus fand ich mich plötzlich im Seifenparadies wieder. Und kam Stunden später mit einem großen Sack voll mit duftenden und bunten Seifen heim. Den hielt ich ihm unter die Nase – auf ein, zwei Bravi hoffend: »Schau, Schatz, deine Seifen – toll, gell?!« Doch was kam? Ein Vorwurf. Und noch ein Vorwurf. Es war nämlich so, dass ich nicht irgendwelche Seifen gekauft hatte, sondern besondere. Honig-Marzipan-Seifen, Zimt-Mohn-Seifen, Kaffeeseifen und – gegen schmutzige Gedanken: Seifenmuffins. Wermutstropfen: Ich hatte vergessen, den Kassazettel verschwinden zu lassen. Mit steinerner Miene hielt er einen pinken Seifen-Muffin in die Höh' und sprach: »Net dein Ernst jetzt. Falls es dir noch nicht aufgefallen ist: Ich will das Zeug nicht essen, ich will mich einfach nur damit waschen.« Sprach's und ging stumm Schichtseife kaufen.

ER Ich habe gerne saubere Hände. Aber wenn diese Tatsache ernsthaft als Neurose diagnostiziert wird, denke ich mir: Wieso, bitte, kann es dann sein, dass überhaupt noch Menschen frei herumlaufen? Vor allem jene, die ein nachriechbar gestörtes Verhältnis zu Hygiene haben? Faktum ist, dass ich das Gefühl, eine Seife zu umfassen, sehr erlösend finde. Faktum ist aber auch, dass all jene Zweier- oder Viererpack-Seifen, die ich regelmäßig kaufe und einlagere, bei Bedarf mit hoher Wahrscheinlichkeit unauffindbar sind. Und zwar deshalb, weil meine Frau – und ich bringe hier ganz dezent wahres Zwangsverhalten ans Kolumnenlicht – seit jeher davon überzeugt ist, dass jede Form von Kleidung nur dann zur Entfaltung gelangen kann, wenn ihr in den Kästen, Truhen und Regalen ausreichend Seifen beigemengt werden. Es handelt sich dabei offenbar um eine bedeutende Familientradition, und schon die sehr weise Gaby-Urli soll angeblich auf die Weitergabe der alten Bauernregel bestanden haben: Hast Seife du beim Wäschestück/ist ewig hold dir Lebensglück. Oder so.

Es gibt jedenfalls bei uns daheim stets aufs Neue den Kurzdialog: Ich: »Haben wir noch irgendwo Seife?« Sie: »Sicher, irgendwo zwischen den T-Shirts.« Ich: »Klar, wo sonst?« Umso überraschter war ich, als die Herzdame kürzlich mit dem allerbreitesten Herzdamegrinsen vor mir stand. Und mir einen prachtvollen gelbbraunen Quader überreichte, als wäre es der Oscar fürs Händereinigungslebenswerk. Dann sagte sie nur: »Das ist eine Himmelschlüsselblumenseife.« Was sie nicht sagte, ist, dass es für diese offenbar einen fünfhundertprozentigen Himmelschlüsselblumenzuschlag gibt. Egal. Das steigert das Bewusstsein. Und jeder Waschgang ist seitdem ein ganz besonderes Sauberkunststück.

Der einfache Mann

SIE Als Amuse-Gueule diesmal eine kleine Kostbarkeit aus der Rubrik »Kluge Worte«: »Das Kind hat den Verstand meistens vom Vater, weil die Mutter ihren noch besitzt.« Also sprach Adele Sandrock, Schauspielerin. Weil wir beim Thema »Verstand« sind: Ich liebe Studien, die sich mit dem Männerhirn beschäftigen, auch wenn sie inhaltlich nichts mehr Neues hervorbringen. Wir wissen längst, dass der Daten-Highway im Herrenhirn anderen Gesetzen folgt als jener in weiblichen Köpfen. Erst unlängst wieder landete eine solche Studie auf meinem Tisch: Untersuchungen von Forschern an der University of Pennsylvania zeigten, dass Männerköpfe offenbar für eine Kommunikation innerhalb der Hirnhälften optimiert sind. Bei Frauen hingegen fanden die Experten längere Nervenverbindungen zwischen den Gehirnhälften. Welch Symbolik!

Auf die heruntergebrochen kann nämlich gesagt werden, dass die Männer am liebsten mit sich selber spielen, während die Frauen dauernd einen Dodel brauchen, der Sachen wie diese sagt: »Du bist nicht blad. Und, Schatzi, Kompliment, das Kleid passt dir super.« Genau genommen ist auf Studien gepfiffen. Ich brauche ja nur dem Mann nebenan beim Leben zuzuschauen und schon poppt eine Kartografie seines Gehirns vor meinem geistigen Auge auf. Und die ist – nicht lachen – sehr einfach. Relativ groß und dominant sehe ich da ein Feld. Es ist rechteckig, grün und hat zwei Strafräume. Das ist das Gefühls-Epizentrum des Liebsten, hier ballt sich alles an Leidenschaft und Herzblut. Gleich daneben sehe ich ein sehr dickes, sehr dichtes Neuronendickicht und darauf gibt's drei Bedürfnis-Knopferl, die – je nach Aktivität – leuchten: a) Ich tu' jetzt was essen. b) Ich tu' jetzt was spielen. c) Ich tu' jetzt schnackseln. Manchmal leuchten alle gleichzeitig. Der Rest seiner Kommandozentrale wird so sein wie bei mir: unfassbar genial.

ER Es ist so vorhersehbar. Immer dann, wenn sich der offensichtliche Horror ganz bestimmter Taten meinerseits an einem Schnoferl ihrerseits ablesen lässt, weiß ich: Jetzt wird sie in der kommenden Kolumne wieder den Primitiv-Trumpf spielen. Heißt in der Extremvariante: Sie würde selbstverständlich rasend gerne mit ihrem Ehemann vor einem großen Teller Haferwurzeln sitzen und sich zu den Freejazz-Klängen von Jimmy Giuffre darüber unterhalten, warum Platon der These von Parallelwelten so gar nichts abgewinnen konnte. Aber nix da, weil nämlich er mit Sportgummi vor dem Fernseher lümmelt, ein völlig unbedeutendes Fußballmatch anschaut und nebenbei ein paar obszöne Witze über ihren Hintern reißt, über die er sich zwischen seinen Bierrülpsern grunzend zerkugelt. Ja, ich glaube, so sollen sich die geneigten Leserinnen und Leser, ginge es nach ihr, mein dumpfes Alltagsleben vorstellen. Denn es erscheint etwa alle drei Tage eine neue Studie, die belegt, wie simpel Männer gestrickt sind, und dass sich das mit der weiblichen Genialität unmöglich auf eine Partnerschaft ausgehen kann. Zumindest nicht auf geistiger Augenhöhe.

Und doch vergisst sie bei der Aufzählung der Knopferln, die es bei mir zu drücken gibt, gerne das eine oder andere. So fand keine Erwähnung: d) Ich tu' jetzt was arbeiten, damit wir uns außer Wohnung, Nahrung und Kleidung auch liebgewonnenen weiblichen Firlefanz leisten können. e) Ich tu' jetzt was massieren, und das sind zufälligerweise immer ihre Füße. f) Ich tu' jetzt was suchen, und zwar das Mathebuch (zum Lernen mit dem Kind), das Sackerl (zum Gassigehen mit dem Hund), die Haferwurzeln (zum Schenken von Seelenfrieden). Und vielleicht tu' ich sogar demnächst Blumen kaufen. Mit Kärtchen dran: »In Liebe, dein Hirni.«

Taktgefühl

SIE Es kommt – wie Sie vielleicht schon aus diesen Zeilen hier herauslesen konnten – mitunter vor, dass wir uns nicht einig sind. Höchste Zeit für ein bisschen Harmonie: Wir tanzen beide unglaublich schlecht. Das war's auch schon. Denn wie immer existiert der feine Unterschied: Ich tanze trotzdem. Er hingegen würde niemals auch nur einen einzigen Schritt auf das glatte Parkett einer möglichen Blamage legen. Da zitiert er lieber den deutschen Schriftsteller Christoph Lehmann (1570–1638): Es sind nicht alle lustig, die tanzen. Versucht haben wir es ja. Das ist knapp 13 Jahre her und geschah für eine Reportage zum Thema »Swing«. Während rund um uns Menschen in getupften Petticoats mit Pomade im Haar perfekte Jitterbugs hinlegten, machten wir uns zu Witzfiguren, die lechts mit rinks verwechselten. Der Tanzlehrer lächelte am Ende der Stunde höflich-milde, vermutlich ist ihm noch nie so eine Ballung an Volldolmismus begegnet.

Mir war und ist das völlig wurscht. Wenn ich in Stimmung bin, hau' ich mich trotzdem vergnügt in die Menge. Am liebsten tanze ich alleine, weil ich dann niemandem auf die Füße trete und mein Unvermögen mit Argumenten wie »Ich lasse mich nur schwer führen« wegheucheln muss. Dafür hüpfe ich gerne ausgelassen herum und gröle dazu – wenngleich mir bewusst ist, dass ich 52 und kein leichtfüßiges Elflein mehr bin. Aber: Nach zwei Stunden angewandten Ausdruckstanzes fühle ich mich leicht und frei. Der Mann nebenan hingegen bekommt dabei – während er am Rande der Tanzfläche lässig an einem Bier nippt und so tut, als sei er nicht mit mir z'amm – Magenkrämpfe. Für ihn sind meine tänzerisch-ausgelassenen Soli ein Anlass peinigenden Fremdschämens. Da hilft auch kein von mir gesäuselter Ovid: »Wenn die Frau nicht tanzen will, ist alles Fiedeln umsonst.« Er bleibt aus dem Takt.

ER Ja, es ist möglich: Glücklich zu leben, ohne jemals beim Opernball, dem – wie es scheint – wichtigsten Fest der Menschheitsgeschichte, dabei gewesen zu sein. Herrje, lieber schaue ich den Oberliga-Fußballern des SV Aspern beim Dribbeln und Flanken zu als den Oberliga-Adabeis der Republik Österreich beim Sich-großartig-Finden und Tanzen. Schon als Jugendlicher verabschiedete ich mich bereits nach drei Abenden aus der Tanzschule. Da ich Anleitungen wie »Links-Seit-Schluss« und »Wiiiiieeeege-Schritt« etwa so spannend fand wie die mathematische Frage, welcher Kegel im Paraboloid das größte Volumen hat. Viele Jahre später wurde es nicht besser, als mich meine Frau für eine Reportage in einen Swing-Kurs schleppte. Nie fühlte ich mich als Takt-Verweigerer und Zehen-Attentäter so deplatziert wie zwischen den vielen Pärchen, die einander im Kampf um irgendeine silberne Hops-Medaille begegneten. Ich stellte mir nur die Frage: Wie woogie im Kopf muss ich gewesen sein, um so einem Höllentrip zuzustimmen?

So kann ich heute kraft meiner Erfahrungen behaupten: Öder als Tanzen ist für mich nur noch das Zuschauen beim Tanzen. Daher fällt mir zu den Quoten von *Dancing Stars* auch nur ein: Ich war's nicht. Und dennoch: Der partnerschaftlichen Sehnsucht nach tänzerischer Harmonie im Zusammenspiel mit körperlicher Leistung begegne ich voller Respekt. Die Ästhetik von umherwirbelnden und -hüpfenden Solisten indes erschließt sich mir (seit meiner glanzlosen Disco-Zeit) nicht. Auch meine Frau neigt dazu, auf allerlei Tanzflächen den Anschein zu erwecken, sie wäre ein willenlos zuckender Teil einer Massenpsychose. Da mag ich nicht hinsehen. Und höre lieber auf mein Kommando: Wiiiiieeeege-Schritt an die Bar!

Zum Vergessen

SIE Glücklich ist, wer vergisst, was nicht mehr zu ändern ist«, schmettert man so herrlich üppig in der Operette *Die Fledermaus*. Ich denk' mir: Wäre Johann Strauß noch am Leben, hätte er dem Hirni nebenan seine Partitur dazu gewidmet. Mit der Zusatznotiz: »Für den Maestro selektiver Gedächtnisleistung – hochachtungsvoll, Johnny Strauß.« Zum Verständnis: Der Geliebte ist zwar imstande, Geburtsstunden, Geburtsorte, Verwandtschaftsverhältnisse und Torstatistiken sämtlicher Weltfußballer abzurufen, aber mitunter kommt's vor, dass er im Supermarkt nimmer so genau weiß, warum er überhaupt da ist und ob er nun Weckerln oder WC-Steine kaufen soll.

Okay, das ist eine etwas verzerrte Darstellung, aber en gros haut das hin. Vor allem, wenn es um »heikle« Angelegenheiten geht. Dabei handelt es sich um kleinere und größere »Sünden«, die sich alle zehn Jahre in der Zweisamkeit einnisten. Hier regiert nicht nur bei Don Hirni das Credo: »Im Zweifelsfall für das Vergessen.« Was von uns Frauen als Männerklassiker durchschaut werden muss, der vor allem eines zum Ziel hat: Nur! Nix! Zugeben! Wobei ich mich an dieser Stelle gerne an das Lied *Küss di Hand, schöne Frau* von der EAV erinnere: »Helga wer, Helga wie? Diesen Namen hört' ich nie!« Aber auch ich lösche zuweilen etwas aus meinem Kopfarchiv. Heikel wird's, wenn sich das mit seinem »Alles-pfutsch-Talent« multipliziert. Dann passieren seltsame Dinge. Etwa als wir unlängst in einem Restaurant dinierten. Nachdem wir das Lokal verlassen hatten, fiel mir auf, dass etwas fehlte. Ich sprach mit leicht gehässigem Unterton: »An deinen Pulli muss wohl wieder ich denken?« Worauf er ins Lokal zurückging, wo neben dem Pulli auch noch etwas Großes und Hechelndes unter dem Tisch lag: unser Hund. Der Rest ist Schweigen, Schämen und so manche extrem unhöfliche Schuldzuweisung.

ER Da meine selektive Vergesslichkeit immer wieder zum süffisanten Thema wird, rufe ich an dieser Stelle den hoch geschätzten Doktor Gerald Hüther in den Zeugenstand. Der gute Mann ist nämlich ein anerkannter Neurobiologe und beschäftigte sich daher auch intensiv mit dem Gedächtnis. So vermag er klarerweise leicht zu erklären, warum ich mich ganz genau an das Tor von Austria-Edeltechniker Felix Gasselich 1982 in Istanbul gegen Galatasaray (Endstand 4:2) erinnern kann. Aber fix nicht an den Namen des »Na geh, weißt eh, der superlustige Freund von der Hannelore«. Weil: In unserem Hirn bleibt vor allem dann etwas tief verankert, wenn es mit starken Gefühlen verbunden ist. Hüther im Originalton: »Alles hängt davon ab, ob man sich für etwas begeistern kann. Wenn etwas wirklich unter die Haut geht, vergessen wir es nicht so leicht.« Heißt: Ich weiß, dass ich einst als Bub jubelnd durch die Wohnung gehüpft bin, weil Gott Gasselich erst wie ein Zauberer gegaberlt und dann wie ein Idol genetzt hat – das Ereignis hat sich also (ich vermute im Gegensatz zu meiner Frau) bei mir eingebrannt. Gleichzeitig erinnere ich mich aber an keine einzige superlustige Wuchtel vom Dingsbums. Und auch das Kaufen von zum Beispiel Distelöl ist in meinem Leben nicht mit starken Gefühlen verbunden. Worüber ich ehrlicherweise recht froh bin.

Ich gebe aber zu, dass dieser gelegentliche Hang zur Vergesslichkeit auch gerne als Strategie eingesetzt wird, wenn es um Rechtfertigungen aller Art geht. Blöd ist nur, wenn man sich plötzlich an etwas erinnert, von dem man einst behauptet hat, es längst vergessen zu haben. Noch blöder, wenn die eigene Frau garantiert jedes Detail jeder Unterhaltung der vergangenen 15 Jahre abrufen kann … aber dann kein Argument dafür besitzt, warum sie den Hund vergessen hat.

Partnerschaft mit Pfiff

SIE Der Mann nebenan ist früh kultiviert worden. Es geht die Legende, dass er schon im zarten Babyalter zu Arien aus *Don Carlo* oder *Tannhäuser* schreien durfte. Wohingegen ich bereits mit vier Jahren Textteile von *Mei Alte sauft so viel wia i* fehlerlos mitsingen konnte. Auch Liedgut von Karel Gott war mir nicht fremd. Während man im Hause Hufnagl also stundenlang darüber diskutierte, ob Jussi Björling tatsächlich der größte Tenor aller Zeiten gewesen sei, befüllte man bei mir daheim zu Horst Chmelas *Ana hat immer des Bummerl* noch zwei, drei Römergläser. Und dennoch (oder gerade deshalb) liebe ich heute klassische Musik. Als musikalisch würde ich mich trotzdem nicht bezeichnen. Anders Herzkönig – der denkt, seine elitären künstlerischen Wurzeln wären die Lizenz zum Musizieren. Weshalb er mir fast täglich etwas pfeift. Ich mag den Mann nebenan sehr, doch das hat das Zeug zur Foltermethode. Vor allem, weil die pfiffigen Melodeien so unvermutet wie ein Terrorangriff in meine Idylle platzen. Man stelle sich vor: Wochenende, meditative Ruhe. Das Kind ist im Kino, die Wohnung ist still.

Da, plötzlich, fluten völlig unzusammenhängende Pfiffe die Tiefe des Raumes (siehe auch: Loriots *Der Kunstpfeifer*). In der Sekunde schreie ich: »Schluss!« Er attestiert mir Banausentum, wo das doch die Ouvertüre zu *Don Giovanni* sei. Außerdem sei Pfeifen in der Renaissance eine Kunstform gewesen – als akzeptierte Alternative zum Singen. Ich bleibe dabei: »Das ist keine Ouvertüre zu irgendwas, das ist Mist. Und die Renaissance ist auch schon ein bissel her.« Das ist es aber noch nicht: Der Mann pfeift beim Kochen *Happy Birthday*, obwohl weit und breit keiner Geburtstag hat. Oder ein launiges *Jingle Bells* am heißesten Tag des Jahres. Wenn ich mich in die Enge gepfiffen fühle, packe ich allerdings meine härteste Waffe aus. Ich singe *Cantate domino*, ein Lied aus der Schulzeit. Das ruiniert die Lust meines Lippenblütlers.

ER Nix darf man. Außer sich permanent von meiner Frau »Aus! Sofort! Bitte! Danke!« anzuhören. Dabei ist es lediglich der Neid, der ihrem Flehen zugrunde liegt. Weil sie nicht pfeifen kann. Rein technisch nicht. Probiert sie es doch gelegentlich, klingt es wie die Zugluft in einer schlecht isolierten Berghütte. Das Einzige, das sie diesbezüglich zustande bringt, ist, einen Pfiff Bier zu biberln (aber das ist eine andere, sehr traurige Geschichte). Ich hingegen werde als Pfeifer sicher niemals auf einer Casting-Bühne einer Talente-Show die Jury-Herzen im Sturm erobern, aber: Jeder Mensch erkennt sofort, welch' Liedlein meine Lippen verlässt. Heißt, so schlecht kann es gar nicht sein. Jedenfalls bin ich ein leidenschaftlicher Pfiffikus, vorzugsweise unter der Dusche. Am liebsten pfeife ich die Arie der Königin der Nacht aus der *Zauberflöte*, Italiens Hymne und den Hit *Volare (Nel blu dipinto di blu)*. Wer das hört, weiß: Der hat gute Laune.

Die sich aber spätestens ins Gegenteil verkehrt, sobald das Goldkehlchen zu meiner Linken beginnt, die von mir so benannten Stummel-Songs lautstark zum Besten zu geben. Besonders gerne tut sie das im Auto, wenn ich mich nicht wehren kann. Das geht so: Im Radio ertönt beispielsweise *I love Rock 'n' Roll* von Joan Jett. Die singt: Saw him dancin' there by the record machine – I knew he musta been about seventeen – The beat was goin' strong – Playin' my favorite song – An' I could tell it wouldn't be long – Till he was with me, yeah me … Und sie wird dabei von meiner Frau als zweite Stimme begleitet. Nur ist die nicht sonderlich textsicher. Was zu so etwas führt: »Saw him na na na na na na machine – hm hm hm hm hm hm about seventeen – na na na na na na – Playin' my favorite song – An' I could hm hm wouldn't belong – na na na me, yeah me …« Wer's hier liest, mag sich denken, halb so wild. Wer's hingegen hört, wird verrückt. Dagegen hilft nur eines: Die Sängerin gnadenlos auspfeifen.

SIE Kennen Sie das? Manchmal tagträumt man und stellt sich vor, was wäre, wenn … Unlängst: Wenn es ein Ortungssystem für Männer gäbe, konkret – ein Ortungssystem für den Mann nebenan. Das geschah, nachdem ich ein Inserat für ein Produkt namens »GEODOG « studiert hatte – »das mobile Ortungssystem für den Hund«. In meinem Traum war das Wort »Hund« flugs gegen »Mann« getauscht. Und das las sich dann so: »GEOMAN ist die Lösung für alle, die ihren Mann lieben und deshalb nicht verlieren wollen. So schützen Sie Ihren Mann vor Gefahren. Denn auch der gehorsamste Mann kann bei unvorhergesehenen Ereignissen von seinem Urtrieb geleitet werden, sei es in Schrecksituationen oder vom Geruch der Dame von nebenan. Langes Warten, Suchen und Hoffen ist mit GEOMAN endlich vorbei.«

Dann besuchte ich die Produkt-Homepage und erfuhr, dass es auch GEODOG PRO gibt. Flugs fantasierte ich das Hightech-Hundehalsband in eines für »ihn« um und las: »Trotz bester Erziehung wälzen sich viele Männer im Matsch oder scherzen wild mit Artgenossen und Artgenossinnen. GEOMAN PRO ist auf diese Härtetests vorbereitet. Es verfügt über ein Mikrofon zum Mithören. Gibt es Gebiete, die Ihr Mann nicht betreten soll? Markieren Sie diese einfach als No-go-Zone und es wird ihm unmöglich sein, diese unbemerkt zu betreten. GEOMAN informiert Sie, sobald er eine definierte Tabuzone betritt. Durch das Tracking von bis zu 4000 Wegpunkten ist es möglich, die Jagdstrecke nachzuvollziehen. Grenzen Sie das Einsatzgebiet Ihres Lieblings für die Jagd unkompliziert ein. Sollte er es verlassen, werden Sie informiert.« Es war übrigens ein Anruf, der mich jäh aus dem Traum riss – vom Gatten, der sprach: »Äh, ich komm' heut' später.«

ER Dass mir meine Frau tagträumend ein Halsband verpasst, lasse ich hier lieber unkommentiert. Ich kann aber jetzt noch besser verstehen, warum ihr einst der Film *Die Truman-Show* so gut gefallen hat. Da sitzt nämlich hoch oben in einer Kuppel ein irrer Regisseur und dirigiert mithilfe zahlloser versteckter Kameras das Leben eines Mannes, der aber nicht weiß, dass er – von Schauspielern umgeben – als Star einer Real-Life-Soap benützt wird. Etwa so hätte es Madame wohl auch gerne: Während sie im Büro die Vision der Business-Lady auslebt, kann sie bei Gute-Laune-Tee und Kornspitz an Haferschleim auf einem überdimensionalen Flatscreen auch en passant mein Leben beobachten. Und ihr würde dabei kaum auffallen, dass ausgerechnet der Troll im Wort Kontrolle zu finden ist.

Interessant wäre, was sie zu sehen bekäme. Und ob sie sich mitunter auch davon lösen könnte, mich beim Lesen, Schreiben und Flaschenwegbringen (Ja, Schatz, das erledigt sich nicht von alleine) zu beobachten. Und ob sie alle Kollegen herbeiriefe, um ihnen live zu zeigen, wie ich im Supermarkt zum falschen Joghurt greife (»Da schaut's, er nimmt schon wieder Mango«). Und ob sie sich auch eine Alarmfunktion programmieren ließe – Piepen, sobald ich beim Gassigehen eine Hundebesitzerin treffe und wir beim Gackerl-ins-Sackerl-Prozess einander neckisch zuzwinkern. So, und jetzt aus mit dem Blödsinn, es bleibt beim WhatsAppen: »Kein Stress. Mache mir Buttersemmerl. Dann eh Kolumne. Bussi.«

SIE Pornos? Die braucht der Mann nebenan nicht, er hat ja ein Verhältnis. Und zwar mit seinem Tennisschläger. Dabei erklärte mir der Liebste noch vor einem Jahr, dass er sicher, ganz, ganz sicher nie mehr auf eine Kugel dreschen würde. Aber was ist schon sicher? Ganz sicher nicht das »nie mehr« eines Mannes. Zuvor gab es diesbezüglich allerlei verbale Ausflüge in die Vergangenheit – aus der Rubrik »legendär«. Denn einst war Hufnagl – was sonst? – auf dem roten Sand eine große Nummer, man nannte ihn auch »El Volley«, von seiner Top-Spin-Rückhand hat angeblich ganz Neubau geschwärmt. Aber dann: Aus. Finito. Letzter Satz. Jahre vergingen, ohne Tennis. Bis, ja bis die Sache mit dem leichten Bauchansatz kam. Wir erörterten Fitness-Optionen, ich sprach: »Geh laufen.«

Das mit dem Laufen würde allerdings nur funktionieren, hätte Nurmi Hufnagl einen zweiten Nurmi, der gegen ihn läuft. Das ideale Setting sähe so aus: Original-Hufnagl läuft gegen Hufnagl II, noch idealer wäre es, käme Hufnagl III ins Spiel. Alles Klone, allesamt mit einer Klinikpackung Wer-ist-besser-Genen in der Nurmi-DNA. Aber ohne all das: fad. Weil: Beim Laufen läuft der Läufer gegen nix. Und wer gegen nix was tut, kann nachher nicht sagen: Pfau, den habe ich vielleicht gewetzt. Daher drischt er jetzt auf eine gelbe Filzkugel, um den Gegner fertigzumachen. Damit verbunden sind langatmige Schilderungen von legendären Stoppbällen, grenzgenialer Platz-Gegner-Ball-Antizipation und einer krachenden Rückhand. Dass er nicht ruckartig nach Tag 1 seines Comebacks alle seine Gegner in Grund und Sandboden erniedrigen konnte, war für ihn ein wenig irritierend. Hat er aber mit gefühlten zehn Trainerstunden pro Tag und mindestens fünf Zornesausbrüchen pro Stunde wettgemacht. Andere Frauen kriegen Herzerln per SMS, ich kriege Spielstände zugeschickt.

ER Meine Frau neigt ja zum Interpretationshumor. Warum sollte das bei Gedanken zum Sportalltag anders sein? Aber nur damit das klar ist: Man muss da gar nix herumdeuteln, ich finde Laufen ganz einfach nur fad. Sehr fad. Na und? Ich finde auch Radfahren fad. Oder überhaupt fast jede sportliche Betätigung, in der kein Ball zum Einsatz kommt. Aber ich würde klarerweise nie die vielen Jogger und Biker, die allerorts so fokussiert und vermutlich deshalb ohne jeden Anflug von Lächeln an mir vorbeischnaufen, für ent- oder gar verrückt erklären. Im Gegenteil – Hauptsache Bewegung. Nur hin und wieder, wenn ich mit dem Auto an hochrotköpfigen Läufern vorbeifahre, erlaube ich mir, das Fenster runterzulassen und zu fragen: »Soll ich Sie ein Stück mitnehmen?« Das finde zwar immer nur ich lustig, aber egal, das gönne ich mir. Als jemand, der sich ein Sportleben lang als Fußballer (= Kickerdodel), Badmintonspieler (= Federballschupfer) oder auch Golfer (= Pensionist ohne Sex) verhöhnen lassen musste.

Was ich hingegen nicht tue, ist die athletischen Ambitionen meiner Frau mit spitzbübischem Lächeln zu betrachten. Kein Pilates-Grinser, kein Yoga-Schmunzeln soll je meine Gedanken verraten. Und ich würde sie auch nie fragen, ob sie nicht neidisch ist, weil ich als Derwisch der Tenniscourts vom Aufschlag-Ass bis zum Volleystop, vom Rückhand-Slice bis zum Vorhand-Winner, vom 0:5 bis zum Satzgewinn im Tiebreak gar so viel Action habe. Während sie in den Fitnesscentern die von Leistungskurvenanalysten bis zum Jahr 2017 exakt definierten Programme abspult. Und auf Ergometern und Steppern eine Monotonniederlage nach der anderen toll finden muss. Daher reduzieren sich ihre Erlebnisberichte auch auf »Bist du deppert, ich hab' g'schwitzt«. Und meine Antworten auf: »Na bravo, und wer hat g'wonnen?«

SIE Das Prinzip Ehe folgt der Mengenlehre. Da die Äpfel, dort die Birnen – wo sich die Apferlfläche mit dem Birnenkreis überschneidet, findet gemeinsames (Obst-)Strudeln statt. Paartherapeuten nennen das: Gemeinsamkeiten. Ja, ein bissl Überschneidung ist wichtig. Dennoch bin ich kein Fan des »Wirmachenallesgemeinsam«. Unlängst habe ich darüber nachgedacht und resümiert, wie es mit unserer Begegnungszone aussieht. Nicht übel: Wir essen beide gerne, wir lachen beide gerne, wir lesen beide gerne.

Dennoch sind wir beide glückliche Besitzer getrennter geistiger Schrebergärten, in denen wir uns gegenseitig besuchen. Es gibt nämlich Dinge, die ich ohne ihn lieber und besser mache. Etwa wohnen. Nicht falsch verstehen, ich möchte keine getrennten Wohnungen. Aber ich bin froh, dass unser Heim groß genug ist, um ansatzweise so tun zu können, als wäre der andere nicht da. Der Mann nebenan ist extrem präsent, wenn er präsent ist. Blättert er sonntags in der Zeitung, dann sehr, sehr laut. Die Einflugschneise des Flughafens ist eine Ruhezone dagegen. Meist geht das Blättern mit Fluchen einher. Oder mit einem Aufschrei: »Herrlich! Das musst du lesen, Schatz.« Gleichzeitig wirft er das iPad an, um alle versäumten Nachrichtensendungen des Vortages parallel zu schauen. Das ist laut. Und das ist noch nicht alles. Er ist raumgreifend. Er markiert sein Revier. Das macht er mit Sachen: Zeitungen, Büchern, T-Shirts, aufgerissenen Mannerschnittenpackerln, Jacken. Er kommt heim, zieht die Jacke aus und legt sie aufs Sofa. Dort lässt er sie liegen, vermutlich in der Hoffnung, dass dort sein Jackenwald entsteht. Also warne ich alle, die in meiner Umgebung heiraten wollen, vor Verschmelzungsfantasien. Ich mache mich damit zwar nicht beliebt, bekomme aber regelmäßig Dankesbriefe. Von Frauen und Männern.

ER Manchmal lese ich den Text meiner Frau und atme erleichtert auf. Etwa dann, wenn sie erwähnt, dass sie keine getrennten Wohnungen will. Ah, eh nicht. Dann wiederum lese ich den (gleichen) Text der (gleichen) Frau und denke mir: Bitte, was? Im konkreten Fall verwandelt sie ein Schnoferl in Worte und attestiert mir allen Ernstes raumgreifende Lautstärke. Dazu muss ich nun folgende Fakten in aller Ruhe in die Welt hinausschreien: An einem Wochenende, das ich als Paradefall für gemeinsames Sein bewerten würde, tue ich tatsächlich auch allerlei allein.

1. Ich betreibe Sport, und das kilometerweit vom ehelichen Nest entfernt. Die Lärmbelästigung reduziert sich daher auf das Schließen der Türe. 2. Ich lese, und das v. a. im Internet. Heißt, der Geräuschexzess wandelt zwischen Tastentipp und Mausklick. 3. Ich schaue Fußball. Mittlerweile ihr zuliebe ohne Ton. Dass diese Wunde nie verheilen wird, sei nur am Rande erwähnt. 4. Ich löse das *Zeit*-Rätsel oder ein kniffliges Samurai-Sudoku. Entrückter (und dementsprechend leiser) geht's kaum. 5. Ich twittere und facebooke. Auf dem Handy. Tastentöne? Selbstverständlich deaktiviert. 6. Nur als i-Tüpfelchen auf der langen Beweisschrift zu meinem Wesen als stilles Wasser: Ich hatte zuletzt leichten, aber hartnäckigen Husten. Da aber sogar gelegentliches Kurzhusten dafür sorgt, dass die Ehefrau fix »die ganze Nacht« wach liegt, habe ich mein Schlaflager im Wohnzimmer errichtet. So viel Rücksichtnahme ist normal, aber wo der Vorwurf des Krachmachens Kolumne wird, ist Relativierung wichtig. Im Übrigen stört sie meine Konzentration gerne mit der Frage »Stör' ich?«. Und mein darauffolgendes (höfliches) Zögern wertet sie als Aufforderung für »Weil …, ich wollte dir nur kurz erzählen …«. Das tut sie dann auch. Lang und breit. Aber keine Sorge: Meine Antworten flüstere ich nur.

Ätsch, Erste!

SIE Da saßen wir also und lasen vor einem wunderbaren Publikum aus unserem paaradoxen Beziehungsleben. Und wie immer entrierte der Mann nebenan den Event mit einer seiner Halbwahrheiten. Nämlich, dass das, was ich hier links schreibe, ausschließlich dem Reich der Legenden und Fabeln zuzuordnen sei. Während er natürlich ausschließlich Fakten nach dem Motto Check, Re-Check, Double-Check schafft … (= ohne Worte oder derber: So ein Schwachsinn). Wenigstens die Zuhörerinnen und Zuhörer sagten vernünftige Dinge. Nach der Lesung hatten sie Gelegenheit, uns Fragen zu stellen. Besonders interessant fand ich die da: »Warum darf sie immer anfangen und er muss replizieren?« Was für ein guter Moment, sich in einer Selbstmitleidssuada zu suhlen! Ich spürte körperlich, wie der arme Ritter in ihm eine Lanze für sich zu brechen begann, um mich als gemein dastehen zu lassen. Doch ich war schneller, griff zum Mikro und antwortete statt des Mannes nebenan. Und zwar wahrheitsgemäß.

Die Wahrheit ist, dass ich einen Menschen an meiner Seite habe, dessen DNA aus »Last-Minute«-Bauteilen gebastelt zu sein scheint. Für ihn gilt: Wenn etwas zu tun ist, dann: von mir aus. Aber nicht jetzt – sondern: später. Das Fatale daran: Ist es dann tatsächlich »später«, passiert erst wieder nix. Im Gegenteil. Für ihn ist »später« immer noch viel zu früh und ganz spät der geradezu ideale Zeitpunkt, um darüber nachzudenken, wie man die ganze Sache nicht doch noch ein bisschen nach hinten schieben könnte. Wäre er also »Erstschreiber«, würde das für diese Kolumne Folgendes bedeuten: Ich bekäme seinen Text 30 wahnsinnig lässige Minuten vor Redaktionsschluss, mit dem wahnsinnig lässigen Satz: »Vielleicht lass' ich mir noch einen anderen Schluss einfallen.« Daher fange ich an. Und das wird auch so bleiben.

ER Es war tatsächlich ein besonders gelungener Abend. Was auch an diesem herrlichen Gefühl des Verstandenwerdens lag. Nur ein Beispiel: Nach der Lesung fragte ein Herr, was wir an diesem Abend noch tun würden. Ein Schelm, wer darin eine Anzüglichkeit zu entdecken glaubt. Denn die Wahrheit ist: Ziemlich viele Anwesende wussten, dass unser Vortrag keine drei Stunden vor dem Anpfiff zum Halbfinale der Champions League begann. Und dass ich daher aus zeitlichen Gründen ein bisserl unrund sein musste. Und dass eben genau diese Termin-Konstellation kaum zu packen ist (vielleicht sogar mit dem Hintergedanken: Hat sicher sie ausgemacht, absichtlich). Ich bestätigte alles. Und sah im ganzen Saal freundliches Nicken. Glauben Sie mir: So viel Empathie tut gut.

Apropos: Ich verstehe meine Frau natürlich, was ihre Ausführungen auf die Frage der *Paaradox*-Reihenfolge betrifft. Ich bestätige zudem, dass ich mitunter einen leichten Hang zum letzten Augenblick habe. Aber. Besser, *aber*: Es sei schon erwähnt, dass ich mein Jawort einst ausgerechnet der Ehrenpräsidentin des Ruckizucki-jetzt-sofort-Vereins gegeben habe. Einer Frau, die meine Sachen wegräumt, ehe sie von mir überhaupt hergeräumt werden. Einer Frau, die meine Antwort »Ja, gleich« auf die Frage »Könntest du …« so rasend macht, als würde ich ihren Thermophor verstecken (obwohl sie den Konjunktiv selbst ins Spiel bringt). Einer Frau, die regelmäßig völlig erledigt ist von ihrem viel zu vielen Erledigen. Fakt ist: Gabriele »stante pede« Kuhn würde – gäbe es nicht eine große Menge anderes zu tun – diese Texte am liebsten bis zum Erscheinungstag 28. Juni, und zwar 2015, vorschreiben. Heißt: Die erste Kolumne, die wir in umgekehrter Reihenfolge schreiben würden, wäre mit hoher Wahrscheinlichkeit auch unsere letzte.

SIE Ich höre sehr gut. Und zwar so sehr und so umfassend, dass ich wahrnehmen kann, was der Mann nebenan denkt, aber nicht sagt. Das tut er ja sehr, sehr oft. Nichts sagen, aber oscarreif denken. Er schaut mich an, er schaut mir zu und sagt nichts. Aber jeder einzelne seiner Körperteile drückt nonverbal aus, was ihm dabei gerade so durch den Kopf geht. Die Stirn raunzt runzelnd: »Was, um Himmels willen, machst du denn da schon wieder?« Während ich keuchend das Vorzimmer von den Gatschbröseln befreie, die mir der Mann, das Kind und der Hund nach einem total lustigen Spaziergang total spontan in die Wohnung getragen haben, weil alle total unabsichtlich aufs Abputzen und Schuheausziehen vergessen haben. Die Füße wippen genervt: »Muss ich mit dir ernsthaft diskutieren, ob wir rote, orange oder beige Überzüge für die Zierkissen im Wohnzimmer brauchen? Mir ist das nämlich ziemlich wurscht.«

Seine Nase tut's auch. Wenn sie etwa rümpfend fragt: »Wie komisch kann ein Mensch sein?« Während er beobachtet, wie ich unsere gefühlten 100 000 Bücher so ordne, dass *Fanny Hill* nicht mehr neben dem Kochbuch *Schnelle Nudelrezepte* für alle steht. Die Augen höhnen verächtlich: Sicher! Nicht! Ganz blöde Idee. Während ich ihm die Vorteile eines gemeinsamen Heilfastens im ruhigen Waldviertel ans Herz zu legen versuche. Und sich seine Arme zu einem »Ich würde übrigens auch nicht mit Monica Bellucci oder Uma Thurman heilfasten« verschränken. Wobei ich natürlich registriere, dass seine Arme dabei nicht ganz so fest verschränkt sind wie bei einer »Damit du's weißt, ich werde garantiert keine Tarotkarte zu Jahresbeginn ziehen«-Armabwehrverschränkung. Das ist das Schöne an einer langen Beziehung: Wir müssen nicht laut und dramatisch werden, um Kleinkriege zu führen. Aber auch nicht, um zu sagen, dass wir uns eh noch recht lieb haben.

ER Verblüffend, dass eine Ehe offenbar nicht lange genug dauern kann, um bei all den Kanten, die man im Lauf der Zeit bei der, sagen wir, charakterspezifischen Gattin so registriert hat, nicht doch noch überrascht werden zu können. Etwa dann, wenn ich an einem Sonntag aus der Entfernung meine Frau stöhnen höre, als müsste sie Kohlensäcke über die Kellerstiege schleppen. Um dann zu sehen, dass sie auf allen vieren mit einer kleinen Bürste die haardünnen Fugen zwischen den Fliesen schrubbt, weil: »Dieser Belag stört mich extrem.« Extrem? Ich hatte bis zu diesem Augenblick nicht einmal registriert, dass diese Fliesen offenbar viel mehr können, als einfach nur dazuliegen. In den Fugen angegraut sein etwa. Dann staunte ich und dachte nach, was ich tun soll. Denn natürlich will ich sie nicht putzen sehen und ächzen hören, während ich den Tag lediglich dazu nütze, um mein edles Entspannungsprofil zu polieren. Gleichzeitig will ich ihr aber auch nicht meine Hilfe anbieten, um dann plötzlich selbst ächzend einer Tätigkeit nachzugehen, die ich für ein wenig pflegebedürftiges Neuröslein halte.

Meine Gewissensfrage stand aber anscheinend klar und deutlich im Raum. Denn nur Sekunden nach meinem Eintreffen samt Aber-sonst-geht's-dir-hoffentlich-gut-Blick presste meine kleine Bodenrakete den Satz hervor: »Wenn eine Fuge sauber ist, will man, dass es die nächste auch ist. Das Bürsten kann richtig süchtig machen.« »Ja eh«, sagte ich, verkniff mir aber den Nachsatz, wie lange sie noch gedenkt, den Rollsplitt auf den Gehsteigen unserer Gasse liegen zu lassen. Die ernste Mimik wollte aber nicht so recht gelingen. »Die Ironie kannst du dir sparen«, fauchte sie und war beleidigt. Aber ich denke, das kann ich mit einem romantischen Candlelight-Dinner am Fußboden reparieren.

Der will nur spielen

SIE Ich gestehe ja, dass ich mit Spielen überhaupt nichts anfangen kann. Schon als Kind wurde versucht, mich für Gesellschaftsspiele zu begeistern. Nach dem ersten *Schwarzer Peter*-Versuch schmiss Klein Gaby die Partie und vermischte die Karten mit Plastilin und Uhu. Ähnliche Szenen spielten sich bei *Mensch ärgere dich nicht* ab. Irgendwann nahm ich das depperte Brett samt Spielfiguren und warf damit um mich. Aber nicht nur, weil ich dauernd verloren hatte, sondern weil ich es unglaublich öd fand, mit bunten Kegeln von Punkti zu Punkti zu hupfen. Allen Psychologen, die mitlesen, sei gesagt: Ja, ich habe das mit meiner Therapeutin erläutert.

Der Mann nebenan hingegen ist der Archetyp des Homo ludens exzessiensis. Er liebt es, zu spielen. Und zu gewinnen. Seine Lust, als Erster ins Ziel zu gehen, beginnt bei *Tempo, Tempo, kleine Schnecke* und endet bei dem Spiel des Lebens namens *Wein, Weib & Wuchtel*. Ich habe ja nie verstanden, dass ein Mensch all seine Kreativität und Intelligenz aufwendet, um etwa nächtelang erst Straßen, dann Häuser und schließlich Siedlungen zu bauen. Acht Stunden lang! Um dabei dauernd Sachen zu sagen wie: Tausche zwei Schafe gegen ein Erz. Hat jemand Lehm? Oder: Bist du deppert, so super, ich bin jetzt im Strohhafen. Um schließlich bei den Worten »Genial, jetzt habe ich auch die längste Handelsstraße!« knapp an einem Höhepunkt vorbeizuschrammen. Der Michi spielt auch gerne mit sich alleine. Ich kann mich noch gut erinnern, als das Computerspiel *Lara Croft* auf den Markt und unseren PC kam. Da saß er, der gute Mann, und begab sich stundenlang in Gestalt einer Frau mit Körbchengröße D auf die Jagd nach dem Bösen. Man könnte an dieser Stelle Ovid zitieren. Man könnte aber auch nicht. (Pscht, nicht verraten, der hat nämlich Folgendes gesagt: »Im Spiel verraten wir, wes Geistes Kind wir sind.«)

ER Es existiert eine Filmaufnahme, die einen etwa 7-jährigen Buben zeigt, der allen Ernstes gegen sich selbst *Mensch ärgere dich nicht* spielt. Und: der sich allen Ernstes ärgert. Ja, das war ich. Ich habe immer gerne gespielt. Und ich war auch immer sehr ehrgeizig – ob als Sportler oder als Brett-, Karten- und Computerspieler. Interessant also, dass mir das Schicksal ausgerechnet jene Frau offenbarte, die sich bei *DKT* stets wie eine Schneekönigin freute, wenn sie endlich einige Zeit im Gefängnis pausieren durfte. Die »Aussetzen« als Sieg betrachtet und statt *Activity* oder *Siedler von Catan* lieber eine Runde Staubwischen oder Erdäpfelschälen spielt.

Aber vielleicht hat sie wiederum unbewusst genau nach so einem Spielmann gesucht. Den sie einst ins Rennen schicken konnte, um den *Halma*-Hunger ihres Sohnes stillen zu lassen. Und den sie bitten konnte, sich bei *Husch, husch, Hexe* stundenlang blöd zu stellen, damit das Töchterl nicht zu früh die Erfahrung böser Niederlagen machen musste (als hätte ich in der Rolle des Verlierers nicht ebenso gelitten). Was auch bedeutet: Nie musste sie vor ihre Kinder hintreten und ihnen weinend gestehen: »Es tut mir unendlich leid. Ich liebe euch so sehr, aber ich bin eine Spaßbremse.« Ja, ich allein war der Boccia-, *Uno*-, *Vier-gewinnt*- und *Tombraider*-Sachverständige. Und nur hin und wieder verlangten die lieben Kleinen nach dem ultimativen Familienspaßpaket. Dann hatten sie ihre Freude und einzig ich merkte, wie sehr Mutti böse Miene zum guten Spiel machte. Mittlerweile fällt das Event Spieleabend mit den Eltern aber auch für die Jüngere längst in die Kategorie »endpeinlich«. Heißt: Ich bin wieder gefordert. Als mein Gegner bei *Mensch ärgere dich nicht*.

Eine Frage des Stils

SIE Unlängst kam mir eine schöne Geschichte zu Ohren – von diesem klugen Mann, der vieles kann, nur eines nicht: für sich das passende Outfit wählen. Und Koffer packen – das macht seine Frau. Von ihm, dem Herrn Doktor, stammt der Satz: »Schatz, ich kann mich in diesem Koffer nicht orientieren.« Und nein, es handelt sich nicht um einen Samsonite XXL für Rocksänger auf Tournee und auch nicht um den Mann nebenan. Dennoch passt die Geschichte zu ihm. Er kann sich zwar schon selbst anziehen und findet sich in seinem Köfferchen zurecht, dennoch kommt es immer wieder vor, dass er sich fünf Sekunden vor dem geplanten Aufbruch vor mir aufbaut, um zu fragen: Geht das eh? Dieser Frage ist nicht nur die verknappte Form von »Bin ich dem Anlass gemäß gekleidet?«, sondern vor allem ein Statement: Bäh, ich will keine Krawatte. Bäh, ich will kein Hemd. Bäh, ich will keinen Anzug.

Fakt ist: Der Mann nebenan ist Krawattenhasser. Das war nicht immer so. Als wir zusammenzogen, übersiedelten wir eine Kiste mit Krawatten. Die gibt es zwar immer noch – so wie mich – aber sein Bindungsverhalten hat sich verändert. Die Krawatten sind nicht mehr so wichtig (zu mir sag ich nix). Und zwar seit ihm die Kollegin aus dem Mode-Ressort verklickert hat, dass er der Typ »Weißes Hemd, lässig/offen« sei. Nix biederer Binder. Am besten stünde ihm der minimalistische Existenzialismus-Look. Schwarzes T-Shirt, schwarzes Sakko, schwarze Über- und Unterhose. Die Krawatten verrotten, während ich von Tonnen schwarzer T-Shirts umgeben bin. Und sonst? Sonst steht er 30 Minuten vor Beginn des Pianokonzerts vor mir, um zu fragen, ob das mit dem T-Shirt und so eh geht, während ich daneben aussehe wie jemand, der sich in die Weihnachtsabteilung von Kika verirrt hat – aufgeputzt. Es lebe der unfeine Unterschied.

ER Nein, ich hasse Krawatten nicht. Ich finde sie auch gar nicht einmal unbequem. Ich trage sie vor allem deshalb nicht, weil ich sie nicht so toll und als modisches Selbstverständnis überbewertet finde. Ich habe dazu einmal getwittert: »Ich warte auf den Tag, an dem der dramatische Irrtum, Krawatten stünden für seriöse Eleganz, endlich offiziell als solcher anerkannt wird.« Aber im Grunde ist es mir wurscht. Und ich habe zu entsprechenden Anlässen mittlerweile auch nur mehr selten Diskussionen mit meiner Frau, wenn sie sagt: »Ich glaube, da solltest du schon eine Krawatte umbinden.« Und ich sage: »Ich glaube, da sollten die anderen schon auf eine Krawatte verzichten.« Unabhängig davon ist es jedoch tatsächlich in höchstem Maße originell, dass ausgerechnet sie ausgerechnet mir ein Posing nach dem Motto »Geht das eh?« andichtet.

Die Wahrheit ist – und ich soll ein Leben lang dazu verdammt sein, Seminare für das Anfertigen doppelter Windsorknoten zu veranstalten, wenn es nicht stimmt: Gnä' Kuhn stellt mir vor jedem gemeinsamen Ausgang immer, immer, immer diese eine Frage: »Und, wie schau' ich aus?« Dann sage ich immer, immer, immer nicht: »Entsetzlich.« Sondern ich finde selbstverständlich nur Worte größter Bewunderung. Das ist aber auch tückisch, denn es folgt dann oft a) »Nein, ehrlich jetzt« oder b) »Du hast überhaupt nicht hingeschaut« oder c) »Ich weiß, dass dich diese Frage nervt, aber du könntest auch einmal auf die Idee kommen, von selbst etwas zu sagen.« Heißt: Auch Huldigungen sind kein Garant für Frieden. Aber immerhin hat sie aufgehört, ihre Unsicherheit zu delegieren und mich »Passt das zusammen?« zu fragen. Ich glaube, es war mein 75. »Hm … weiß nicht … ja … eh«, das bei ihr das Sinnlosigkeitserkenntnislicht aufgehen ließ. Gut so. Solange sie mit der Frage nicht uns beide meint.

Action im Wohnzimmer

SIE Wo das Verständnis endet, beginnt die Milde. Nur so schafft man so manchen Fernsehabend mit dem Mann nebenan. Wenn allerdings zum sechsten Mal (oder war es das siebte Mal?) der Film *Rambo* im Fernsehen läuft und er deshalb zum sechsten (oder doch siebten?) Mal fast vor Glück zu weinen beginnt, dann … dann ist jede Form von Milde enden wollend. Zuletzt war dies vor einigen Tagen der Fall. Man lümmelte gemütlich bei Rotwein und etwas müde vor dem Fernseher herum. Ich zappte, weil ich gerne zappe, denn eigentlich ist mir Fernsehen wurscht. Fehler, sehr großer Fehler.

Denn auf irgendeinem Sender waren gerade die ersten Szenen des Films zu sehen – der Mann, soeben auf dem Weg, sich Wein nachzugießen, blieb in der Sekunde wie vom Messer getroffen stehen. Es wirkte fast so, als würde in ihm ein unsichtbar implantierter Rambo-Chip aktiv werden. Der in seinem Hirn folgende Befehle auslöst: starr schauen – sich ohne Nahrung und Zufuhr von Flüssigem an Ort und Stelle niederlassen – jegliche Form von Kommunikation mit der Außenwelt einstellen – leicht mitwippen, wenn der Filmheld etwas tut. Also: schwitzt, stöhnt, böse blickt, lauert, kämpft. Und es wabern Dialoge wie diese durch die Wohnung: Russischer Offizier: »Wer sind Sie?« (per Funk) Rambo: »Ihr schlimmster Albtraum.« Tut mir wirklich leid, aber da steige ich aus. Ich finde das alles einfach nur brachial blöd und genau das teilte ich ihm erneut mit. Worauf der Rambo-Chip ihn sagen ließ: »Schatz, dieser Film ist eine Form von Sozialkritik.« Okay, so betrachtet, wäre auch *Pretty Woman* exzessiv sozialkritisch. Oder *Wetten, dass ..?* Und die Sendung mit der Maus.

ER Ich glaube längst nicht mehr, dass Seitensprünge die häufigste Ursache von Scheidungen sind. Ich könnte mir eher vorstellen, dass der Kampf um das TV-Programm die wahren Dramen auslöst. Daher heißt es bei uns immer: Rasch die Fernbedienung sichern. Gewinnt meine listige Frau das Wettrennen, bleibt sie als Zapperin mit Vorliebe bei französisch-melancholischen Regiemeisterwerken hängen. Deren Charakteristikum es ist, dass in drei Filmstunden maximal zehn ganze Sätze gesprochen werden. Oder sie verliert sich in medizinischen Dokus – im Stil von »Wie es ein nepalesischer Bub schafft, mit drei Herzen, fünf Lungen und noch sieben notwendigen Operationen zu überleben«. Verlass ist bei ihr außerdem auf das Funktionieren des Sportfingers. Heißt: Sobald auf dem Bildschirm die kleinste Sequenz einer athletischen Tätigkeit auftaucht, katapultiert sie sich mit einem über Jahre antrainierten Tippautomatismus ins nächste Programm. Ich lernte damit zu leben und kündige wichtige Übertragungen schon Tage vorher an.

Anders freilich verhält es sich bei plötzlich erscheinenden Actionstars mit Wuchtelgarantie. Im Idealfall bei Filmen, deren Reiz überhaupt erst durch das sechs- bis achtmalige Ansehen entsteht. Ja, ich gebe zu, und vermute männliche Prägung dahinter, dass das beliebte (und gelegentlich etwas simple) Genre »Ein Held räumt auf« eine immerwährende Faszination besitzt. Dass Bruce Willis, Steven Seagal oder Sylvester Stallone eine unbewusste Sehnsucht nach knallharter und lässiger Lösungskompetenz befriedigen. Und manchmal gar nicht so blöd sind. In *Rambo I – First Blood* sagt der Kämpfer: »Nicht Waffen töten Menschen, sondern Menschen töten Menschen.« Na bitte. Das müsste doch auch wortkargen Cineasten ein »Oui, c'est ça« entlocken.

Über Socken und Kabel

SIE Fortschritt ist fein, aber manche Entwicklungen lassen mich ein wenig ratlos zurück. Etwa die Smartphone-App »Mein Schatz«. Durch sie wird ersichtlich, wie lange ein Paar liiert ist. Und sie liefert eine Übersicht wichtiger Festivitäten, wie etwa den Hochzeitstag. Info am Rande: Nach hundert Jahren wird die »Rote Hochzeit« gefeiert – die Frage ist nur, wo und in welchem Zustand. Interessant: »Mein Schatz« dient als Liebesarchiv – per Push-Nachrichten erinnert das Handy etwa, wann man mit dem Mann nebenan (beziehungsweise der Frau nebenan) das erste Mal Petting hatte oder den ersten Kuss. Für mich ein Fall von »too much information«. Nicht auszudenken, wie es wäre, poppte in einer Sitzung ein »Gratulation – heute vor 18 Jahren habt ihr das erste Mal das ganz Arge gemacht« auf.

Ich habe ja andere Sorgen. Deshalb hätte ich viel lieber eine App, die mir bei der Suche nach seinem verlorenen Socken hilft. Meine Theorie: Alle Waschmaschinenhersteller sind gleichzeitig auch Herrenfußstrumpf-Hersteller und haben einen geheimen Sockenvernichtungs-Deal. Die Faktenlage im Haushalt Kuhn/Hufnagl: Auf zehn gewaschene Paar Socken kommen vier, die als Single die Waschmaschine verlassen und nie mehr wieder ihren Partner finden. Was Fragen aufwirft: Haben Waschmaschinen einen Magen oder gar eine Seele? Wie heißt der Chef-Stinker der Socken-Mafia? Und warum kann der Mann nebenan die zwei kleinen Dinger nicht so zusammenwurschteln wie ich? Apropos – wenn schon Beziehungs-App, dann eine Art »Find my iPhone« für den Haushalt. Werbetext: Einmal aktiviert, findet die Applikation »Mein Platzi« alles, was Männer suchen, aber nicht finden wollen/können – Hemden, Hosen, Butter, Mehl und Versicherungspolizzen. Für 0,89 € Aufpreis liefert die App auch originelle Komplimente für jede Stimmung und Jahreszeit.

ER Mittlerweile schmunzle ich nur mehr gütig, wenn da drüben wieder einmal von der Tatsache, dass ich nie etwas finde, geschrieben wird. Wenngleich ich die Idee einer »Mein-Platzi«-App bestechend finde. Es ist nur so, dass meine Frau vermutlich sogar viel öfter als ich die ganze Familie in Alarmzustand versetzt, weil sie vorzugsweise den Schlüssel, das iPhone oder die Lesebrille sucht. In neun von zehn Fällen befinden sich diese Gegenstände dann exakt dort, wo sie sich immer befinden, und sie murmelt laut Sachen wie: »Komisch. Ich hätte schwören können …« Das liegt aber eben daran, dass sie eine bedingungslose Liebe zum Akt des Wegräumens pflegt. Was bei mir über die vielen Jahre hinweg längst zur Entwicklung reflexartigen Verhaltens geführt hat. Wenn beispielsweise das liebe Kind an mich herantritt mit den Worten »Weißt du zufällig …«, antworte ich ohne Nachdenken in der Sekunde: »Frag deine Mutter.« Dann lachen wir beide herzlich.

Beim Sockenmysterium hingegen bin ich ganz bei ihr. Ich möchte aber bei dieser Gelegenheit auf ein mindestens so irritierendes Phänomen hinweisen. Dass nämlich garantiert jedes Kabel (das zuvor *wer* immer weggeräumt, pardon, weggestopft hat?) in einem geheimnisvollen Prozess in der Kreativwerkstatt »Dunkle Lade« eigenständig zu einem Meisterwerk der Verknotungskunst reift. Da mir aber mein Job als Oberkabelentwurschtelungstrottel nur eher bedingt Spaß macht, bitte ich regelmäßig darum, man möge das oder jenes Kabel einfach nicht wegräumen (guter Witz), oder aber zumindest vernünftig aufwickeln – heißa, gibt das immer ein Augenrollen! Quasi als Dressing zum Kabelsalat.

Tatort Terrasse

SIE Aus der Reihe Sommerfrische: die Gelsen. Weltweit gibt es 3500 Stechmückenarten, der Mann nebenan ist davon überzeugt, dass er mit jeder Unterart davon schon Körperkontakt hatte. Er fühlt sich verfolgt als Ed Snowden des Stechmückenuniversums. Sein Stehsatz: »Dich stechen sie nie, mich schon.« Falsch. Auch ich werde gestochen, der Unterschied: Ich mache daraus kein Drama in drei Akten. Von Hildegard Knef stammt der Satz: »Brüllen Frauen, sind sie hysterisch. Brüllen Männer, sind sie dynamisch.« Dazu nur so viel: Wenn das Wort »Gelseninvasion« medial zirkuliert, mutiert Hufnagl zum Terminator. Es werden Sprays gezückt, Duftkerzen entzündet, Räucherspiralen angeheizt und die Haut mit allerlei Mitteln behandelt. Am liebsten aber würde er in einem Land ohne Stechmücken um Asyl ansuchen.

Beeindruckt von dem ganzen Trara bin nur ich, weil die Terrasse aufgrund der pikanten Duftmischung so stinkt wie eine Kifferhütte in den späten 60er-Jahren. Die Gelsen schwirren lustig weiter, der Mann schlägt um sich. Nicht nur. In seiner Hand hält er ein Ding, mit dem er jeden Stich verbissen behandelt. Darüber kommt Spucke, dann Creme. Was einen lauen Sommerabend total zerstückelt – man kann keinen Satz zu Ende reden, ohne dass der Gelsenstich-Elektroschocker piepst und er mit paranoidem Blick seinen Körper nach neuen Stichen scannt. Dazu streut er Wissen ein: »Weißt du, dass Gelsen dank ihrer geringen Masse Kollisionen mit Regentropfen überstehen? Dabei verkraften sie g-Werte zwischen 100 und 300. Scheißviecher.« Wirklich leid tat er mir nur bei unserer Hochzeitsreise im Jahr 2005. An einem lauen Abend mitten im ligurischen Olivenhain überfielen ihn die Kriebelmücken. Er hatte gezählte 120 Stiche. Ich keinen. Sagen Sie jetzt nichts. Es gab dazu schon genug schlechte Witze.

ER Es sind übrigens die Gelsenweibchen, die gierig stechen. Und ich habe keine Skrupel zu ergänzen: eh klar. Während die Männchen fröhlich vor sich hin fliegen, Wasser und Pflanzensäfte zu sich nehmen und gelegentlichen Befruchtungsritualen frönen, benötigen die Damen nach dem Sex dringend ein Blutmahl. Ich habe dafür absolut kein Verständnis. Und ich gebe zu, dass mich schon allein der surrende Ton, der die bösen Überfälle begleitet, zum Terrassen-Rambo macht. Zumal es tatsächlich so ist, dass es zur Erforschung von Geschwader-Attacken kein besseres Objekt als mich gäbe. Es bleibt nur ungeklärt, warum das so ist. An der orange-gelben Kleidung kann es wohl eher nicht liegen, die besitze ich nicht einmal. Und eine Schwitzfigur bin ich erst recht nicht. Es müssen also meine Pheromone sein. Denn laut Wissenschaft ist eine hohe Produktion des Sexuallockstoffs auch für Gelsen sehr anziehend (sagenhaft, für welche Ideen sich die Natur im Laufe der Evolution nicht zu blöd war).

Daher würde ich am liebsten unseren ganzen Bezirk in ein Moskitonetz hüllen. Oder mir zumindest bei einem Ritterrüstung-Versand ein Luxusmodell bestellen, um entspannt geharnischt mein Achterl zu trinken. Denn was meine Frau gnadenhalber als Ach-ja-da-war-doch-einmal-was-Pointe anfügt, war in Wahrheit der blanke Horror. Als ich frisch verheiratet und ebenso frisch zerstochen von oben bis unten eingeschmiert bewegungslos im Schatten lag und immer nur zwei Sätze hörte: »Juckt es sehr?« und »Nicht kratzen!«. Da darf man schon einmal ein bisserl hysterisch werden und jede erfolgreiche Jagd mit »Stirb', Elende!« kommentieren. »Das ist schlecht für dein Karma«, sagt dann das neunmalkluge Weibchen an meiner Seite. Dabei ist ganz sicher das Gegenteil der Fall. Davon bin ich gelsenfest überzeugt.

SIE Ich habe lange darüber nachgedacht, ob ich darüber reden soll. Nun ist mein Entschluss gefasst – bitte schön: Ja, der Mann nebenan und ich leben seit Monaten in einer Dreier-WG mit einer gewissen S. Das ist nicht einfach für mich. Die S. ist prall, aber immer noch das, was man als »vollschlank« bezeichnet. Und die S. ist jung. Sehr jung. Der Mann nebenan nennt das auch gerne »neu« und »unverbraucht«. Außerdem liebt die S. jegliche Form sportlicher Betätigung, was zur Folge hat, dass er dieses Luder zu jedem Tennismatch mitschleppt. Und zwar in! die! Männergarderobe! Was mich aber noch mehr magerlt: Die S. ist überall dort, wo wir auch sind – im Wohnzimmer, im Arbeitszimmer und, ähm, im Schlafzimmer. Und wenn's ganz übel läuft, stolpere ich über sie, weil sie deppert auf dem Boden herumkugelt.

Das Traurige daran: All mein Flehen, der Mann nebenan möge die S. endlich in den Keller bemühen, mündet in einer Streiterei. In der wirft er mir meine grenzenlose Intoleranz vor und dass ich ein Riesentheater wegen genau nix mache: »Ich verstehe überhaupt nicht, was du immer hast, es kann dir doch völlig wurscht sein, ob die da ist oder nicht. Zumal ich sie so gut wie jeden zweiten Tag brauche.« Mag sein. Aber mich macht die S. nervös. Wie komme ich dazu, dass sie meinen Lebensraum dauerbelagert? Dass ich am Esstisch sitze und sie beobachten muss, wie sie vor sich hin stinkt? Dass sie sich nicht einmal vertschüsst, wenn Gäste kommen, und ich sie dann eigenhändig rausschmeißen muss? Kleiner Trost: Ich bin mit dem S-Problem nicht alleine. Erst unlängst lamentierten drei Damen darüber. Und wir fanden, es sei höchste Zeit für die Gründung der Interessens-AG »Männer, die ihre S wie Sporttasche nicht wegräumen, sind das absolut Letzte«.

ER Ja, es ist mühsam. Ich betone: Wirklich! Mühsam! Ginge es nach meiner Frau, dürfte mein Leben aus nichts außer mir selbst bestehen. Und selbst das ist gar nicht so sicher. Ob Handy oder Hemden, Zahnbürstel oder Zeitungen, Fernbedienung oder Flaschen – ganz egal, sie ist der landesweit gefürchtete Alles-muss-weg-Typ. Sie erinnert mich diesbezüglich immer an Pumuckl, der unsichtbar wurde, ehe ein Mensch, der nicht Meister Eder hieß, seiner ansichtig werden konnte. Bei ihr ist es »das Zeug« (= meine Sachen), das »ständig« (= gelegentlich) »irgendwo« (= eh immer am selben Platz) »herumkugelt« (= unauffällig in einer Ecke steht oder liegt). Und das idealerweise in der Sekunde unsichtbar werden müsste, sobald es ins Blickfeld von Jägerin Kuhn fällt. Seit Neuestem ist es halt die Sporttasche, deren unverschämter Hang zum Falschparken mit gnadenloser Strafanzeige (»Die blöde Kuh g'hört in den Keller!«) geahndet wird. Dabei macht sie ein Gesicht, als würde ich ihr als perfider Duftikus meine benutzten Tennissocken unter den Kopfpolster legen.

Und es ergibt sich der immer gleiche Dialog. Sie: »Ich glaub' langsam, du machst das absichtlich.« Ich: »Geh bitte, red nicht so einen Unsinn.« Sie: »Dann ist es Gedankenlosigkeit.« Ich: »Na genau. Oder völlige Verblödung.« Sie: »Auch leicht möglich.« Ich: »Nein, es ist nur schlicht und einfach wurscht.« Sie: »Aha, so ist das, ich bin dir also wurscht.« Unzulässige Verknappungen sind ein Spezialgebiet meiner Frau. Aber wehe, ich würde so reagieren, nur weil sie be!harr!lich! ihre Jacken, Schals oder Taschen an die Türgriffe meines Kastens hängt. Sich darüber aufzuregen, wäre dann natürlich »total lächerlich«, weil »das kann man doch bitte überhaupt nicht vergleichen«. Hab' ich schon »Wirklich! Mühsam!« gesagt?

XI. GRUSS AUS DEM URLAUB

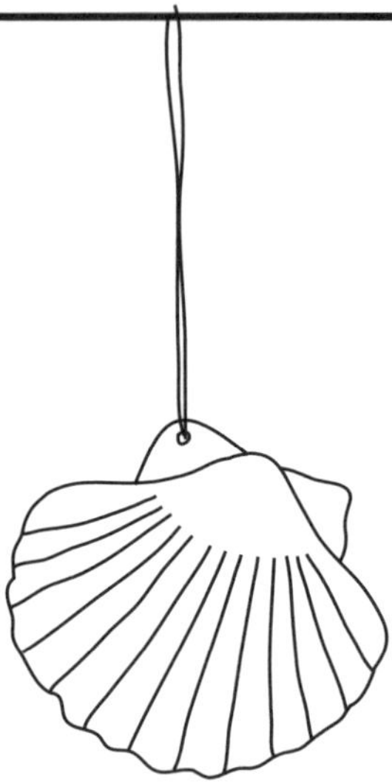

Faktum ist, dass wir uns alle mehr oder weniger bequem im Alltag einquartiert haben. Und zwar einem Naturgesetz folgend, denn immerhin läuft so ein Jahr für einen durchschnittlich arbeitenden Menschen an mindestens 300 Tagen in rhythmischen Bahnen ab. Wir haben alle unsere Rituale entwickelt, die Abwechslung reduziert sich auf ein paar wenige unerwartete Ereignisse, die sich dann auch in der Kommunikation bemerkbar machen.

Aber dann: Urlaubszeit. Und die sollte bitte dann schon dringend und zwingend etwas ganz Besonderes sein. Hallo? Haben wir uns verdient! Nämlich den Ausbruch aus dem Alltag, die Flucht vor dem mühsamen Einerlei, also die Entspannung pur. Und da ist sie schon wieder: die Erwartungshaltung. Samt der verzwickten Begebenheit, dass die Sehnsucht nach Stressabbau den allergrößten Stress reduziert.

Es ist daher kein Zufall, dass ein Drittel aller Ehen unmittelbar nach Urlauben zerbricht. Das vermeintliche Wohlgefühl als erster Schritt zur Scheidung – das hat natürlich mehrere Gründe.

Oft beginnt es schon bei der Urlaubsplanung, weil sie in den Süden, er in den Norden, sie an den Strand, er in die Berge, sie in die kleine Selbstversorgerhütte, er in die Hotelburg will. Und später drängt sie auf den Ausflug, während er noch lesen mag, besteht sie auf eine exakte Planung des Stadtrundgangs, während ihm nach Spontanität ist, sucht sie das Gespräch, während er vor sich hin schweigt. Und so weiter. Da sind Kinder und deren Ansprüche noch gar nicht mitgedacht.

Aber diesbezüglich unterscheiden sich die Muster gar nicht so besonders von jenen des Alltags. Unterschiedliche Interessen unter einen Hut zu zaubern, ist schließlich die Kunst jeder Partnerschaft, immer und überall. Es ist nur eben so: Im Urlaub beschränkt sich die Suche nach dem Gemeinsamen oder auch nach dem Kompromiss nicht auf bestimmte, nahezu minutiös festgelegte Zeiten vor und nach einem Arbeitstag, sondern sie findet ständig statt. Man nennt das gerne das Z'sammpicken-Syndrom. Das nach einiger Zeit für unberechenbare Reibung, unvorhergesehene Gesprächsinhalte oder gar unbequeme Entdeckungen sorgt. Möglicherweise mit dem großen Finale: »Das war garantiert das letzte Mal, dass ich dir den Rücken eingeschmiert habe.«

Dos Sushi, por favor!

Sie Chuzpe muss jemand haben – und raffinierte Ideen. Die US-Amerikanerin Lynda Resnick ist nur deshalb Milliardärin, weil es Menschen gibt, die auf ihren Schwachsinn hereinfallen. Aus Quellwasser macht sie sauteures »Fiji Water«, aus schlichtem Granatapfelsaft »Pom Wonderful«. Womit wir bei meinem Allerliebsten gelandet wären, den ich nicht nur seiner Augenfarbe wegen »Mr. Blauäugig« nenne.

Und es trug sich an einem lauen Sommerabend auf der Insel Teneriffa zu – Mr. Blauäugig: »Schatzi, mir reicht's von der Paella. In der Hotelanlage gibt's einen Japaner. Probieren wir den mal?« Ja eh, deshalb fliegt man fünfeinhalb Stunden auf ein spanisches Eiland. Ist ja auch ein unvergessliches Urlaubserlebnis, wenn man zwischen Iglesias-Gedudel und Flamenco sagen kann: »Dos Sushi, por favor.« Weil Landestypisches in dem globalen Kontext blöd kommt, zückte die nette Spanierin im Kimono – aha, neue Landestracht? – eine Flasche. Auf der stand – ja, genau: »Fiji Water«. Die Frau hielt das kostbare Nass wie ein Neugeborenes in Händen: »Sehr gut, kommt von Fijiiii, sehr rein.« Der Mann nebenan: Na, da nehmen wir doch gleich zwei Flascherln. Meinen Einwurf, dass das übliche »Sin-Gas-Mineral« zum Runterspülen der kalten Meerestiere gereicht hätte und es ökologisch völlig vertrottelt sei, auf Teneriffa Wasser von einer Zigtausende Kilometer entfernten Quelle zu saufen, quittierte er so: »Ma, bist du fad. Wir müssen uns mehr gönnen!« Er sprach: »Dos Fiji-Water, por favor.« Die Kellnerin lächelte wie bei einem Orgasmus. Nach Rechnungslegung wusste ich, weshalb: 12 Euro. Aber nicht für »dos«. Genau deshalb residieren gefinkelte Wasserproduzenten wie genannte Milliardärin in Luxusvillen, von denen ich nur träumen kann. Da hocken sie, in ihrem Jacuzzi, nippen an Leitungswasser und lachen über Menschen wie mich und ihn.

ER Ich vergebe mir gar nix, wenn ich sage, dass die Frau zu meiner Linken gelegentlich recht behält. Sie mag das. Also lasse ich sie die Anekdote vom Fiji Water auf Teneriffa wieder und wieder erläutern, jetzt auch an dieser Stelle. Ich sehe auch gelassen darüber hinweg, dass die Geschichte von Mal zu Mal noch bunter wird und sich von der Wahrheit rascher entfernt als die Niederlande vom EM-Titel. Ist doch lustig, wenn sich der Ehemann von Erzählung zu Erzählung vom anfangs experimentierfreudigen Naivling zum letztendlich ignoranten Dumpfgummi entwickelt. Die Gattin hat die Lacher auf ihrer Seite, gegönnt. Und ich habe längst aufgehört, einzuwerfen, dass wir ohne Lust auf das Neue, ohne den Versuch, auch das andere zuzulassen, noch immer bei Schnitzi und Obi g'spritzt auf den Bäumen hocken würden. Probieren und vielleicht irren hat mehr Charme, als in fremden Welten oberg'scheit keinen Trampelpfad zu verlassen.

Ja, das Fiji Water war eine Brez'n. Aber dass es so (teuer) kommen würde, wusste meine Frau selbstverständlich erst nachher. Das ist ihre Stärke. Schritt 1: Sie trifft keine Entscheidung. Schritt 2: Sie kommentiert meine Entscheidung mit einem einigermaßen neutralen Kopfwippen. Das ebnet den Weg für Schritt 3, Variante a: Meine Entscheidung war richtig, keine Reaktion. So wie für Schritt 3, Variante b: Meine Entscheidung war falsch, aber dann – Klugscheißerei im Konjunktiv-Stakkato. Stehen wir im Stau, wäre sie von Anfang an eine ganz andere Route gefahren. Stehen wir im voll besetzten Lokal, hätte sie reserviert. Stehen wir vor irgendeinem Problem, wäre sie gern gefragt worden, denn so hätte sie die Lösung in Sekundenschnelle parat gehabt. Heißt: Meine Frau ist am Ende immer die gefühlte Siegerin – und wenn's nur beim Fijigogerln ist.

Unsere Gradwanderung

SIE Dinge wiederholen sich – diesmal: der Klimaanlagenkonflikt. Und damit verknüpft alles zum Thema »Temperaturempfinden«, zu dem es kaum Gemeinsamkeiten gibt. Wenn er schwitzt, trage ich Weste und Socken. Wenn er Weste und Socken trägt, kann's sein, dass ich schwitze. Die ideale Betriebstemperatur betreffend sind wir Antipoden. Er ist Australien, ich bin Grönland mit Treibhaus-Effekt-Tendenzen.

Im Sommer haben wir jedenfalls ein Abstimmungsproblem – vor allem Auto und Hotelzimmer betreffend. Ich werde etwa überhaupt nicht gerne von ihm abgeholt. Weil ich weiß: Das Heck eines Bofrost-Lieferwagens ist ein Tropenparadies gegen das Wageninnere des Mannes. Ich steige ein – und erstarre. Bis auf meine Stimmbänder, die sich zu einem sehr lauten »Wenn du die Absicht hast, dich lebendig kryokonservieren zu lassen, kontaktiere bitte ein Spezialunternehmen, aber lass mich im Kraut damit« formen. Nachsatz: »Stell das sofort wärmer!« Dann fangen wir an, wie auf einem Basar um jedes Grad zu verhandeln. Um uns darauf zu einigen, dass ich ein Taxi nehme – Motto: Wer zahlt, schafft an, auch die Wageninnenraumtemperatur. Ähnliches mit dem Hotelzimmer. Gäbe es ein Wettbüro mit der Wette »Wann sagt Hufnagl das erste ›Pfuh, da ist es zu heiß‹«, würde ich gewinnen. Ich setzte nämlich stets auf jenen Moment, in dem er das erste Mal das Hotelzimmer betritt. Wir haben noch nicht einmal das Gepäck abgestellt, geht die Jammerei los. Und damit die hektische Suche nach dem Klimaanlagenknopf. Wehe, ich äußere das absurde Ansinnen, die Terrassenfenster zu öffnen, damit ich einen Blick aufs Meer werfen kann: »Bist du des Wahnsinns! Da wird's ja total heiß.« Dann herrscht 14 Tage lang der Krieg um die Knöpfe. Bin ich am Zimmer, mach ich es warm. Ist er am Zimmer, macht er es kalt. Ein Fall von kalt/warm also.

ER Kaum jemand formuliert so oft Sätze, die mit »Ginge es nach mir …« beginnen, wie ich. Und das, obwohl ich mittlerweile weiß, dass es zwar immer irgendwie geht, aber kaum jemals nach mir. Ginge es beispielsweise nach mir, wären solche ausgewiesenen Hitzemonate wie Juli oder August längst abgeschafft. Ginge es nach mir, wären alle Temperaturen jenseits der dreißig Grad gesetzlich verboten. Und ginge es nach mir, würde ich meinen Sommerurlaub am liebsten in einer Luxus-Kühlkammer samt gediegenem Eisbecken-Spa verbringen. Ja, wo immer ich mich in dieser Jahreszeit aufhalte, ich suche den Schatten und die Erfrischungen wie der Kluburlauber die reservierte Strandliege und den Mojito an der Poolbar.

Das Blöde ist nur: Dort, wo ich als Frostgrenzgänger am liebsten bin, wird meine warmherzige Frau niemals sein. Was in Anbetracht gemeinsamer Urlaube problematisch ist. Ich kann es hier ruhig einmal schreiben: Das ewige Gejammer macht mich narrisch! Kaum dringt ein kühler Hauch, allenfalls ausgelöst vom Wimpernschlag eines vorbeihuschenden Helmkopfgeckos, an ihre zarte Haut, macht sie in der Sekunde ein Gesicht, als würde »dieser eiskalte Zug« eine Genickstarre bis zum Jahr 2021 garantieren. Ich darf dann freilich nicht mit den Augen rollen oder etwas wie »hysterisch« murmeln. Denn was dem »Huschi« und dem »Brrrr« womöglich folgt, sind alle erdenklichen Gesten des Vorwurfs. Gerade so, als hätte ich einen Abenteuerurlaub im Winter Jakutiens gebucht, in einer Frühstückspension in Werchojansk, dem Kältepol der Erde. Der regelmäßige Kampf um die Klimaanlagenhoheit ist also tatsächlich eine gnadenlose Grad-Wanderung zweier Extremisten. Daher: Ginge es nach mir, es wäre schon September.

Rendezvous auf der Insel

SIE Rund um uns Insel. Und Meer. Er isst die vierte Portion Souvlaki, ich nage am Moussaka. In der Ferne tanzen erste Betrunkene ihren ersten Sirtaki. Alle sagen Michalis zu Michael. Der Mann nebenan findet das nicht lustig. Drei Ouzos und fünf Metaxa später stelle ich mir die Gewissensfrage: Taugt Michalis als Inselmann? Würde ich mit ihm den Rest meines Lebens auf einem einsamen Eiland leben wollen, nur ausgerüstet mit einem Survival-Set und einem Nackenkissen?

Warum nicht? Wo doch jede Ehe oder Beziehung so was wie eine Insel ist. Man richtet sich dort ein, man pflanzt Essbares an und versucht, diese Insel durch Fortpflanzung zu beleben. Hie und da gilt es, wilde Tiere zu besiegen, die unvorhergesehen kommen, um die Inselfrau oder den Inselmann zu verspeisen. Manchmal hält man Ausschau nach Nachbarinseln, um die Idee gleich wieder fallen zu lassen. Denn: andere Inseln, ähnliche Probleme. Mir wäre klar, dass der Michalis kein Bastelkönig sein würde. Er würde mir keine Lianen-Palmwedel-Villa bauen, eher ein Häusl, das bei jedem Wind umkippt. Zumal es ja keinen Baumarkt gibt, über den der Mann nebenan fluchen kann. Er kann mir also auch keine Liebesschaukel aus getrocknetem Meerestang flechten und wird erst nach vielen Wutanfällen mit der Hand Fische fangen. Bei der Jagd mit Pfeil und Bogen ist er garantiert talentierter und er wird sehr gut darin sein, mir zu sagen, wie ich das von ihm erlegte Fleisch über offenem Feuer grillen soll. Was er auch super können wird: Inselwitze machen, aus diversen Dingen Bälle formen (und damit spielen) sowie Rauchzeichen twittern. Fünf Gläser Wasser und acht Stunden Schlaf später folgt sowieso die Ernüchterung: Der Inselmann steht mit 15 anderen Inselmännern, vorwiegend deutscher Provenienz, am Inselhotelbuffet und wartet auf seine Ham and Eggs.

ER Ich finde es ja in höchstem Maße originell, wenn sich meine Frau in einer Gedankenwelt verliert, in der mir vor allem die Rolle des Dolms zukommt. Ich möchte daher lieber nicht wissen, was sonst so alles in ihrem erhitzten Köpfchen vor sich geht, während sie auf das Meer starrt und mit ihren Zehen so lange mit den Muscheln spielt, bis sie sich unter Garantie schneidet. Und mich bittet, in der Mittagshitze ins Dorf zu sprinten, um auf dem Marktplatz laut und aufgeregt »Kalderimi, Kalderimi« zu brüllen (wo sich dann alle wundern, warum der Urlauber Michalis plötzlich nach Straßenpflaster verlangt).

Tatsache ist, dass die Vorstellung, wir beide müssten auf einer Insel ohne fremde Hilfe leben, einen sehr speziellen Charme hat. Das hat aber ganz ehrlich weniger mit meinen gelegentlichen handwerklichen Defiziten zu tun als vielmehr mit ihren Ansprüchen an das Dasein. Denn es würde schon eine Zeit lang dauern, ehe der Herzdame bewusst würde, dass man hier nirgendwo krachkalten Weißwein pflücken oder im Sand nach iTunes buddeln kann. Was ihr hingegen sehr schnell käme, wäre die nackte Angst. Denn eine Frau, die sich schon im Domizil nahe des Wienerwalds nicht traut, die Terrassentür offen zu lassen, weil des Nachts allenfalls ein blutrünstiger Dachs das Schlafzimmer erobern könnte, die wird in der Geräuschkulisse der Insel eher wenig Ruhe finden. Und ich wiederum hätte nicht die geringste Zeit, an Zeltbau oder Fischjagd zu scheitern. Da ich nämlich nichts anderes tun würde, als über allerlei Fallensystemen zu brüten, um die Tausenden Spinnenarten, die ausnahmslos bösartig sind, daran zu hindern, gierig Bauch, Bein, Po von Frau Kuhn zu verputzen. Dankenswerterweise ist das alles nur schaurige Vision. Denn ihre Realität heißt Wassergymnastik. Und meine »Kalimera Nichtstun!«.

SIE An sich bin ich keine Freundin von diesem Pärchen-Dings: Pärchenabende, Pärchenspiele, Pärchenausflüge. Mühsam. Entweder säuseln sich die Beteiligten in die Happypeppi-Symbiose oder der Abend endet bei getrennten Getränken und Gesprächen. Die Damen tuscheln bei Prosecco über die derzeit superdepperte Mars-Venus-Opposition, die das Beziehungsleben überschattet. Während die Herren Internet-Pornoadressen austauschen und/oder den misslungenen Querpass von Vorstadtvereinsstürmern bis zum Abpfiff wiederkäuen. Falscher Film. Andererseits ist es nett zu sehen, dass es anderen auch nicht anders geht. Eine gute Gelegenheit, das festzustellen, ist ein Pärchenurlaub. Den haben der Mann nebenan und ich gerade hinter uns – fünf Tage Stockholm mit einem sehr lieben Pärchen aus unserer kleinen Pärchen-Welt.

Das Beste daran: Man sieht einen Film von sich selbst. Etwa, wenn der andere Mann zu der anderen Frau sagt: »Hast eh … die Boardingkarten? Die Pässe? Das Kofferschloss zugemacht? Die Nagelfeile nicht vergessen? Mein Nackenkissen mit? Und ein Blasenpflaster?« Man sieht das und denkt sich: Lustig! Wie bei uns. Wobei sich herausstellt, dass hier keine geschlechtsspezifische Zuordnung existiert. Bei uns bin nämlich ich für das Hast-eh?-Stakkato zuständig (wie Sie bei ihm vermutlich lesen werden. Heißer Tipp: überblättern). Wobei meine zentrale Sorge vor allem meinem Nackenkissen gilt. Egal. In Momenten wie diesen wird das Schloss-Schlüssel-Prinzip der Liebe offensichtlich. Nicht auszudenken, würden zwei aufeinandertreffen, die sich bereits bei der Anreise gegenseitig auf diese Weise fertigmachen. Da bin ich direkt dankbar, dass der Buddha an meiner Seite mit praller Weisheit um sich wirft. Indem er sagt: Ganz ruhig. Sei doch einfach froh, dass ich dich nicht vergessen hab'. Handbussi, Hufnagl.

ER Faktum ist: Je mehr Menschen eine gemeinsame Reise tun, desto mehr Menschen müssen irgendwann, aber leider nur selten zur gleichen Zeit, dringend jetzt etwas essen, dringend jetzt aufs Klo, dringend jetzt eine Pause einlegen. Mehr noch, wenn auch Kinder mit von der Partie sind, die sicher dann den größten Hunger kundtun, wenn man sich gerade auf einer Aussichtsplattform, in einer Umkleidekabine oder in der Warteschlange für die von ihnen herbeigequengelte Abenteuerrundreise befindet. Da ist mitunter schon ein gutes Einverständnis mit den Harmoniegeistern gefordert. Vor allem dann, wenn die eigene Frau plötzlich nicht mehr die Einzige ist, die fragt: »Wann geht der Bus? Wann geht das Schiff? Wann geht der Flieger?« Beziehungsweise: »Ist das der richtige Bus? Ist das das richtige Schiff? Ist das der richtige Flieger?«

Zum Glück jedoch verfügt unsere Delegation in jeder kritischen Phase über jene Selbstironie, ohne die wir allenfalls dazu übergehen würden, einander absichtlich in Kirchen, Museen oder Parks zu vergessen. So haben wir etwa im Kopf (und nach dem einen oder anderen Achterl) durchgespielt, wie es wäre, das gesamte Abreise-Prozedere 24 Stunden vorher zu testen. Also Hotelzimmer räumen, mit dem Taxi zum Flughafen reisen und zur Verblüffung des Personals um eine Simulation des Eincheckens bitten. Alles nur zur Sicherheit, um für den Ernstfall einen präzisen Plan zu entwickeln. Dieser mentale Ausflug war jedenfalls lustiger als die Realität. Die vor dem magischen Augenblick des Boardings so aussieht, dass sich die nervöse Countdown-Gruppe hier und dort und immerzu allerlei Zeitpuffer einräumt, die sie dann stundenlang am Gate absitzt. Aber ehrlich: Allein das liebenswert gelöste Jetzt-kann-nix-mehr-passieren-Gesicht der Herzdame ist am Ende jede Reise wert.

Bitte anschnallen!

SIE Das Leben ist nicht fair, von Gleichbehandlung ist weit und breit keine Rede. Erst vor Kurzem wurde die Hitliste jener Vornamen präsentiert, die »karrieretauglich« sind. Männer mit dem Namen Michael, Peter, Wolfgang stehen diesbezüglich auf Rang 1. Frauen mit dem Namen Gabriele zwar auch – aber ich liege nicht ganz an der Spitze, sondern eingeklemmt zwischen den Andreas und Ursulas. Grauenhaft ist die Diskriminierung aber auch auf der Skipiste, gerade hautnah im Salzburgischen erlebt. Ich sage als Frau: Nur nicht Lulu müssen! Er kann im Stehen – noch dazu im Tann – pinkeln und das mit wenigen Handgriffen. Ich hingegen muss mit schweren Skischuhen eine nasse Treppe in die Tiefen einer grauslichen Hütte hinabsteigen, um mich eine halbe Ewigkeit aus der Montur zu schälen. Und dann ist erst wieder ein Hosenträger nass. Was Folgen hat: Ich dürste prophylaktisch. Während der Mann nebenan zu Kasnock'n das eine oder andere Glas Gerstensaft die Kehle hinabperlen lässt, nippe ich an einem Pfiff Skiwasser.

Und sonst? Beste Winterurlaubsstimmung: Egal, was ich angreife, es ist eiskalt. Ich schlüpfe morgens (noch) heißfüßig in die Skischuhe, um bereits eine halbe Stunde später das Gefühl zu kriegen, ich stehe bis zu den Hüften in einem Gletschersee. Den Mann nebenan lässt das kalt – ihm ist nämlich sogar bei minus 25 Grad noch wohlig warm. Schön für ihn – schlecht für mich. Denn leider fehlt es ihm an nötigem Einfühlungsvermögen: Entgegen seiner üblichen Schlafgewohnheiten drängt es ihn just im Skiurlaub in die senile Bettflucht, nur um früh am tiefgekühlten Wedelhang zu sein. »Das sind meine Hermann-Maier-Gene, ich bin zum Ersten geboren«, gibt er etwas zwielichtige Erklärungen ab. Ich glaube, bei den Liftwarten im Tal kursieren wir schon als Après-Ski-Witz.

ER Warum sollte es im Skiurlaub anders sein? Ob wir unsere Wohnung gemeinsam verlassen oder ein Appartement beziehungsweise Hotel, ist einerlei. Faktum ist: Ich warte. Und zwar auf sie – für jede Minute des (in voller Montur) Herumstehens ein Jagatee, und ich ginge als Austria's Top-Komasäufer in die Geschichte ein. Aber während sich das morgendliche Prozedere (»Hab' ich meine Sonnenbrille, den Schal, das Handy, und wart', ich geh' noch schnell aufs Klo«) einigermaßen harmlos gestaltet, sind meine Nerven spätestens nach dem Verlassen der Gondel regelmäßig zum Zerreißen gespannt.

Weil: Wenn ich die Piste betrete, dauert es gefühlsmäßig zwischen 13 und 15 Sekunden, ehe ich bereit bin, den Skihang lustvoll zu attackieren. Heißt: Skier in den Schnee schmeißen, einmal kurz zwecks flotter Reinigung mit den Schuhen über die Bindung streifen, anschnallen, rein in die Stockschlaufen, fertig. Hingegen sie: 13 bis 15 Sekunden gehen bei ihr schon damit drauf, die Skier voneinander zu trennen. Offenbar schweißt der weibliche Stil, die Brett'ln zu tragen (nie auf der Schulter, immer unter dem Arm!), die gemeinen Stopper zusammen. Dann werden unter lautem Gestöhne zumindest zwei, gerne aber auch einmal alle Schuhschnallen zugemacht beziehungsweise neu justiert. Dann wird vor dem (eher gemächlichen) Einsteigen in die Bindung mithilfe der Stöcke der Schnee aus den Schuhen herausgeklopft (diese Übung kann sich in Folge von Gleichgewichtsverlust mehrfach wiederholen). Dann wird gesucht. Das Taschentuch zum Schnäuzen. Der Labello für die Lippen. Das Telefon für den (»nur kurz«) Rückruf. Am Ende sage ich: »Was is, gnä' Frau, samma's endlich?« Und sie ist beleidigt, weil ich sie »immer so hetze«. Aber das Leben ist nun einmal kein Parallelschwung.

Seltsame Auto-Biografie

SIE Rowdys. Raser. Radar. Die ATV-Serie *24 Stunden. Leben auf der Autobahn* mag ja packend sein. Aber sie ist nicht so nervenzerfetzend wie eine Urlaubsfahrt im Auto mit dem Mann nebenan. Das beginnt mit dem Befüllen des Fahrzeugs, das fast jedes Mal haarscharf an einem (an seinem!) Amoklauf vorbeischrammt. Es ist nämlich so, dass er seinen Familienvan erst vom Gepäck des Lebens befreien muss, bevor er ihn mit dem Gepäck für den Urlaub befüllen kann. Das alleine wäre ein Fulltime-Job für eine Umzugsfirma. Denn Herzkönig pflegt zu horten. Und zwar Dinge, von denen er mir gegenüber vorgibt, sie »entsorgt« zu haben: alte Flaschen, alte Bücher, alte Wäscheständer, alte Fetzen. Also räumt er um – nicht ohne den einen oder anderen Begriff zu formulieren. Der mit O am Anfang und SCH am Ende ist da noch harmlos.

Aber wir wollen uns nicht im Detail verlieren, daher: die Sache mit dem Benzin. Ich habe die Theorie, dass er das beliebte Spiel »Wie-viele-Autobahnkilometer-gehen-sich-mit-fast-leerem-Tank-aus?« nur deshalb so gerne praktiziert, um meine Nerven zu kitzeln. Auch heuer wieder reizte er das Thema bis zum allerletzten Treibstoff-Tropfen aus. Des Kein-Benzinbruders Lust nicht genug: Kaum hatten wir die Autobahnraststätte nach dem Auftanken verlassen, ging bei Urlaubskilometer 45 das Wischerwasser aus, was er mit folgender Banalität kommentierte: »Ups, daran habe ich jetzt aber nicht gedacht.« Ups, war das dann lustig. Es gibt ja kaum etwas Schöneres, als einen entspannt gedachten Skiurlaub mit einem ordentlichen Thrill zu beginnen: Ist da jetzt ein schwarzes Auto vor uns oder ist das doch nur der Dreck, der nicht mehr von der Windschutzscheibe runterzukriegen ist? In solchen Momenten hätte ich nichts dagegen, an einem Parkplatz ausgesetzt zu werden. Mit einem Taferl um den Hals: »Wer will mich?«

ER Ich gestehe, es stimmt: Das Wasser in der Autoscheibenwischanlage ging mitten auf der A1 aus. Und das war ein paar Kilometer lang ein bisserl mühsam. Und zwar eher nicht so wegen meiner minimal eingeschränkten Sicht, sondern vielmehr wegen ihres Hangs zur maximalen Nervosität. Aber das kommt eben vor. Es ist nämlich so, dass ich nicht vor jedem Fahrtantritt prophylaktisch Wasser nachfülle. Denn täte ich das, stünde in der Spalte links »Hilfe, mein Mann ist ein Wischerwasserneurotiker!«. So hingegen fällt das Ganze in die Kategorie Pech und soll schon so manchem anderen (wenn nicht jedem) Piloten passiert sein. Für meine Frau ist es aber deshalb erwähnenswert, weil sie als Reisende stets von einer inneren Unruhe geplagt ist. Daher will ich den Umstand, dass mein Tank immer halb voll, ihrer indes immer halb leer ist, auch gar nicht im Detail ausführen. Außer ihn vielleicht um den Hinweis ergänzen, dass ich in mehr als 25 Jahren noch niemals benzinlos auf dem Pannenstreifen ausrollen musste, was sie sehr gerne mit einem meiner allerliebsten Argumente quittiert: »Tja, es gibt immer ein erstes Mal.«

So oder so: Wesentlich unangenehmer als ihre bemüht unauffälligen Beifahrerblicke in den Seitenspiegel, auf den Tacho oder auf das Radio-Display (ob der Verkehrsfunk-Modus aktiviert ist) empfinde ich ihren »Hast du?«-Tick. Heißt: Sie konfrontiert mich auf unserem Weg zum Urlaubsdomizil laufend mit Fragen, die sie mir sinnvollerweise stellen hätte müssen, als wir noch daheim waren. »Hast du eigentlich den Mistsack noch weggebracht?« – »Ja!« »Hast du eh die Schneeketten mit?« – »Jaaa!« »Hast du hoffentlich *Paaradox* geschrieben?« – »Jaha!« Dagegen hilft mitunter nur die Schocktherapie: »Verzeihung, Schatz, hast du mich etwas gefragt? Ich bin offensichtlich kurz eingeschlafen!«

SIE Gruß aus dem Süden! Ja, das Zimmer hat Meerblick. Aber ich hätte mir mehr Wintersachen mitnehmen sollen. Nein, nicht das Wetter ist an meiner Indisposition schuld. Sondern er. Der Mann nebenan könnte Käpt'n Iglu heißen – weil er für die Qualität seines Tiefkühlproduktes persönlich bürgt. Es begann schon auf der Fahrt gen Süden. Bereits nach den ersten 300 Metern der ca. 600 Kilometer langen Reisestrecke zitterte ich. Der Grund dafür: Mister Kaltherzig hat die Klimaanlage im Auto prophylaktisch rasant vorglühen lassen – eingestellt auf 15 Grad im Dolby-Surround-Gebläse. In Kürze war mein Hintern so kalt wie eine Coladose aus dem antarktischen Packeis. Wo er doch immer so schön sagt: »Jede Reise beginnt mit einem kühlen Kopf«. Herzbube verabscheut alles, was die 22-Grad-Wärmemarke überschreitet (außer es ist knusprig und vom Schwein).

Folglich kommt es auf längeren Fahrten stets zu dramatischen Szenen. Bibbernd versuche ich, sein Herz zu rühren: »Muss ich ein Schwefelhölzlein entzünden, damit ich nicht erfriere?« Da dreht er wortlos, aber mit einem tiefen Seufzer, die Klimaanlage kleiner. Ich hätte aber gerne, dass er sie ganz abdreht. Statt noch etwas zu sagen, artikuliere ich mich körpersprachlich. Drücke mich stöhnend und klein in die ganz rechte Ecke meines Sitzes, um zu zeigen, dass ich dem Todeshauch zu entrinnen versuche. Dann nestle ich laut nach Decken. Da wird er nervös und sagt: »Na bitte, wenn du willst, dass ich kollabiere, dann dreh ich jetzt ab.« Hmmm. Blöderweise ist es dann innerhalb von zehn Minuten so heiß, dass ich zu sinnieren beginne: Was ist, wenn wir beide kollabieren? Also ermuntere ich ihn, erneut aufzudrehen. Aber nicht zu viel, gell? So geht das dahin – auch außerhalb des Autos, also im Hotelzimmer. Kalt/warm/kalt/warm … Ganz ehrlich: Wer braucht schon *Fifty Shades of Grey*? Das Leben ist auch so hart genug.

ER Kälte stört mich nicht, gegen die kann ich mich schützen. Aber ich kann Hitze nicht leiden. Der bin ich hilflos ausgeliefert. Bei meiner Frau ist es leider umgekehrt. Aber genau das sind jene Umstände, auf deren Klärung man bei Beziehungsantritt vergisst beziehungsweise auf die man keinen Wert legt. Da läuft immer das übliche Programm – schön soll sie sein, intelligent, witzig, allenfalls prüfen Menschen sogar noch, ob Skorpion mit Aszendent Klapperschlange als Sternzeichen für eine Partnerschaft eh konveniert. Aber niemals hört man im Zuge der ersten Verliebtheit Sätze wie »Und, was bist du so für ein Temperaturtyp?«.

Folglich musste ich mich im Laufe der Jahre daran gewöhnen, dass wir immer zu fünft im Bett sind – sie, zwei Socken, ein Thermophor und ich. Dass im Eigenheim die Zimmertemperatur gefühlsmäßig im Bereich der Körpertemperatur eingestellt wird. Dass gemeinsame Urlaubsabenteuer in polaren Gebieten so wahrscheinlich sind wie Eisheilige in Abu Dhabi. Ergo passt in vielen Bereichen des Ehelebens zwar kein Blatt Papier zwischen uns, aber eine Klimaanlage ist sich immer noch ausgegangen. Speziell jene im Auto. Deren Betrieb zaubert ihr von der ersten Fahrsekunde an diese ganz besondere Mimik ins Gesicht, die besagt: Meine Zehen sind erstarrt, mein Genick ist steif, mir rinnt es kalt den Rücken hinunter, und spätestens in Guntramsdorf habe ich eine Stirnhöhlenentzündung, die ich den ganzen Urlaub nicht mehr loswerde. Diese Mimik muss ich im eigenen Interesse so lange wie möglich ignorieren. Aber irgendwann kommt eben doch der Augenblick, da sie mir unweigerlich ihr Nahtod-Erlebnis schildert. Und ich mich meinem Hitzkopf-Schicksal ergebe. Für die restliche Fahrzeit ist der Grade-Basar eröffnet. Wir handeln um Kälte- und Wärmeperioden, um Fröstel- und Schwitzeinheiten. Es ist: ein Wechselbad der Gefühle. Es ist: wie das Leben.

Zeit der Koffer

SIE Ja! Nur noch einmal schlafen – dann geht es in den wohlverdienten Urlaub. Heuer verlange ich von ihm eine Packprämie. Man lasse mich 500 Schnitzel panieren, aber verschone mich mit diesem blöden Was-darf-muss-soll-in-den-Urlaub-mit-Stress. Es beginnt ja schon beim Disput um den geeigneten Koffer. Er will den kleinen Kindertrolley, weil er für seine zwei Hemderln, drei T-Shirts, vier Herrenslips und die alten Jeans nicht mehr braucht. Denn, hallo, wir wandern nicht aus, wir machen nur zehn Tage Urlaub am Meer. So schaut's aus. Fährt er ohne mich fort, müssen die feschen Anzüge mit. Geht er mit mir auf Reisen, tut's plötzlich das Sacklpicker-Outfit. Also schmeiß' ich den Kindertrolley wieder zurück und schleppe den größten aller Koffer ins Schlafzimmer. Da passt alles rein, was die entspannte Frau so braucht. Zehn bis zwölf Sommerkleider, zehn bis zwölf Sommerhosen. Acht Badeanzüge, Blusen in allen Nuancen, Pareos. Es ist doch schön, die Wahl zu haben, Schatz. Jetzt streikt er: »Nur weil du deine gesamte Garderobe ins Ausland übersiedelst, werde ich mir keinen Bandscheibenvorfall holen.« Dass man das Ding auch schieben kann, wird ausgeblendet. Ein Moment, wo ich überlege, wer jetzt genau der Koffer ist.

Dafür hat der Mann einen Rucksack, der so schwer ist, als würde er Steine mit in den Urlaub nehmen, um sie mir in den Weg legen zu können. Aber es sind eh nur seine 25 Bücher. Immer das Gleiche: Er kann sich nicht entscheiden – also schleppt er all die Schwarten mit, zu deren Lektüre er in den vergangenen Monaten nicht gekommen ist (wegen des Fußballschauens zum Beispiel). Dass er sich in zehn Tagen eher nicht zum Speed-Lesewunder entwickeln wird, spielt keine Rolle. Bücher sind toll. Es ist doch schön, die Wahl zu haben, Schatz. Na ja, gehen wir davon aus, dass der erste Grillfisch und das fünfte Achtel alles Gewesene wegspült.

ER Von all den Ritualen, die sich im Laufe eines (Zusammen-)Lebens entwickeln, ist mir neben Algenfischen und Haare-aus-dem-Abguss-Entfernen Kofferpacken das widerlichste. Dieser Vorgang ist nachgewiesenermaßen ein Beziehungsdrama, das noch nie ohne die Worte »Mir ist das jetzt wurscht, mach, was du willst« beziehungsweise »Jedes Mal derselbe Scheiß« geendet hat. Das beginnt schon damit, dass meine Frau eine berüchtigte Eventualitätsreisende ist. Heißt: Auch im August müssen Winterjacke, Moonboots und ein buntes Hauben-Potpourri mit. Denn man kann nie wissen. Immerhin hat es angeblich in den 1970er-Jahren in unserem Sonnenparadies einmal einen Sommertag mit Minusgraden gegeben. Für eine Wiederholung dieses Naturwunders ist sie gerüstet. Zumal nicht davon ausgegangen werden kann, dass es jenseits der Wiener Stadtmauern Läden gibt, in denen man allenfalls Handschuhe oder Kälteschutzcreme käuflich erwerben kann. Dieses Theater mündet gerne einmal in einem Kniefall meinerseits und dem Flehen: Ich bitte dich, lass die Skiunterwäsche zu Hause.

Weil aber so ein Koffer, obwohl die X-Large-Variante, ein limitiertes Fassungsvermögen hat, muss ich regelmäßig wie ein listiger Luchs eine Zweit-Badehose ins Gepäck schummeln. Sie darf das nicht sehen, sonst ertönt unweigerlich die Frage »Muss das sein?«. Schließlich handelt es sich um einen Platzräuber, der im bösesten Fall die Mitnahme des sechsten Strandsandälchens gefährdet. Am Ende der Packerei rufe ich dann immer die Nachbarn herbei, damit ich mehr Leute habe, die sich auf das Hartschalen-Monster setzen können, um selbiges schließen zu können. Das wär's. Abgesehen von Kinderkoffer, Schuhkoffer, Strandutensilienkoffer und Schminkkoffer, die zusammen allen Ernstes Voll-Koffer sind. Apropos: Wer das wohl alles schleppen wird? Sei's drum. Schöne Urlaubsgrüße sendet … das Familienmuli.

Von wegen Freiräume

SIE Im Urlaub, sagen Erholungsforscher, sei Selbstbestimmung wichtig. Ihr Rat für Nicht-Singles: Gestehen Sie einander Freiräume zu. Dazu gehört ein »Tag-nur-für-mich« – idealerweise wird der vor Antritt der Ferien geplant. Also saßen wir dieser Tage bei Baldriantee zusammen und versuchten gemeinsam Freiräume auszuhecken. Der Mann nebenan moderierte die Diskussion an und gab ein generöses »Du zuerst!« von sich. Ich sprach: »Dass du's weißt: Ich will sicher nicht den ganzen Tag herumkugeln und dann essen müssen. Da werde ich immer fetter. Ich brauch' Bewegung.« Das uferte in der Sekunde zur Grundsatzdiskussion über meine blöde Bladheitsneurose aus, und dass ich nicht einmal im Urlaub entspannt sein könne: »Du bist total getrieben. Musst du dauernd was tun? Hast du einen Schimmer, wie heiß es an der Algarve ist?«

Das zum Thema Freiheit. Umgekehrt verordnete er sich zwei, besser: drei, vier Golfplatz-Tage. Ein Affront, wie ich meinte – weil dieser Wunsch diametral zu seiner »Musst-du-dauernd-was-tun?«- und »Blöd, wer da sportelt!«-Aussage stand und ich den Verdacht hegte, er entwickle gerade maßgeschneiderte Urlaubsregeln For Hufnagl. Die Situation eskalierte, ich war drauf und dran, den Algarve-Trip gegen drei Wochen Sibirien zu tauschen. Just da platzte das Kind in die Diskussion und sagte: »Pfuh, das wird heuer fad, nur wir drei! Gibt's da eh WLAN?« Als ich an den Preis des pauschalen Vergnügens dachte, erreichte meine präsumtive Urlaubsstimmung ihren absoluten Nullpunkt. Pfeif auf die Selbstbestimmung, sagte ich mir still und laut sprach ich: »So. Das Golfbag bleibt daheim, das Smartphone auch. Und wenn wer Freiräume braucht, dann ich.« Daraufhin tranken alle eine Tasse Tee und taten so, als wären sie eine glückliche Familie, die sich sehr auf den gemeinsamen Urlaub freut. Fortsetzung folgt.

ER Es gibt Statistiken, die belegen sollen, dass die meisten Scheidungen nach Urlauben eingereicht werden. Die Ursache dafür liegt absurderweise an der (zu) vielen Zeit zu zweit. Heißt: Menschen, die im Arbeitsalltag mindestens den halben Tag lang getrennt reden, schweigen, denken und tun, müssen nun auf sehr engem Raum ein Miteinander pflegen. Und das soll dann auch noch besonders harmonisch stattfinden, weil: Es ist ja unser Urlaub. Und da ist Erholung das Thema, verdammt noch einmal. Deshalb hat meine Frau gerne Ideen, wie das rechtzeitige Definieren von Freiräumen. Ich hingegen hätte einen viel besseren Tipp: zwei Wochen lang keine Fragen.

Sie sagt: »Hast du die Pässe mit? Hast du die Flugtickets mit? Habe ich mein Aufladekabel mit? Hast du auch sicher die Pässe mit? Hast du ein Taxi bestellt? Welche Fluglinie? Welches Gate? Wann ist Boarding? Soll ich noch aufs Klo gehen? Haben wir eh kein Licht brennen lassen? Wann kommen wir an? Wieso dauert das mit dem Gepäck so lange? Ist es nicht besser, zuerst einmal die Koffer auszuräumen? Wo ist mein Aufladekabel? Wieso hast du den Gelsenstecker nicht eingepackt? Ich gehe spazieren, gehst du mit? Ich gehe ins Meer, gehst du mit? Ich gehe eine Kleinigkeit essen, gehst du mit? Bist du eingeschmiert? Soll ich eine Massage buchen? Willst du lesen oder darf ich dich etwas fragen? Ist dir auch schon kalt? Funktioniert bei deinem Handy das Internet? Wieso? Wieso bei mir nicht? Kannst du bitte zur Rezeption gehen? Wo bleibt der Kellner? Das Gemüse ist herrlich, warum isst du das nicht? Soll ich noch eine Nachspeise essen? Und du? Wer hat die Balkontür offen gelassen? Hast du die nassen Sachen aufgehängt? Wer geht zuerst duschen? Wann holt uns das Taxi? Hast du die Pässe mit? Hast du die Flugtickets mit? Hast du auch sicher die Pässe mit?« Antworten folgen.

Machma? Schauma?

SIE Im Urlaub liegen einem die Stunden zu Füßen. Wie Sandkörner am Strand oder mit der Zeit wachsende Dreckwäscheinseln am Boden des Hotelzimmers. Da ich aber in diesem Zustand der Gelassenheit begeisterte Herrensocken-, Unterhosen- und Handtuchpflückerin bin, lächle ich und klaube auf. Das Gute an diesem Ritual: Es erinnert an daheim, wo sich ähnliche Szenen abspielen – nur halt nicht auf 35 m^2, sondern auf 135. Aber das wollte ich gar nicht erzählen. Stichwort Stunden. Man wacht auf, man hat Zeit, ein Tag am Meer beginnt und wie jeden Tag am Meer stellt einer von uns die Frage: »Was machma heute?« Der Mann nebenan antwortet dann meist: Frühstücken erst einmal. Frühstücken heißt lange frühstücken. Widerlich lange frühstücken.

Ich bin flink, auch im Urlaub. Brot, Butter, Milch, etwas Obst – dafür muss niemand zwei Stunden blöd herumsitzen. Also stelle ich dann auch die Frage: »Was machma heute?« Ahnend, dass der Rest der Familie längst eigene Pläne für sich gefasst hat. Das Kind ist glücklich, wenn es im Epizentrum eines WLANs sitzen kann. Der Mann ist glücklich, wenn er machen kann, was er will und ihn niemand dafür belangt: lesen, schauen, lesen, essen, lesen, dösen, kurz ins Wasser gehen, lesen, dösen, essen. Gegen einen Ausflug zum WLAN hat er auch nix. Ich hingegen schmökere still im Reiseführer, um wenigstens so zu erfahren, dass auf dem Hügel hinter uns ein atemberaubender Weg in duftende Natur führt. Und es dort oben ein entzückendes Dorf gibt, wo Einheimische Selbstgemachtes servieren. Ob der Urlaub trotzdem schön ist, fragen Sie mich? Ja, klar. Weil ich es am Ende des Tages am Meer trotz allem liebe, wenn wir zu dritt in den Sonnenuntergang starren und reden. Über alles, nichts und über das, was wir alles unternehmen würden, wären wir hier noch drei Monate.

ER Ein kleines Beispiel zur Veranschaulichung des Wesens an meiner Seite. Beim Stöbern in den DVD-Regalen des Elektromarkts entdeckte meine Frau *The Rocky Horror Picture Show*. Diese sagenhafte Entdeckung entlockte ihr einen Jubelschrei, und in einem Anfall von Sentimentalität erstand sie das Werk. Am selben Abend noch wollte sie (zum 23. Mal in ihrem Leben) *Rocky Horror* schauen. Un!be!dingt! Aber ich hatte keine Lust, und sie sprach: »Warum nicht? Geh bitte! Jetzt komm schon!« Auch ihre Tochter hatte keine Lust, und sie sprach: »Das ist echt genial. Das wird dir urevolle taugen. Hm? Und? Was ist? Schauma?« Argumente zählten längst nicht mehr. Kein »Es ist so schönes Wetter, und du willst dich vor den Fernseher setzen?«. Kein »Das können wir morgen oder irgendwann in den nächsten Tagen auch noch schauen«. Kein »Nein. Nein. Und nochmals Nein!«. Aber »ein anderes Mal« ist für diese Frau keine Option. In ihrer Welt ist es nicht im Geringsten vorstellbar, dass sich ihre Begeisterung nicht in Sekundenschnelle automatisch auf alle anderen Menschen überträgt.

Im Urlaub bedeutet das, Gabymami will ins Meer baden gehen. Oder einen Strandspaziergang machen. Oder einen Ausflug in die Stadt unternehmen. Oder eine Kleinigkeit zu Mittag essen. Oder. Oder. Oder. Wichtig ist: gemeinsam. Noch wichtiger ist: jetzt, jetzt, jetzt! Wenn ich aber dann sage, dass ich die Lektüre des Buches lieber noch eine halbe Stunde fortsetzen würde, oder meine Tochter nicht einmal die Kopfhörer abnimmt, um ihr Nein zu artikulieren, dann taucht sie rasend schnell in die Trotzphase ein. Deren Kernsätze lauten: »Ihr seid so fad« sowie »Früher war das alles anders«. Ja, eh. Ich zitiere Riff Raff: It's astounding / Time is fleeting / Madness takes its toll.

XII. GROSSE GEFÜHLE. UND KLEINE

Immer wieder werden wir mit dem Satz »Wir haben uns verlobt« konfrontiert. Das ist ja prinzipiell nicht ungewöhnlich, aber doch scheint es, als hätte diese stolze Feststellung eine etwas gestrige Anmutung. Ist es auch im 21. Jahrhundert tatsächlich noch so, dass ein sogenanntes Hochzeitsversprechen mit dem gesamten dazugehörenden Brimborium seine Berechtigung hat?

Wir hatten kürzlich eine heftige Diskussion in größerer Runde dazu. Und dort vertraten die Damen ernsthaft geschlossen die Meinung, dass ihnen ein »Wir haben uns verlobt« immer noch Tränen der Ergriffenheit in die Augen treibt. Das sei »so romantisch«. Die Männer hingegen machten sich über das Verlobungsritual lustig und schlichteten den Akt der Liebesbekundung sorgfältig in die Schublade, wo »Pistolenduelle um die Ehre« gelagert waren. So eine Hochzeit per se, sagten sie, wäre ja bei genauerer Betrachtung schon ein bisserl überholt, denn: Wer braucht heutzutage noch eine Trauung, zumal ein paar Jahre später ohnehin die Hälfte aller Ehen den Bach hinuntergehen? Umso grotesker mute doch in Anbetracht einer solchen Realität eine Verlobung an.

Nix da, erwiderten die Damen. Es gehe doch sehr wohl auch um Symbole, um Werte, um große, ehrliche Gefühle. Um, hach, Liebesgeständnisse, Treueschwüre und Versprechen. Die Zeit sei so schnelllebig, die Gesellschaft so oberflächlich, da müsse es unbedingt diese kleinen Welten geben, in denen Märchen einen Zauber entfachen.

Und genau deshalb machen die Männer mit. Denken sich Anträge aus, überlegen, welche Restaurants ihrer Vorstellung von »hinreißender Atmosphäre« nahekommen, kaufen Ringe, Blumen oder Lieblingsparfums, um dann …

… Jahre später den Hochzeitstag zu vergessen. Michael ist das passiert. Noch dazu bei der erstmöglichen Gelegenheit. Und zwar, weil … das wollte schon niemand mehr hören. Die Männer schlugen sich nach Bekanntwerden des Skandals alle an den Kopf und staunten im Chor, wie man nur so deppert sein könne. Und die Frauen entwickelten die Das-ist-ja-bitte-unfassbar-Solidarität. Den!Hoch!zeits!tag!-ver!ges!sen! ist auf der nach oben offenen Emotionskälte-Skala kaum zu überbieten.

Aber: Trotz allem planschen Gaby und Michael auch heute noch lustvoll im Wechselbad der Gefühle. Und zwar gemeinsam!

So romantisch – oder?

SIE Der Mann nebenan schreibt zuweilen – Liebesbotschaften auf Post-its. Mit Texten wie »Vasenwasser stinkt, bitte ausleeren«. Oder: »Da sind so viele Socken mit Loch – warum? Dein Herzkasperl«. Nun, der Romantikfaktor einer Ehe ist leicht in eine binomische Formel zu gießen: $(\text{Ehe} + \text{Jahre})^2 = \text{Fadesse}^2 + \text{2malNachlässigkeitmalIgnoranz} + \text{Fremdgehgedanken}^2$. Heißt: Romantik verflüchtigt sich in Marathonbeziehungen, was oft bleibt, ist die Essenz des Seins. Kochen. Essen. Das Leben verdauen. Ich hingegen, ich bin gefinkelt. Ich arbeite hart an der Romantik. Etwa, indem ich zum Frühstück um 6.30 Uhr morgens ein Kerzlein entzünde und seine Lieblingssymphonie von Bruckner anwerfe. Oder ihn zu einem Pas de deux im Schnee animiere, indem ich ihm in nichts als meiner Skiunterwäsche vorgewärmte Handschuhe und Haube serviere.

Der Mann nebenan ist da eher inputresistent. Morgens will er in Ruhe gelassen werden: »Bitte dreh den Bruckner leise, sonst muss ich ins Kriseninterventionszentrum.« Auch mit dem Schneebummel hat er's nicht so – erkaltet zitiert er Camus: »In den Tiefen des Winters erfuhr ich schließlich, dass in mir ein unbesiegbarer Sommer liegt.« Als er sich dennoch aufrafft, mit mir durch das Italientief zu wanken, höre ich die blanke Wut: »Romantisch, hä? Ich sehe von dir nichts als zwei Nasenlöcher hinter einem schirchen Schal und bei jedem Satz atme ich eine Staublawine ein.« Das macht mich melancholisch. Vorgestern entschloss ich mich daher für eine E-Mail an ihn – den PR-Text eines Fremdgehportals: »Die moderne Frau sucht nach Erlebnissen und will ihre Leidenschaft leben. Wenn sie es nicht zu Hause kann, fürchtet sie nicht, eine Affäre zu suchen.« Und siehe da – er bewegte sich. Wenig später hatte ich ein Post-it auf dem Kopfpolster picken: »Kind schläft auswärts, koche für uns, aber bitte komm nicht in Skiunterwäsche.« Na, geht doch.

ER »So romantisch.« Ein kleiner Satz mit so großer Bedeutung. Auch in der Variante »Sooo romantisch« oder »Soooooo romantisch«. Für Frauen wohlgemerkt. Männer nämlich sagen so etwas nicht. Männer finden einen Strandspaziergang »lässig«, aber niemals romantisch. Wenn sie es doch sagen, dann nur ihren Ohren zuliebe (und das oft nicht ohne Hintergedanken). Ich betrachte einen Sonnenuntergang oder einen Sternenhimmel als prächtiges Naturschauspiel, durchaus, vielleicht sogar als Spektakel. Und ich nicke dazu. Meine Frau hingegen bekommt glasige Augen und nennt augenblicklich die Wörter »romantisch« und »damals« in einem Atemzug. Soooooo romantisch ist nämlich vieles, aber vor allem die Erinnerung. Heute weiß auch sie bei jedem gemeinsamen Glas Rotwein, dass im Übrigen die Flaschen endlich zum Glascontainer gebracht werden müssen.

Umso erstaunlicher ist es daher, wenn sie mich anlässlich dichten Schneegestöbers ausgerechnet mit dem Romantikfaktor zum gemeinsamen Morgenspaziergang mit dem Hund animieren will. Als würden dicke Flocken, die von Orkanen durch die Landschaft geschleudert werden, meine Aversion gegen ödes Herumstapfen mildern. Es gäbe zweifellos andere Argumente. Zum Beispiel, dass sie ausnahmsweise lieber gemeinsam schweigen will. Oder dass sie mir so gerne tief in die Augen schaut, um mich zu fragen: »Hast du eh ein Sackerl mit?« Einerlei, ich begleite sie. Weil: Wasweißich? Umgekehrt hingegen ist der Abendspaziergang seit jeher ein rituelles Solo. Sie liegt im Bett, ich beobachte den Hund beim Schnuppern im Schneehaufen. Aber: Sie dankt es mir. Und das wiederum finde ich »romantisch«. Ein bisserl halt.

Sentimentaler Spaziergang

SIE Umfragen zeigen: Man verlobt sich wieder. Ganz altmodisch, mit Ring und Antrag. Ich war ja nie verlobt. Ich küsse auch nicht unter Rosenbögen. Schon als Kind spielte ich am liebsten Winnetou, Zorro oder Hans Moser. Dem Mann nebenan passt das gut, weil er keine romantischen Erwartungen von mir erfüllen muss. Dass wir heiraten, haben wir bei einem Würstelstand beschlossen. Statt romantisch bin ich allerdings sentimental. Heißt: Ich kann mich an jedes Würstelstand-Detail dieses Abends erinnern – etwa an die zwei Männer, die bei Debreziner über ihren Puffbesuch redeten. Bilder werden in mir mit Gefühlen, Musik oder Düften verknüpft. Erst unlängst überredete ich Herzkönig zu einem Herbstspaziergang nahe des Friedhofs. Rechts lagen die Toten in ihren Gräbern, links machten die Menschen ihre Schrebergärten winterfest. Dramatik lag in der Luft.

Ich wurde sentimental (Etwas, das er genauso wenig goutiert wie Kohlsprossen): »Also wenn, dann möchte ich gerne da.« »Was – da?« »Begraben sein!« Er: »Nicht *das* jetzt.« Ich blieb unbeirrt: »Wobei … Mir ist das wurscht. Am besten, du haust meine Asche ins kroatische Meer. Dazu bitte das Lied *Somewhere over the rainbow.*« Ich sah die Szene vor mir und bekam feuchte Augen. Er seufzte: »Soll ich vielleicht einen Hollywoodregisseur für deine Bestattung checken?« Ignorant, der Mann. Dann hielt ich ihm den iPod ans Ohr: »Kennst das? *Ne me quitte pas* von Brel. Auch eine Möglichkeit. Und keinen Grabstein, nur was Schlichtes.« Nun wurde er wütend. »Du weißt, wie sehr ich spazieren gehen hasse. Wenn du aber mit diesen Todesfantasien daherkommst, war das unser letzter Ausflug. Du stirbst ja nicht morgen.« »Wer weiß«, murmelte ich, »eigentlich muss man doch jeden Tag leben, als wäre es der letzte«. Sein Gesicht formte sich zum Fragezeichen: »Warum hast du dann Nespresso-Kapseln für ein Jahr geordert?« Jetzt sagte ich nichts.

ER Weil wir gar so oft gefragt werden: Doch, wir haben auch einiges gemeinsam. Wir haben zum Beispiel noch nie einen *Tatort* gesehen, nie zu Volksmusik geschunkelt, nie in Erwägung gezogen, mit dem Voltigieren zu beginnen. Und wir sind auch als romantisches Paar kein Vorbild für ein Pilcher-Drehbuch. Hochzeit in Weiß, Kuscheln vor dem Kaminfeuer oder ein Tänzchen zu den sanften Klängen von Richard Clayderman kennen wir nur von YouTube. Was uns jedoch unterscheidet, ist: Am schmalen Grat zwischen Romantik und Sentimentalität gehe ich immer gut ausbalanciert schnurstracks meinen Weg. Während sie gerne einmal in die Melancholie stolpert.

Die Jahreszeit ist dafür wie geschaffen. Wenn aus dem Oktober ein November wird, Nebel vor den Fenstern aufzieht und herabfallende Blätter zur immer wieder öden Metapher vom Kreislauf der Natur inspirieren – dann setzt die Liebste mit hoher Verlässlichkeit ihren speziellen Allerheiligen-Blick auf. Dabei entwirft sie mit Vorliebe posthume Szenarien und verschont mich nicht mit Fantasiereisen ins Jenseits. Obwohl ich Jahr für Jahr zu erklären versuche, dass ich den Satz, jeden Tag zu leben, als wäre er der letzte, für kompletten Unsinn halte. Denn würde ich das tun, wäre ich vermutlich als durchgeknallter Anarchist augenblicklich im Gefängnis. Um spätestens dort zu erkennen, dass es vom Schicksal eh nur ein Schmäh war, und ich noch ganz viele Tage (im Häf'n) vor mir habe. »So ist der Satz auch nicht gemeint«, sagt meine Frau (den belehrenden Tonfall und das Augenverdrehen müssen Sie sich bitte dazudenken). Denn: Es geht um ein Bewusstsein, um das Hier und das Jetzt, und überhaupt. Ja, eh. Aber bin ich deshalb ein Ignorant, weil ich nicht darüber nachdenken will, was einmal auf meinem Grabstein stehen soll? Ach. Wenn die Menschen irgendwann ehrlich »Schad' um ihn« sagen, wäre ich schon zufrieden.

Monica & Daniel

SIE Und wie alle Jahre wieder fiel am ersten Tag des Jahres der Alle-Jahre-wieder-Satz: »Du, was wir heuer endlich öfter machen sollten, ist …« An dieser Stelle wäre Beliebiges einzusetzen, etwa: übers Wochenende zu zweit wegfahren, mehr reden, weniger arbeiten, wandern, weniger trinken, mehr sporteln, den Keller ausmisten, lachen, weinen, fremdgehen (Scherz). Vor allem aber: ins Kino gehen. Das hatten wir am 1. Jänner 2014 auch schon – mit dem Ergebnis, dass wir uns daheimknotzend an zwei Abenden drei Staffeln von *Homeland* reingezogen haben.

Das hat Gründe. Einer davon ist, dass er einen schweren Drall zu leichter Kinokost hat. Also sich – mit gigantischen Popcorn-Tüten bewaffnet – wie ein Pubertierender über das Genre »Cooler Typ räumt auf« freuen kann. Besonders zufrieden ist er, wenn dann noch eine Dame mit angemessener Körbchengröße dem Helden mit Rat und Tat zur Seite steht. Ich hingegen habe intellektuelle Ansprüche mit Tendenz zu melodramatischen Plots. Mich macht glücklich, wenn ich weinend aus dem Kino taumeln kann – und fühle: Ja, ich lebe! Danach spreche ich gerne zwei, drei Stunden über die Botschaft des Werks. Wir bräuchten also separate Kinosäle. Aber heuer! Heuer sind die zwei Kuhn-Hufnagl'schen Lieblingsdarsteller in einem Film zu sehen. Monica Bellucci & Daniel Craig – im neuen Bond *Spectre*. Womit wir an einem seltenen Punkt gelandet wären – es eint uns etwas. Er findet Mr. Craig sehr, sehr lässig und ginge für ihn auch ins Kino, würde er in einem französisch-japanischen Problemfilm spielen. Ich wiederum habe ein Faible für »la Bellucci«, die in jeder Hinsicht betrachtenswert ist. Gerüchte, dass es genau umgekehrt ist, kursieren – und sind auch nicht ganz falsch.

ER Nun, wie so oft, biegt sich Frau Gabriele auch die cineastische Wahrheit ein wenig zurecht, aber möglicherweise steht sie noch unter dem Eindruck des unsäglichen Bleigießens. Als sie wie immer einen undefinierbaren Klumpen aus dem Wasser gefischt, und alle wie immer »das ist sicher etwas Ordinäres« gerufen hatten. Weshalb sie die totale Interpretationsfreiheit für sich in Anspruch nahm und das Stück Blei nicht als Schiff, Baum oder Drachen (was immer passt) ausmachte, sondern als Liebende im Kino. Mit ein bisschen Fantasie aß das dahin gegossene Bleiduo aus meiner Sicht sogar noch Bleipopcorn, Bleitacos und Bleisportgummi, die Botschaft war aber klar: Wir sollten uns in diesem Jahr das erste Mal seit 2008 wieder gemeinsam ins Kino setzen. Zumal ihrer Meinung nach mein tief sitzendes Trauma von 145 Folterminuten *Sex and the City – der Film* allmählich überwunden sein müsste.

Zur Klarstellung muss aber schon gesagt sein, dass ich in Anbetracht zahllos vorhandener Actionhelden im Unterschied zu meiner Frau keinesfalls in reflexartige Verzückung verfalle, sobald Daniel Craig auf der Leinwand erscheint. Für sie ist er die Mann gewordene Aufforderung, augenblicklich ein Feuerwerk an Zweideutigkeiten abzubrennen. Für mich indessen versorgt er als Nachfolger des 007-Sedativums Pierce Brosnan, der sich mittlerweile im Werbefernsehen auf die Jagd nach tiefgekühlten Thunfisch-Steaks begeben darf, lediglich die Bond-Rolle wieder mit der richtigen Geheimagentenenergie. Dass jedoch Mister Craig diesmal Signora Bellucci, die das Sinnliche doch ganz passabel zu verkörpern vermag, an seiner Seite hat, ist für das 2015er-Projekt Kinobesuch mit Sicherheit förderlich. Ich kann die Harmonie jetzt schon spüren. Ja, der Bleiklumpen irrt nie.

SIE Wenn immer wieder die Rede vom berühmtesten »Selfie« der Welt (siehe Oscar-Verleihung 2014) ist, dann fällt mir etwas dazu ein: die Kindheits- und Jugendfotos des Mannes nebenan. Von denen gibt es Hunderte: Klein-Michi als Fliegenpilz im Fasching, Groß-Michi mit Haaren auf dem Kopf, Mittel-Michi als Mittelstürmer, Pubertäts-Michi mit Firmanzug. Ja, okay, diese Zeitzeugen sieht man sich als frisch verliebte Partnerin gerne einmal an, sagt »jö, lustig«, um sie dann rasch wieder zu archivieren. Zumal es doch so schön heißt: Lebe im Jetzt.

Aber leider: Es gibt noch mehr solcher Erinnerungsstücke. Etwa eine Reisetasche mit Fotos und Liebesbriefen diverser Exdamen. Ich stolpere über sie, wenn ich Gartenwerkzeug aus dem Keller hole. Die Konfrontation mit dem Vorleben des Liebsten beginnt also meist im Frühling, wenn die ersten Blümchen aus der Erde stechen. Interessante Symbolik. Während Sie also diese Zeilen lesen, könnte es sein, dass ich über die Ansichtskarten einer kleinen Französin stolpere, mit der er mit 14 gerne Petting gehabt hätte. Gleichzeitig flattert ein Bild von Susi, dem Volksschulluder, herum – samt Widmung: Busi für Miechi. Das mag zwei Mal lustig sein, aber irgendwann steht folgender Gedanke im Raum: Warum sind Gitti, Susi & Steffi immer noch nicht zu Häuslpapier recycelt? Genau das werde ich ihn auch heuer wieder fragen. Und ich vermute, dass ich wieder folgende Antwort bekomme: a) Was geht dich das an?, b) Das kann dir doch wurscht sein. Mag sein, dass er recht hat, doch gleichzeitig brodelt in mir die Frage auf, weshalb ein 43-Jähriger so sehr an Altware klebt. Vielleicht liegt ja der Schlüssel der Erkenntnis in einem von gewohnter Selbstüberhöhung geformten Kalauer, den er gerne im erweiterten Freundeskreis zum Besten gibt: Wenn ich alle meine Ex einladen würde, bräuchte ich die Stadthalle.

ER Ich empfinde ausnahmsweise gleich wie meine Frau. Nur gehe ich die Sache – wie gewohnt – reflektierter an. Heißt: Auch ihr intensives Leben vor dem Eintreffen des Märchenprinzen (= ich) poppt selbstverständlich in jeder Lebenslage immer wieder auf. Klar, wir alle erfahren diese Impulse, die uns zu einer Begegnung mit der Vergangenheit verführen. Und wir alle haben in gewisser Weise den Drang, diese Erinnerungen zu konservieren … und zu kommunizieren. Das Problem ist: Wir gehen von der Annahme aus, die gesellige Aufarbeitung des eigenen Lebens würde auch von anderen (mehr oder weniger freiwillig) zuhörenden Menschen als extrem spannend oder besonders lustig empfunden. Nur: Wer die Geschichte, wie der Poldi-Onkel damals blablabla, zum x-ten Mal hören muss und die Pointen schon im exakten Wortlaut mitsprechen kann, hat nur eines im Kopf – laaaaaangweilig!

Warum sollte meine Frau diesbezüglich eine Ausnahme sein? Ich weiß nach so vielen Ehejahren nur nicht genau, wovor ich mich mehr fürchte. Vor der Erzählung … von der lieben Milchfrau, die es damals in der Rückertgasse in Wien Ottakring gegeben hat (81-mal gehört) … von der armen, kleinen Gaby, der die wütende Mama einst einmal die Jeans zerschnitten hat (93-mal) … oder doch vom Kurti, der ihr im Gänsehäufel nur deshalb an die Wäsche durfte, weil er ein Moped besaß (104-mal). Was ich aber schon weiß: Wenn uns die beste Freundin (»Wir kennen uns, seit wir Babys sind«) besucht, flüchte ich. Denn wenn die beiden ihr »Damals«-Schatzkisterl öffnen und einander stundenlang jene Anekdoten erzählen, die sie einander schon beim letzten Treffen stundenlang erzählt haben, und auch beim vorletzten Treffen, dann ziehe ich mich zurück, setze Kopfhörer auf und höre Zukunftsmusik.

Einst. Und jetzt.

SIE Eine lange Ehe gilt ja als Gesundheitsvorsorge. Zu Recht. Mit den Jahren wird alles ruhiger. Rasendes Herzklopfen war gestern. Und wenn der Mann nebenan sich seinen Testosteronschub durch auffälliges Balzverhalten holt – geh bitte. Soll er ruhig gockeln, schon wildere Blutdruckkrisen erlebt. Das Schöne an einer Langzeit-Partnerschaft ist auch, dass man nicht mehr so viel reden muss. Dieses ganze »Was denkst du jetzt«- oder »Warum schaust du so komisch«-Gejeiere ist Geschichte. Ich weiß mittlerweile ja, was er denkt. Ich muss es aber auch nicht mehr so dringend wissen, ich bin gelassener geworden. Wenn mich die Wissbegier trotzdem noch packt, dann frage ich halt nach. Das mag zwar lästig sein, ist aber meine Spezialität.

Aber wie gesagt, das kommt höchstens nur mehr ein Mal pro Woche vor. Früher habe ich das im Stundentakt gemacht. Überhaupt wird der verbale Austausch effizienter. Ich kann mich zum Beispiel noch an die Opulenz seiner frühen E-Mails erinnern. Ganze Liedtexte kamen da, 100-Zeilen-Oden nur an meine Wimpern. Zu meinem 38. Geburtstag widmete er mir ein ganzes Buch – die von Hand gedichtete Geschichte unserer Liebe. Ich wiederum verschickte eine ganze Faxrolle, wenn er auf Dienstreise weilte. Heute wird eher nur mehr gesmst: »Du Hund? Ich Kind?« Oder: »Du Hund und Kind? Ich Milch, Butter, Brot holen?« Auf diese Art werden die großen Fragen des Liebeslebens erörtert und gelöst: Was essen wir heute? Wer geht zum Elternabend? Und wieso ist unser Konto schon wieder so überzogen? Nur manchmal, wenn der Mann nebenan in der Ferne weilt und ich nicht gleich ans Telefon gehe, wenn er mich anruft, bricht etwas von der alten Leidenschaft durch. Der Liebste smst plötzlich ganze Sätze: »Wo bist du? Ich kann ohne dich so schlecht schlafen.« Das freut mich dann aber schon sehr. Ich nämlich auch nicht.

ER Die Gewohnheit und die Routine einer langjährigen Ehe haben nicht nur Nachteile, wie es überzeugte Singles und Liebhaber des Dauerfeuers gerne kundtun. Wer die permanente Gemeinsamkeit positiv sieht, erkennt die Qualität des Miteinanders statt die Last des Nebeneinanders. Er freut sich über Zuverlässigkeit, die keine Nachlässigkeit ist. Oder über Entspannung, die nicht zur Bequemlichkeit verkommt. Und dennoch vermag die Erinnerung an die Zeit, in der alles anfing, als es ein Verliebtsein war und noch lange keine Liebe, ein sentimentales Schmunzeln zu erzeugen. Früher wäre mir die Herzkönigin wohl eher nicht in der Jogginghose entgegengeschlurft, um mir mitzuteilen, dass sie einen bösen Pickel hat.

Früher hätte sie dem Reis zum Schnitzerl garantiert keine Heerscharen von Zucchini-Stückerln beigemengt. Früher hätte sie auf mein spontanes spitzbübisches Ansinnen, den abendlichen Sonnenuntergang in der Wiese liegend zu erleben, sicher nicht geraunt: »Kalt. Nass. Dreckig.« Ja, damals stand auf den Post-its am Badezimmerspiegel »Einen sonnigen Tag, süßer Tiger«, heute lese ich »Michael, der Steuerausgleich macht sich nicht von alleine«. Damals sahen wir stundenlang ins Kaminfeuer und erzählten einander aufgeregt unser Leben, heute sehen wir die *ZiB* und schweigen ermattet. Damals fand ich Ferrero-Küsschen unter dem Kopfpolster, heute finde ich überall gar nichts mehr, weil sie alles verräumt. Nur die Socken im Bett, die trug sie von der ersten Stunde an. Denn so heiße Wangen konnte sie gar nicht haben, dass die Füße auch etwas davon abbekamen – das Eisbein als Konstante unserer Beziehung. Und die will ich partout nicht missen. Ich will mitten in der Nacht in die Küche gehen, den Wasserkocher aktivieren, den Thermophor befüllen und ihr sagen: »Für dich, mein Schatz.« Denn: Dann lächelt sie und mir wird warm.

Die Tage der Trennung

SIE Ich fühle mich im Moment gerade von Eheratgebern umzingelt. Illustrierte verraten das »Geheimnis des Eheglücks«. Wissenschaftsmagazine covern mit »Die Biochemie der Treue«. Im Urlaub lesen anscheinend alle entweder *Fifty Shades of Grey* (Besteller zum Thema sexuelle Unterwerfung) oder *Nimm's bitte nicht persönlich: Der gelassene Umgang mit Kränkungen*. Und die Tante einer Freundin von mir macht sich überhaupt Sorgen: »Also, was ihr da schreibts! Ts. Ts. Ts. Ich weiß nicht, ob mir mein Poldi das verziehen hätte.« (Anm.: Der Poldi entschlief friedlich mit 76 und hinterließ eine Ehefrau sowie zwei Geliebte.) Ein Zeichen. Also schickt sich der Mann nebenan auf Sommerfrische ins Waldviertel. Das tut nach gemeinsamen Urlaubswochen gut. Vor allem können wir ausprobieren, wie es sich als Single leben würde. Ich frohlocke: Endlich bin ich die Herrin der TV-Fernbedienung! Endlich werde ich im Wohnzimmer meine Bauch-Beine-Po-Übungen machen, ohne belächelt zu werden! Endlich darf ich das Brot aus biodynamisch angebautem Dinkel kaufen, ohne dafür von Herzkönig entmündigt zu werden: »Wer soll das denn essen, das schaut aus wie Karton und schmeckt nach Karton. Wieso isst du Karton? Und *wo* ist mein Toastbrot?«

Kaum ist Herzkönig entschwunden, beginnt der Freudentanz. »Ich gehör' nur mir!« Aber dann. Dann ist plötzlich alles komisch. Komisch still. Komisch anders. Komisch leer. Jetzt kann ich mir selber auf die Nerven gehen. Mir selbst jene Geschichten erzählen, die er auch nicht hören möchte. Und mir selbst fleischlustlos beim Kohlrabiessen guten Appetit wünschen. Große Themen tauchen auf, etwa: »Wie unemanzipiert ist eine Frau, die sich fragt, wer sich jetzt um die Entfernung von Spinnen kümmert?« Ich entscheide mich für eine SMS Richtung Waldviertel: »Ich kann mich alleine beschäftigen. Aber es ist schöner, wenn einer da ist, der einem dabei zuschaut.«

ER Vor kleineren Solo-Ausflügen, die auch sein sollen, muss ich routinemäßig erst einmal den ehelichen Fragenkatalog abarbeiten: »Aha. Wohin? Mit wem? Warum? Wann und wo bist du erreichbar?« Das fällt in einer Ehe in die Kategorie Anteilnahme, mit Misstrauen hat das natürlich nichts zu tun. Sie ruft dann eh nie an. Es sei denn, es handelt sich um wichtige Nachrichten wie »Ich kann schon wieder die kleinen Glühbirnen nicht finden« oder »Ich treff' mich heute mit der Gitti«. Und klarerweise in Notfällen. Wenn also zum Beispiel eine ihrer Beschreibung nach 25 Zentimeter große Spinne mit locker 14 Beinen an der Schlafzimmerwand sitzt und bereit ist, eine blutige Attacke zu starten. Aber in solchen Situationen ist es selbstverständlich die Pflicht eines liebenden Ehemanns, via Telefon wertvolle Tipps (ruhig atmen, den Feind immer im Auge behalten, allenfalls 122 wählen) zu übermitteln.

Davon abgesehen kann ich das bisserl Einsamkeit sehr gut genießen. Gelegentlich rauszukommen aus dem Alltag, der sich gerne zwischen »Hast du schon …?« und »Wann wirst du …?« bewegt. Mir sind ja Paare, die verliebten Blickes stolz zu Protokoll geben, dass sie in 41 Ehejahren keinen Tag getrennt verbracht haben, immer schon suspekt gewesen. Mir ist natürlich klar, dass Frauen speziell in den stillen Abendstunden zu Melancholie neigen, und dass daher die Liebste zu meiner Linken sicher das eine oder andere Tränchen zerdrückt, sobald sie ein herrenloses Sockerl entdeckt. Aber dafür ist die Wiedersehensfreude dann umso größer. Vor allem bei mir. Denn so lustig und schön ich es mit mir auch haben kann, mit ihr ist es lustiger und schöner. Es gibt Augenblicke, in denen ich nicht mehr tue, als sie anzusehen. Und die sind auf Dauer unverzichtbar. Gut möglich, dass sich so eine Spinne auch nichts anderes denkt.

Der Ring-Kampf

SIE Der Ehering ist überbewertet. Sage ich. Der Mann nebenan – und ich oute ihn an dieser Stelle als talentierten Romantiker – sieht das anders. Für ihn ist das Fingergeschmeide mit meinem Namen und Hochzeitsdatum drin offensichtlich die Schmuck gewordene Form eines Ehevertrags. Ohne versteckte Paragrafen, freilich. Aber vielleicht in Anlehnung an einen Spruch von Noël Coward: »Ein Ehering ist eine Tapferkeitsauszeichnung, die man am Finger trägt.« Er vergisst zwar dennoch zuweilen auf unseren Hochzeitstag, aber wenigstens nicht meinen Namen (weil er ja nur in den Ring steigen muss, um ihn nachzulesen. Ja, der war gemein). Ohne Schmäh: Don Hufnagl trägt den Ehering 24 Stunden, 52 Wochen, 12 Monate lang. Ich habe längst den Verdacht, der Ring und er sind eins, möglicherweise bin ich seit Jahren mit einem Schmuckstück verheiratet und weiß es nicht.

Allen Damen, die jetzt wie Schokosorbet dahinschmelzen, sei gesagt: Glauben Sie an das Gute im Mann nebenan, aber nicht nur. Denn 1. weiß er womöglich gar nicht mehr, dass er einen Ring am Finger trägt. 2. Wenn doch, dann ist er schlicht zu träge, ihn nachts abzunehmen und morgens wieder anzustecken. 3. Der Ring erfüllt Zwecke. Studien zufolge wirken gebundene Herren auf Frauen attraktiv. Diese Männer mit »Pickerl« hat schon jemand geprüft und für tauglich befunden. Dazu sagt er nur: »Deine Fantasie und dem Rothschild sein Geld.« Um zum Gegenschlag auszuholen: »Warum trägst du den Ehering eigentlich nicht, hä?« Wenn ich zugebe, dass ich ihn nicht finde, versteigt er sich in krausen Theorien, wo er herumkugeln könnte. Von wegen. Denn wie immer bisher findet er sich nicht am Nachtkastel eines prospektiven Lovers, sondern neben den Kochlöffeln. Oder den Fleischmessern, mit denen ich liebevoll Schnitzis für ihn schnitze.

ER Es gibt Verhaltensmuster, derer ich mir nach vielen gemeinsamen Jahren sicher sein kann. Wenn meine Frau zum Beispiel etwas nicht findet, ist sie sehr gelassen, es sei denn, es handelt sich um den Thermophor. Wenn sie etwas tut, sagt sie ganz verlässlich, dass a) immer und b) alles an ihr hängen bleibt. Und wenn sie am Abend die Wohnung betritt, erkennt sie sofort, dass der Zeitungskorb in der Früh noch viel näher an der Wand gestanden ist. In Kenntnis dessen lässt sich mit spielerischer Leichtigkeit so manches andere Verhalten assoziieren. Heißt: Sollte ich jemals die Idee gebären, den Ehering – und sei es nur für einen kurzen Moment – vom Finger zu streifen, würde sie das vermutlich schon bemerken, ehe ich es überhaupt getan habe. Und halleluja, das wäre natürlich ein Warumweshalbwieso, gefolgt von einem nahezu inquisitorischen Aha (ganz wurscht, wie mein Motiv lautet). Daher bleibt der Ring grundsätzlich dran. Stört ja nicht im Geringsten und ist außerdem für jemanden, der so grauenhaft zerstreut ist wie ich, wohl die beste Idee, um einem banalen Konfliktpotenzial keinen Raum zu geben.

Sie aber: Es existiert offenbar keine Alltagssituation, in der ihr der Ehering nicht zum Störfaktor wird. Ob beim Kochen (Verkleben) oder bei der Gartenarbeit (Verdrecken), beim Sport (Schwitzen) oder bei Wetterwechsel (Fingerschwellung), bei Nacht (»Kann mit Schmuck nicht schlafen«) oder bei Tag (»Habe vergessen, ihn wieder draufzugeben«). Der Unterschied: Ich merke es eh nicht. Mein Ringfingerbeobachtungssensor ist männlich verkümmert. Es gibt Wichtigeres als Symbolik. Gelegentlich finde ich aber das gute Stück zufällig an den sonderbarsten Orten. Dann schnappe ich mir den Ring und verstecke ihn. Klarerweise gemeinsam mit dem Thermophor. Sonst ist es ja nur der halbe Spaß.

Fremde in der Nacht

SIE Männer – wie Frauen übrigens auch – brauchen zuweilen Auslauf. 24 Stunden täglich, sieben Tage die Woche im gemeinsamen Stall, das hält ja keiner aus. Ein Fall von nicht artgerechter Käfighaltung, die den Gockel in einen unglücklichen Hahn verwandelt. Und so einen will kein Huhn von Welt daheim haben. Also gewähre ich dem Mann nebenan und mir immer wieder Auszeit. Ich habe da eher bescheidene Ansprüche. Mir reicht eine Stunde im Souterrain, wo ich unbehelligt auf dem Heimtrainer sitze und zu einer alten Folge *SOKO Donau* transpiriere. Würde man mich verkaufen wollen, stünde im Inserat etwas in der Art: »Die gut erhaltene Frau Gabriele ist nicht sehr anspruchsvoll und leicht zu halten.«

Anders der Mann nebenan. Der hat einen Hang zum Ausufern. Gibt man ihm den kleinen Freiheitsfinger, will er die ganze Freiheitsstatue. Einmal »draußen«, tut er sich schwer, heimzufinden. Soll sein, was ich aber nicht leiden kann: um vier Uhr morgens aufzuwachen, und zu spüren: Gaby alleine zu Hause. Nachts mutiert jede Fantasie zum Monster – also hab' ich's gern, wenn ich per SMS informiert werde: »Ich lebe.« Das schafft der Freiheitskämpfer nebenan nicht. Für ihn scheint alles interessanter als die fade Nuss im Pyjama. Vor Kurzem sorgte er für einen echten Überraschungscoup. Er war weg, es war fünf vor zwölf, ich wollte schlafen gehen – als mein Blick auf eine! Spinne! so! groß! wie! ein! Mokkatässchenteller! fiel. Für mich Arachnophobikerin das pure Grauen. Ich nahm erst ein Viertel Wein, dann ein Viertel Baldrian und setzte ein Not-SMS an ihn ab: »Spinne im Schlafzimmer, Hiiiiiilfe!« Wobei ich wusste, dass er es gerade sehr lustig hatte. Zwei Sekunden später kam die Antwort: »Hui, bin gleich da!« Liebe ist, wenn auch noch nach 15 gemeinsamen Jahren Dinge passieren, mit denen man niemals gerechnet hätte.

ER Meine Frau macht sich rasch Sorgen. Das hängt mit ihrer Lebensgeschichte zusammen, und daher habe ich dafür großes Verständnis. Auch wenn es mitunter mühsam ist, sie davon zu überzeugen, dass eine zehnminütige Verspätung nicht automatisch bedeuten muss, dass ich entführt wurde und längst als Versuchsobjekt auf einem Labortisch von Außerirdischen liege. Ich bitte sie daher immer, Ruhe zu bewahren und mir per SMS allenfalls ein »Wo bist denn?« zu schicken, ehe sie bei der Polizei um eine Großfahndung samt Luftraumüberwachung bittet. Gleichzeitig bin ich natürlich auf das Thema seit vielen Jahren sensibilisiert und bemühe mich, potenzielle Anlassfälle für Nervenflattern zu antizipieren und zu verhindern. Das ist im Grunde nicht schwierig, weil ich ohnedies keine Streunertendenzen aufweise. Aber gelegentlich vergesse ich eben doch auf den Hinweis, dass es später wird, sehr viel später sogar. Und dann ereilen mich – quasi zur Strafe – die sonderbarsten Botschaften einer Frau, die aus dem Tiefschlaf kommend in die Handytasten haut. Wie: »na bumm, es is drei uhr, du nix daha, scherz, oder? Blödmann!«

Das tut mir dann natürlich leid. Ganz ehrlich sogar. Und so erklärt sich auch meine spontane Bereitschaft, unverzüglich nach Hause zu eilen, weil die Liebste im Schlafzimmer einer ihrer Beschreibung nach faustgroßen Spinne ins garantiert angriffslustige Auge blicken muss. Das sind knapp vor Beginn der Geisterstunde jene Momente, in denen mir klar ist, dass ich am nächsten Tag im Google-Verlauf Suchbegriffe von »Riesenspinne Mitteleuropa« über »Spinne Mensch Attacke« bis »Arachnophobie-Seminar« finden werde. Dass es ihr mit dieser irrationalen Angst richtig schlecht geht. Und dass ich als Held gebraucht werde. Das mag ich. Fast so sehr wie diesen bezaubernden Blick der dankbaren Erleichterung.

Schnucki, ach Schnucki!

SIE Michael ist ja im Grunde ein bissl fad. Ein Name ohne Verve – so könnte ein eierschalenfarbener Mittelklassewagen heißen oder die durchschnittliche Leberwurstsorte. Wobei – ich muss zugeben: Michaels pflastern mein Liebesleben, es scheint: einmal Michi, immer Michi. Michael, der Dritte, sieht das mit dem »fad« naturgemäß anders. Mindestens ein Mal pro Monat schwärmt er von der intuitiv richtigen Namenswahl seiner Eltern: Die haben gewusst, welch Himmelsgeschenk in ihren Händen liegt. Wo doch Michael aus dem Hebräischen komme und für »Wer ist wie Gott?« stünde.

Als er davon das erste Mal schwärmte, legte sich ein leicht irrer Schleier über seinen Blick. Dann folgte der Nachsatz: »Und jetzt putze man mein Schuhwerk und sei dankbar für das Glück, die Treter eines Michaels reinigen zu dürfen.« Ich befand, so viel Schwachsinn gehört geahndet. Und begann, mir verniedlichende Kosenamen für ihn auszudenken. Ein mittlerweile lieb gewordenes Hobby. Begonnen hat's mit einem raffinierten »Ja, Stupsi« in Gegenwart seiner ehemaligen Sportsfreunde. Ich wusste: Könnte es sich mein Mann aussuchen, wäre er 100-mal lieber ein Arsch, als einmal ein Stupsi. Damals zischte er mir zu: »Sag nie wieder Stupsi zu mir.« Ich entgegnete nur: »Schauma mal, Stupsi.« Seitdem leben wir im Kosenamen-Konkurrenzkampf – und ich bin froh, dass es dafür eigene Portale im Internet gibt, die meine Fantasie beflügeln. Denn nur so gelingt es, den Herzbuben von seinem hohen Gockel herunterzuholen. Wer es mir nachtun will – hier die »Best-of-Stupsi-Liste« oder »So erde ich meinen Mann«: Kugelfischchen. Eichhörnchen (gerne auch Weichhörnchen), Gurkenbär, Nacktmull, Nuschelbacke, Karottenstrudel, Fettäuglein, Fruchtzwerg. Dies am besten in Gegenwart attraktiver Damen und recht laut.

ER Michael ist natürlich nicht fad. Michael ist ein Klassiker. Und es war, glaubt man der neutestamentlichen Offenbarung des Johannes, der Erzengel Michael, der den Teufel in Gestalt eines Drachen besiegte und in die Hölle hinabstürzte. Cool, oder? Was kann es für eine Familie Schöneres geben, als einen Bezwinger des Satans im Haus zu haben … also quasi?

Leider haben Menschen einen Hang zur Verkürzung, auch bei Namen. Und so wurde ich bald ein Michi – Depperl statt Held. Denn: Ein Michael kämpft mit dem Schwert gegen irdische Dämonen, ein Michi indessen patzt sich mit Marmelade an, fürchtet sich bei *Schnell ermittelt* und muss ständig Lulu. Gleiches gilt für Gabriele. Das ist zwar nicht unbedingt ein Name, der Abenteuergeist und knisternde Erotik suggeriert, aber im Jennifer-Reich zumindest braver Durchschnitt. Während die unvermeidlich verknappte Gabi von der Sprossenwand purzelt, öfter als alle anderen Schnupfen hat und (an Michis Seite) garantiert auf jeden Aprilscherz reinfällt. Nur meine Frau glaubt ernsthaft, sie könnte das mit einem y kompensieren. Als wäre eine Gaby weniger patschert als eine Gabi. Daher schleichen sich Kosenamen ein. Abgelehnt habe ich diesbezüglich nur die Varianten Mausi, Hasi, Schnecki, weil: tierisch fad. Derweil hat Schatzi zwar die Exotik eines Gemeindebaus, kommt aber dennoch zum Einsatz. Wenn ich nicht gerade Lust an der lautstarken Degradierung habe. In diesem Fall musste meine Frau schon auf Zwucki, Pimpfi oder Fluffi reagieren. Mein Glanzstück war aber ein anderer Name. Den fand sie so idiotisch, dass ich ihn einst riesig auf ein Schild schrieb, um sie damit am Flughafen zu empfangen. Da stand: Welcome Wurstibär! Ihre Schamesröte war mein größter Triumph. Es war die große Rache des Stupsi.

Wird er, wird er nicht?

SIE Warmduscher. Beckenrandschwimmer. Hochzeitstagmerker. So nennen Männer, die glauben, echte Männer zu sein, andere Männer, von denen sie glauben, die seien keine echten Männer. Alles klar so weit? Wobei mich weniger der Warmduscher interessiert und auch nicht die Spezies des Beckenrandschwimmers. Ich habe ein Auge auf den Hochzeitstagmerker geworfen und denke nach: Erinnert sich mein Mann nur deshalb alle zwei Jahre an unseren Hochzeitstag, weil er um seinen Testosteron-Level bangt?

Und was würde eine wie Kate Middleton tun (hatte gestern Hochzeitstag!), vergäße ihr Prinz auf das Datum? Ein TV-Interview geben – »Die ganze Wahrheit über Willi«? Zur Queen rennen – »Lizzie hilf!«? Fragen über Fragen – das Eheleben ist eben recht seltsam. Ich kann nur sagen: Auf all das habe ich keine Antwort – außer: Man gewöhnt sich. Etwa daran, dass es rund um unseren Hochzeitstag im Juni immer sehr spannend wird. Hat er? Hat er nicht? Soll ich mich in Schale werfen? Oder tut's der Jogger auch? Nun, ich habe den Tag unserer Vermählung auch nicht genau im Kopf. Was noch? Ich kenne sämtliche Pins und Puks von Bankomat-, Kredit- oder Tchibokarten – da finde ich: Hochzeitstagmerken ist sein Revier. Er hat's aber nur zum Teilzeit-Hochzeitstagmerker gebracht. Ein Jahr geht's, das andere nicht. Den ersten hat er völlig versägt. Ich dachte damals, es würde Rosen regnen. Ich sah mich ein hübsches Schmuckstück auspacken. Aber nix da. Er köpfte ein Bier und las Zeitung. Hochzeitstag? Hoppla, Schatzl! Ein Jahr später: alles anders. Überraschungsdinner für zwei, aber ich längst schon im Jogger und mit grauslichem Haar. Heuer wird's erneut spannend. Wird er, wird er nicht? Wer mir was Schönes gönnt, schreibt dem Mann neben mir ein Mail. Betreff: Sie hätte es sich echt verdient.

ER Alle Jahre wieder: Am 24. 12. erinnere ich mich zuverlässig daran, dass an diesem Tag Festlichkeit das Thema ist. Ich gebe freilich zu, dass es ziemlich leicht ist, Weihnachten nicht zu vergessen. Dafür sorgen Industrie, Medienmaschine und Nerverln im Familienbund. Ansonsten tue ich mir ein bisserl schwer. Mit dem Merken im Allgemeinen, mit dem Merken besonderer Termine im Speziellen.

Immerhin wimmelt es so ein Jahr über von allerlei Geburts-, Namens-, Mutter- oder Valentinstagen. Zu meiner persönlichen Tragik wird … a) auch der »Dafür-gibt's-Kalender«-Einwand obsolet, weil ich regelmäßig auf das Eintragen vergesse, und b) das Sortiment noch um den Jubiläumsfetisch in unserer Gesellschaft erweitert – Erster-Kuss-Tag, Erster-Sex-Tag, Erster-Gemeinsamer-Vollrausch-Tag usw. Und mittendrin der Hochzeitstag. Aber während zum Beispiel zu Silvester (auch so ein Tag) der globale Countdown als gedankliche Stütze unüberhörbar ist, schert sich die Welt um meine einstige Trauung gar nicht. Keine Zeitung titelt: »Gabriele & Michael – so feiert das Traumpaar seinen Hochzeitstag!« Kein Radio, kein TV zitiert mich: »Meine Augenblicke des Glücks in der Südsteiermark.« Ja, es fehlen Schlagzeilen wie: »Das Ehe-Geheimnis des *Kurier*-Duos.« Oder: »Paaradox, das Tagebuch einer Herzensangelegenheit.« Ganz zu schweigen von: »Zahlreiche Prominente gratulieren.« Das ist vielleicht der Grund, warum ich damals tatsächlich gleich den allerersten Hochzeitstag verschwitzt habe. Dafür erinnere ich mich heute noch umso besser an ihr eisiges Schweigen und die Vorwürfe meiner Mutter. Daher ist 2012 wieder Drandenken dran. Und Edelmut zur Euro-Zeit: Ich werde auf das Viertelfinale an diesem Tag verzichten. Es sei denn, sie will die Partie unbedingt sehen.

SIE Als staatlich geprüfte Ehefrau frage ich heute: Wozu braucht's Gruppentherapien, wo Menschen auf Sandsäcke hauen, urschreien und schließlich in die Stille gehen?! Das habe ich alles daheim – gratis, verhaltensorigineller, Halbpension inklusive. Jeder Tag mit so einem Mann nebenan ist ein Blick in den Restmüll der eigenen Seele und ein Ausflug ins Kabarett Leben. Apropos, weil wir schon dabei sind: Nehmen wir das allseits beliebte Thema Stille. Wenn er sich für irgendeine Keppelei von mir (»Duhu, unser Schlafzimmersessel schaut aus wie ein Messie-Vergnügungspark – und nein, nix davon ist meins«) spontan ein bisserl rächen möchte, ist der Mann nebenan ein Landesmeister im Nix-Hören und – anschließend – im Nix-Sagen.

Und genau dafür, denke ich, wurde die Tageszeitung erfunden. Das geht so: Erst erkennt er an meinem Tritt, wann ich anmarschiere, um Anklage zu erheben. Sodann verschanzt er sich in der Sekunde hinter der Zeitung – und Schlagzeilen wie »Darmkeime global im Anmarsch«. Was für eine Raffinesse! Mein Toben muss erst einmal die globale Darmkeim-Schranke passieren und kommt – schallgedämpft und zeitverzögert – bei ihm an. Deshalb braucht er dann auch zwei elende Minuten, um gelangweilt und lässig zu sagen: »Was hast g'sagt? Hast überhaupt was g'sagt?« Das hat – gelassen betrachtet – fast schon etwas Absurdes. Erst scheitere ich am Darmkeim, dann an Ohrmuschel-Inkontinenz. Man hat die Wahl: Ehekrise oder Hörapparat zum Vatertag. Noch mehr Rage oder ein gemeinsames Glas Rotwein. Nur so: Wenn's drauf ankommt, sind wir eher die Rotweintypen. Tja: »Einer der größten Nachteile der Liebe ist, dass sie, zumindest eine Weile, Gefahr läuft, uns glücklich zu machen«. Für das, was nach der »Weile« kommt, gibt's leider kein Handbuch.

ER Der zweitgrößte Fehler, den man machen kann, ist, gleich einmal den ersten Hochzeitstag zu vergessen. Der größte Fehler, den man machen kann, ist, darüber zu schreiben. Erst kürzlich begegnete mir die sehr geschätzte Kollegin A., und noch ehe ich »In der Kantine gibt's Gulasch« sagen konnte, schleuderte sie mir schon entgegen: »Also, mein Mann ist wirklich ein echter Macho. Aber den Hochzeitstag hat er nie vergessen.« Ja klar, man kann auch darüber reden – aber: Durchkauen muss ich das alles nicht. Weder in der Kantine noch daheim – mit meiner redseligen Frau. Ich habe grundsätzlich keinen Hang, Petitessen ausführlich in allen Details zu besprechen. Vor allem aber: Ich muss nicht aus jeder Ärgermücke einen Krisenelefanten machen. Das Problem: Frau Kuhn gönnt mir keine Schweigeminuten. Sie ist von der Alles-auf-den-Tisch-Philosophie beseelt: Wo Gefühle filetiert und mit zahllosen Prisen Erleuchtung gewürzt werden.

Sie sagt: »Was ist los?« Ich sage: »Nix.« »Aber geh, ich kenn' dich doch, sag' schon!« Ich: »Es is' nix.« »Doch.« »Nein.« »Ohja!« »Neeeeihein.« Dann beginnt der investigative Teil: »Ist es wegen der Arbeit?« »Nein, ist es nicht.« »Wegen des Fußballs?« »Nein.« »Wegen mir?« »Allmählich.« »Wegen was sonst?« »Es ist nix.« Bis zum großen Finale der Weisheiten. Wie: »Wer ewig schluckt, stirbt von innen.« Oder: »Du tust dir mit dem ewigen Ausblenden selbst nichts Gutes.« Oder: »Jede Öffnung ist auch eine Weiterentwicklung.« Ja, eh. Danke. Aber genau darauf darf man auch gelegentlich keine Lust haben. Deshalb bin ich noch lange kein Streitkulturbanause. Reden ja. Aber nicht um des Wettstreits wegen, wer Vorwürfe und Erkenntnisse besser formulieren kann. Dann lieber Stille. Und sich »Jetzt liebe ich dich justament« denken.

Was geschah im Wald?

SIE Immer, wenn ich länger mit dem Hund unterwegs bin, wird der Mann nebenan unrund. Nicht, weil er fürchtet, ich würde mit dem Förster durchbrennen, sondern weil er mich kennt. Er weiß, dass ich beim Wandern viel denke. Und wenn ich denke, werde ich – aus seiner Sicht – mühsam. Ich denke über das Leben nach und dann wird es – zugegeben – sehr kompliziert. Schön blöd. Mein Mann hat's nämlich nicht gerne kompliziert. Nein: Er hat's nicht gerne weiblich kompliziert. Wenn ich vom Denken zurückkomme, kann's nämlich sein, dass ich ihn konfrontiere. Mit neu erdachten Theorien, etwa: »Ich spüre, dein ›Ich liebe dich‹ klingt nicht mehr so wie das ›Ich liebe dich‹ von vor zwölf Jahren. Komisch, dass du letztens so lange mit der XY geredet hast. Und weshalb schreibst du woanders über Seitensprünge und erzählst mir nix davon?«

Dazu will ich in der Sekunde Erklärungen. Er hasst es allerdings, sich erklären zu müssen. Er wäre gerne Freigeist – losgelöst, aber nicht allein. Idealerweise sollte ich mit ihm nur diskutieren, welches Stadion das geilste ist. Alles, nur bitte net so mühsam. Aber der Wald! Im Wald verliert sich mein Hirn in Assoziationsketten: Ich wandere geistig vom Fischlokal, in dem wir saßen, zu Diplozoon paradoxum, von dem ich ein Bild in einem Magazin gesehen habe. Dieser Fischparasit gilt als einziges Lebewesen der Welt, das monogam ist. Von dort ist es nicht mehr weit zum Seitensprung-Œuvre. Das lässt mich an sein neues Handy denken – kein iPhone, sondern ein Android. Und während der Bärlauch duftet, ahne ich: Das hat er nur gekauft, um mich – die es nicht zu bedienen weiß – auszutricksen. In so einer eigenartigen Stimmung kehre ich heim und will reden. Über Fischparasiten und unser Leben. Was tut er? Er legt mir VHS-Kurse ans Herz: »Loslassen, entspannen, genießen« sowie: »Was kann mein Handy?«

ER Es ist tatsächlich so. Meine Frau schafft es in kurzer Zeit, und ohne dass ein Wort fällt, ihr Gemüt einer einzigartigen Metamorphose zu unterziehen. Sie verlässt die Wohnung mit einem Lächeln, einem Summen und einer Bemerkung wie »Wir brauchen neue Mistsäcke«. Und kehrt wenig später heim mit einem Gesicht, in dem geschrieben steht: »Verdammt! Nein! Ach! Wieso?« Dabei war sie nur eine knappe Stunde im Wald. Aber das genügt, damit ich mich frage: Was ist dort passiert? Hat ihr der Wind ein Zeichen gegeben? Hat ein großer Baum dazu genickt? Und hat ein dämonisches Eichkätzchen geflüstert: »Spürst du es nicht, die wahren Mistsäcke sind in uns?!«

Was auch immer, eines weiß ich: Jetzt ist Blues angesagt. Und zwar der ohne Tanzen. Dabei ist es ja keineswegs so, dass ich nicht auch gelegentlichen Stimmungsschwankungen unterliege. Nur: Ich muss nicht immer darüber reden. Dem Grundsatz folgend: Unser Leben pendelt nun einmal zwischen »A schöner Tag« und »A schöner Schas«. Und diese Erkenntnis benötigt keine zwanghaften Analysen. Ihr egal. Sie will als Regisseurin des Alltags eine Portion Drama, und ich bekomme für diese Inszenierung verlässlich die Hauptrolle. Gekonnt spannt sie dabei einen Fragebogen von »Was wollen wir vom Leben?« über »Warum schreiben dir auf Twitter und Facebook mehrheitlich Frauen?« bis »Wann werden wir endlich den Keller entrümpeln?«. Das erfordert ernsthafte Erklärungen. Keine Antworten von »Dass Barça das Rückspiel gegen Bayern 5:0 gewinnt« über »Weil ich ein pfiffiges Kerlchen bin« bis »Spätestens, wenn du mich aufforderst, in Zukunft dort zu schlafen«. Das Gute daran: Die Rückverwandlung zur Frohnatur geht auch recht flott. Mitunter reicht dafür schon, den Kauf von Mistsäcken nicht vergessen zu haben.

Was ich an dir mag

SIE Manche haben zwei. Oder drei. Ich habe nur einen. Einen, diesen Mann nebenan. Was mich zur Frage führt: Würde ich tauschen wollen? Von ganzem Herzen: nein, nein, nein. Am Ende dieses Abends Zeit für Zärtlichkeit. Zumal ich schon Post von Scheidungsanwälten und möglichen Nachfolgern bekommen habe: »Gnädige Frau, man liest zuweilen, dass die Nutella-Brot-Attitüden und Semmelhol-Gewohnheiten Ihres Gatten nicht konvenieren. Falls Sie an einer Scheidung mit vorteilhafter Vermögensaufteilung interessiert sind – wir helfen gerne.« Oder: »Halo Gabi, tun wir sich treffen? Ich glaube, du brauchst einen geilen Hengst im Bett.« Sehr schön. Aber a) Welches Vermögen? Und b) Danke, nein. Wenn überhaupt, hätte ich gerne einen Hengst, der halbwegs rechtschreiben kann. Außerdem: Ich liebe noch. Dazu äußerte Herzbube einen guten Gedanken: Warum schreiben wir nicht alle zehn, elf Kolumnen, was wir aneinander gut finden? Bitte sehr, Schatz: »Ich finde an meinem Mann gut, dass er den Geschirrspüler, den ich so schön eingeräumt habe, noch schöner einräumt und dann zwei Stunden lang darüber spricht.«

Nein, im Ernst jetzt. Also, Herzkönig: Ich finde an dir gut, dass du meinem Leben die Schwere nimmst. Ich sehe Hürden – und während ich mir nächtelang das Hirn zermartere, ob und wie und wann und unter welchen Umständen das Hindernis überwunden werden könnte – unten durch, vorbeischwindeln, erst gar nicht springen –, springst du für mich, reichst mir die Hand und sagst: »Ohne dich hätte ich das nicht geschafft.« Dann lächelst du, schmierst dir ein Nutellabrot, löst ein Sudoku und freust dich, wenn Barça gewinnt. Während ich dasitze und tatsächlich zu glauben beginne, ich wäre als Erste gesprungen. Alleine, ohne Hilfe und so elegant wie ein junges Turnierpferderl. Danke dafür. Und ja – that's amore!

ER Die Anteilnahme der Leserschaft ist interessant. Unlängst äußerte ein Herr den Verdacht, die bisher veröffentlichten Geschichten rund um unsere Ehe könnten nur ein Sammelsurium aus den Erlebnissen von Freunden sein, denn: So viel Gegensätzlichkeit und Glück würden einander ausschließen. Und eine Dame trat nach einer Lesung an uns heran, um mit ernster Miene zu fragen: »Liebt ihr einander überhaupt noch?« Daher, es ist Zeit für Aufklärung. Nun, die meisten Probleme sind in Wahrheit keine. Wir machen sie nur zu welchen, um die vielen kleinen Attitüden in Aha-Erlebnisse zu verwandeln. Weil so viel im Verborgenen liegt, tut Erhöhung mitunter Not. Wir machen aus Streitmücken Textelefanten, und das, wenn geht, schmunzelnd.

Es handelt sich daher um ein Gerücht, dass uns der Paartherapeut zu einer Kolumne geraten hat – mit dem Credo: »Wenn Sie dieses Konstrukt, das nur stumpfsinnige Romantiker als Ehe bezeichnen würden, retten wollen, dann schreiben Sie alles auf und hoffen auf ein Wunder.« Nix da, die Frau zu meiner Linken war und ist mein Lotto-Siebener. Und das nicht deshalb, weil sie Sojagranulat so zubereiten kann, dass ich überzeugt bin, es handle sich um Rindfleischfaschiertes. Du bist feminin, nicht zwanghaft feministisch. Klug, aber nicht oberg'scheit. Hast Herz, Lebenslust, stehst gerade. Bist Mutter voller Kraft. Hast Witz, ohne je einen erzählen zu müssen. Manchmal beobachte ich dich, wenn du schläfst. So wird der Gedankenstrom nicht abgelenkt. Und dann freue ich mich für mich. Klopfe mir auf die Schulter. Summe mir ein Liebeslied (nein, keine Sorge, ich pfeif' eh nicht). Und gratuliere mir herzlich zu dir. Ob Soja oder Fleisch – ganz egal, die Gewürze geben dem Leben Geschmack. Und für deren Vielfalt danke ich dem Schicksal. Und dir.

NACHWORT

von Michael Hufnagl

Es geht nicht um die großen Dramen des Lebens. Herrje, nein. Es sind die vielen Kleinigkeiten, an denen das System Partnerschaft und das Gesetz Alltag mindestens genauso streng gemessen werden. Überall sind die kleinen Fallen aufgestellt, vom ersten morgendlichen Weckerläuten bis zum letzten »Gute Nacht«, und meistens tut sich sogar dazwischen noch einiges (zum Beispiel, dass sie nach ein paar Achterln Rotwein gelegentlich nicht ausatmet, sondern auspfeift).

Wir tappen jedenfalls mit schlafwandlerischer Sicherheit in jede dieser Fallen. Wir, das sind Gaby und ich. Wir, das sind aber auch die Leserinnen und Leser von *Paaradox*. Wir, das sind wir alle. Frauen. Männer. Menschen halt. Ganz einfach ist das. Ein Zusammenleben ist auf Dauer tückisch. Die Idee der Kolumne war immer nur das Aufschreiben. Das Dokumentieren. Zugespitzt zwar, aber am Ende vor allem eines: authentisch.

Ja, es geht um Kaffeehäferln und Fernbedienungen, um Geschirrspüler und Staubsauger, um Zahnpasta und Seife. Und ja, mehr ist da nicht als die akribische Auflistung von Banalitäten, angereichert um ein bisschen Spott ihr gegenüber, ein bisschen Ironie mir gegenüber und ein bisschen Entschärfung durch Fröhlichkeit uns selbst zuliebe. Aber mehr Geheimnis machen wir nicht um das sonderbare, aber wertvolle Konstrukt Ehe.

Meine Frau und ich sind nicht besser oder schlechter als andere Paare, wir setzen uns lediglich mit der Normalität auseinander – mit den gleichen Sorgen, den gleichen Fragen, den gleichen Diskussionen. Wir betrachten uns als journalistische Botschafter, die einmal mehr, einmal weniger den alle Zeit offen liegenden Nerv des symbiotischen Wahnsinns treffen. Und ganz ehrlich: Je lustiger ein Text erscheinen mag, desto wahrscheinlicher ist es, dass ihm allenfalls ein fundamentaler Streit vorausgegangen ist.

Aber ich schweife ab. Ich wollte ja auf die Authentizität hinaus. Ich glaube nämlich, dass es im Fall dieser Kolumne vor allem genau darum geht. Im Sinne von Glaubwürdigkeit. Ein Beispiel: An unserem ersten *Paaradox*-Abend im Wiener Rabenhof Theater war die Anspannung klarerweise gewaltig. Ein ausverkauftes Haus. Unsere Premiere. Adrenalin im Überfluss. Und gleich bei der zweiten Kolumne vergaß ich, das Skriptum umzublättern und begann versehentlich, Gabys Text, den sie gerade erst vorgetragen hatte, zu lesen.

Das Kuriose dabei war, dass ich den Irrtum tatsächlich erst nach ungefähr drei Sätzen bemerkte. Und als es endlich so weit war, dachte ich keine Sekunde daran, dass ich auf einer Bühne sitze, und sagte reflexartig: »Hearst, das ist ja gar nicht mein Text.« Und Gaby antwortete in der Sekunde: »Ich hab's mir eh gedacht, wollt' aber schauen, wie lange es dauert, bis du draufkommst.« Erst mein Nachsatz (»So einen Blödsinn würde ich ja nie schreiben«) war wieder bewusst an das Auditorium gerichtet.

Die ganze Szene war ein Missgeschick, der Nervosität geschuldet. Aber es war auch oder vor allem ein riesiger Lacher. Denn so ein Fehler besitzt ja enormen Charme. Er entprofessionalisiert die Situation, und das ist im Idealfall sehr lustig. So sehr, dass wir überlegt haben, den Makel in das Programm einzubauen. Die wahren Bühnenmagier machen das alle – nehmen, was funktioniert. Und der allgemeine Zuspruch zu der Idee des inszenierten Hoppalas war dementsprechend groß.

Bis wir uns entschieden, es nicht zu machen. Es war reines Bauchgefühl, eine unbewusste Harmonie zwischen uns. Dem Credo folgend: Nein. Das sind nicht wir. Die vorgefertigte Spontanität erschien uns nicht richtig. War so. Ist so. Wir haben im Laufe der Zeit einen Sensor für uns und unser *Paaradox* entwickelt. Und dieser Sensor ließ uns zu dem Schluss kommen: Es wird auch bei den folgenden Auftritten genug passieren, was nicht geplant war, und was uns zur Echtheit zwingt. Es wird dann sein wie im richtigen Leben. Und es wird gut.

Und so war es auch. Bis heute lief noch nie alles glatt. Aber wir haben jede Überraschung immer wieder aufs Neue und immer wieder anders genossen. Und ich bin felsenfest davon überzeugt, dass jene Menschen, die uns so herzlich begleiten, es spüren. Ich denke, das ist auch eine Art Dialog. Ein Verstehen auf Augenhöhe. Als wäre es kein Unterschied, ob wir bei uns im Wohnzimmer oder eben im Rabenhof sitzen. Wenn ich zu meiner Frau sage »Schatzi, das kann aber jetzt nicht dein Ernst sein«, dann handelt es sich da wie dort um ein Gefühl des Augenblicks. Und ich weiß, dass ich da wie dort mit diesem Gefühl nicht alleine bin. Niemals.

Aber natürlich musste sich auch das – wie die Kolumne selbst – erst entwickeln. Diese Wurschtigkeit, diese fast naive Freude daran, als Paar wahrhaftig zu erscheinen. Wir sind keine Schauspieler, gar nicht. Wir sind in erster Linie Schreiber und in zweiter Linie Erzähler.

Ich erinnere mich aber noch gut an unsere gemeinsamen Anfänge. Etwa an jenen Abend in der Therme Blumau. Gaby wurde zwecks Auftritt kontaktiert. Dem folgte: Gaby telefonierte, Gaby organisierte, Gaby arrangierte. Und so stand dann auf dem riesigen Plakat (irgendwo auf dem Weg in die Schwimmhalle) eine Ankündigung. In sehr großen, fetten Buchstaben: »Heute um 19 Uhr Lesung mit *Kurier*-Kolumnistin Gabriele Kuhn«. Und in sehr kleinen mageren Buchstaben darunter: »und ihrem Mann«.

Wunderbar war das. Witzig. Und es kamen dann immerhin auch acht bis zehn Leute, um uns im Kaminzimmer zuzuhören. Aber selbst diese intimen Veranstaltungen hatten ihren Witz, ihren Zauber. Und ihren lehrreichen Charakter. Im steirischen Kaindorf lasen wir einst vor etwa 70 Menschen, die auch gleich für einen grandiosen kulinarischen Rahmen sorgten. Sie brachten Brote, Kuchen, Weine selbst mit, und wir fühlten uns wohl. Wie immer, wenn wir unsere Texte zum Leben erwecken durften.

Beim Leobersdorfer Sommerzauber beispielsweise treten wir seit Jahren auf, und der Ausflug auf den Hauptplatz samt Spritzer, Bier und Käsekrainer ist mittlerweile wie ein Heimkommen. Wir haben in kleinen Stuben vor zwanzig Menschen gelesen und in großen Sälen vor 500 Menschen. In der Stadt und auf dem Land. Und wir haben es aus einem unveränderten Grund immer und überall genossen: Das Lachen über uns und mit uns schenkt uns wieder und wieder die herrliche und unmittelbare Gewissheit, dass die Kolumne *Paaradox* ihrer Bestimmung wieder ein Stückchen näher gerückt ist. Wer nach vielen gemeinsamen Jahren noch immer lachen kann, hat schon verdammt viel gewonnen.

Danke fürs Lesen. Danke fürs Zuhören. Danke fürs Mitleben.

War alles nur Zufall? War es Bestimmung?

Dass bald nach dem Tod des alten Kaisers auch die sechshundert Jahre alte Donaumonarchie zu Grabe getragen wurde? Dass sich Mozart in Aloisia verliebte, dann aber ihre Schwester heiratete? Dass Maria Theresia während eines gemeinsamen Theaterbesuchs ihren geliebten Mann verlor? Dass Eduard Strauß die Noten seines viel berühmteren Bruders Johann verbrannte?

Aus dem Inhalt:
Radetzky darf nicht in Pension gehen
Kronprinzessin Stephanies Liebschaften
Der betrogene Walzerkönig
Adolf Loos und die kleinen Mädchen
Mit Blaulicht zum Oscar
Hans Moser wird entdeckt

Mit zahlreichen Abbildungen

Georg Markus

Alles nur Zufall?

Schicksalsstunden großer Österreicher

304 Seiten
ISBN 978-3-85002-878-3
eISBN 978-3-902862-98-3